DICTIONNAIRE

Français–Anglais/Anglais–Français

CINEMA – AUDIOVISUEL

MULTIMEDIA – RESEAUX

Cinéma	*Cinematog*
Télévision	*Television*
Photo	*Photography*
Vidéo	*Video*
Son	*Sound*
Eclairage	*Lighting*
Montage	*Editing*
Câble	*Cable*
Satellite	*Satellite*
Multimédia	*Multimedia*
Imagerie éléctronique et les temes associés de la presse et de la publicité	*Electronic imagery and associated terms of press and advertising*

DICTIONARY

English–French/French–English

CINEMA – VIDEO – SOUND

MULTIMEDIA – ELECTRONIC WEB

DIXIT

DANS LA MEME COLLECTION

Producteurs, **D**istributeurs, **E**diteurs vidéo
Les questions clés de la communication audiovisuelle
Quels téléfilms ? Pour quelles chaînes ?
Autoproduire son disque
La révolution du numérique dans la production audiovisuelle et cinématographique
Le multimedia : la production - l'édition - la diffusion
Le multimedia : Lois, Contrats et Usages
Le montage virtuel - les procédures de post-production
Le Tour du Monde du Cinéma Français
Du Cinématographe au Cinéma 1895 - 1995
Métiers et formations - Audiovisuel et Cinéma
Télévision Mode d'emploi
Annuaire des producteurs
La production audiovisuelle *Tome 1 : Les outils*
La production audiovisuelle *Tome 2 : Les contrats*
Les aides au financement
Mécanismes de financement du cinéma et de l'audiovisuel en Europe
Création de l'entreprise audiovisuelle
Finance Banque et Audiovisuel
L'audiovisuel des entreprises et des collectivités
Droits d'auteur, Droits voisins dans l'audiovisuel
Les satellites et l'audiovisuel
La diffusion des programmes dans le monde
Mémento social des professions audiovisuelles musicales, et théâtrales
Dictionnaire Français/Anglais - Anglais/Français de l'audiovisuel
et des nouvelles technologies
500 films scientifiques pour tous
Le producteur de disques
Le vidéodisque
Les questions clés du câble
Le sponsoring à la télévision
Savoir parler à la télévision
Profession Acteur

Catalogue complet sur simple demande

Editions DIXIT
135, boulevard Péreire 75017 PARIS
Tél : 01 46 22 52 52 - Fax : 01 42 67 48 81

ABREVIATIONS / ABBREVIATIONS

	Français	Anglais
Adj	Adjectif	Adjective
Cab	Câble	Cable
Ciné	Cinématographie	Cinematography
Diap	Diapositive	Slide
Ecl	Eclairage	Lighting
Edit	Edition	Publishing
Elect	Electricité	Electricity
Imp	Imprimerie	Printing
Inf	Informatique	Data-processing
Lab	Laboratoire	Laboratory
Mont	Montage	Editing
Mus	Musique	Music
Neol	Néologisme	Neologism
Opt	Optique	Optics
Photo	Photographie	Photography
Plur	Pluriel	Plural
Pres	Presse	Press
Proj	Projection	Projection
Pub	Publicité	Advertising
Radio	Radio	Radio
Sing	Singulier	Singular
Son	Son	Sound
Subst	Substantif	Substantive
Théât	Théâtre	Theatre
TV	Télévision	Television
Vid	Vidéo	Video

Ce lexique technique s'adresse plus particulièrement à un public professionnel : c'est la raison pour laquelle les abréviations ne sont utilisées que lorsqu'un mot peut avoir plusieurs significations.

This technical glossary, aimed at a professionnal readership, makes use of abbreviations when a word may possess several meanings.

LES AUTEURS

" DICTIONNAIRE FRANCAIS-ANGLAIS/ANGLAIS-FRANCAIS CINEMA, AUDIOVISUEL, MULTIMEDIA, RESEAUX "

" DICTIONARY ENGLISH-FRENCH/FRENCH-ENGLISH CINEMA, VIDEO, SOUND, MULTIMEDIA, ELECTRONIC WEB "

Georges PESSIS
est réalisateur de films et vidéo documentaires, membre du Comité Directeur de la Commission Supérieure Technique de l'Image et du Son, administrateur de la SCAM, Société Civile des Auteurs Multimédia, auteur de " *Film et vidéo, miroirs de l'entreprise* " (Ed. d'Organisation 1989) et " *L'entreprise et son double* " (Ed. Dunod, 1993). Il enseigne la communication audiovisuelle à l'E.S.R.A. En préparation : " *L'entreprise France à travers un siècle de cinéma* ".

Guitta PESSIS-PASTERNAK
diplômée de l'Ecole d'interprète de l'Université de Genève, est journaliste scientifique, membre de l'A.J.S.P.I. Association des journalistes scientifiques, et collabore au " Monde ", à " Libération " et à "France Culture ". Elle est l'auteur de "Dérives savantes ou les paradoxes de la vérité ". (Ed. du Cerf, 1994) ; " *Faut-il brûler Descartes ? Du chaos à l'intelligence artificielle : Quand les Scientifiques s'interrrogent* " (Ed. de la Découverte, 1991), du " *Dictionnaire de l'audiovisuel* " (Ed. Flammarion, 1976, épuisé), et " *Le social et les paradoxes du chaos* " (Ed. Desclée de Brouwer, 1996).

Français / Anglais

A

Aberration	Aberration
Aberration chromatique	Chromatic aberration
Aberration optique	Optical aberration
Aberration de sphéricité	Spherical aberration
Abonné	Subscriber
Abonné itinérant	Roaming subscriber
Abonnement	Subscription
Abrasion	Abrasion
Abrégé	Abstract, summary
Abréger	To abstract, to summarize, to abridge
Absorption acoustique	Acoustical absorption, sound absorption
Accélération	Acceleration
Accéléré	Quick motion, speeded-up action
Accélérer	To speed up, to overcrank
Accentuation d'image	Image enhancement
Accès direct	Direct access, random access
Accès libre (tv)	Open shop
Accès public (tv)	Public access
Accès restreint (tv)	Closed shop
Accès séquentiel	Serial access
Accessoire (d'un appareil)	Accessory, attachment
Accessoire (de studio)	Property, prop
Accessoiriste	Prop master
Accord d'antenne	Antenna tuning
Accord visuel	Visual tuning
Accordé	In tune, tuned
Accorder	To attune, to match, to syntonize, to tune, to tune-in

Accouplement	Coupling,interlocking, pairing
Accrochage	Hooking, locking, synchronization
Accrochage de phase	Phase locking
Accroche (pub)	Teaser
Accumulateur	Accumulator, storage battery
Accumulateur sec	Dry-storage battery
Accumulateur cadmium-nickel	Nicad battery
Accumulation	Accumulation, storage
Achat d'espace (pub)	Space buying, media buying
Achat groupé	Package (deal)
Acheteur d'espace	Space buyer, media buyer
Achromatique	Achromatic
Acide	Acid
Acoustique	Acoustics (subst) ; acoustical, audio, sonic (adj)
Acoustique radiophonique	Radioacoustics
Acquisition de données	Data acquisition
Acteur	Actor, player
Actinique	Actinic
Actinism	Actinism
Action corrective	Corrective action
Action différée (à)	Delayed action, time delay
Action principale	Main action
Action rapide (à)	High-speed action, quick-acting
Action secondaire	Background action
Activateur	Stimulator
Activer	To activate
Actualités	News (pres), newsreels (ciné), news broadcast, newscast (radio, tv)
Actualités télévisées	Television news
Actuel	Topical
Acutance	Acutance
Adaptateur	Adapter, converter ; adaptator
Adaptation	Adaptation, treatment ; customizing, customization
Adaptation à l'identique (ciné)	Remake
Adapter	To adapt, to match
Additif	Additive
Addition	Addition
Additionnel	Additional
Adhésif (toilé)	Gaffer tape
Administrateur de production	Production accountant
Adoucissement	Softening, tempering

Adresse	Address
Aérographe	Airbrush
Affaiblissement	Attenuation, fading, reduction
Affaiblissement de l'image (tv)	Picture fading
Affaiblissement de la lumière	Light dimming
Affaiblissement de signal	Signal sagging
Affecter	To allocate, to assign
Affichage	Placarding, posting (of poster), display
Affichage analogique	Analog display
Affichage du chutier (mont, inf)	Tiling
Affichage à diode électroluminescente	Electroluminescent display
Affichage image inversée (vid)	Reverse video
Affichage noir-sur-blanc	Positive display
Affichage sur banc (inf)	Positive display
Affichage sur écran	On-screen display (OSD)
Affichage fixe	Non-scrollable display
Affiche	Poster
Afficher (vid)	To show (vid), to display (inf)
Agence	Agency
Agence photographique	Picture agency
Agence de presse	Wire service, news agency, press agency
Agence de publicité	Advertising agency
Agencement	Fixture
Agent	Agent
Agent mouillant (lab)	Wetting agent
Agent de publicité	Advertising agent
Agrafe	Clip, staple
Agrandi	Blown-up, enlarged
Agrandissement	Blow-up, enlargement
Agrandisseur	Enlarger

Aguichage (pub)	Teasing
Aide-mémoire	Memorandum, memorizer
Aigu (son)	High, high-pitched, sharp ; treble
Aiguille	Needle, pointer
Aiguille aimantée	Magnetic needle, magnetic pointer
Aiguille (frottement d') (son)	Needle drag
Aimant	Magnet
Aimant permanent	Permanent magnet
Aimantation	Magnetism, magnetization
Aimantation par impulsions	Flash magnetization
Air (musical)	Tune
Air (haut de cadre)	Headroom
Ajustement	Adjusting, adjustment
Algorithme	Algorithm
Alignement	Alignment, lining up, tracking (vid)
Alignement à l'oscilloscope	Visual alignment
Aligner	To line up, to line, to align ; to grid (inf)
Alimentation	Feed, feeding, power, power supply, A.C. supply, D.C. supply
Aligner (à gauche ou à droite (inf)	To flush (left or right)
Alimentation accélérée	Highspeed feed
Alimentation manuelle	Hand feed
Alimentation en parallèle	Parallel feed
Alimentation propre	Self-powered
Alimenté par batterie	Battery-powered
Alimenté par secteur	A.C.-D.C. powered, mains powered
Alimenter	To feed, to supply
Alimenteur	Feeder
Alinéa	Paragraph
Allumage	Ignition
Allumer	To switch on, to turn on
Alphanumérique	Alphanumeric
Alternateur	Alternator
Alternatif	Alternating, alternative
Amateur	Amateur
Ambiance	Atmosphere, mood ; broad (écl)
Ambiance (écl)	Flood light
Ambiophonie	Ambiophony
Amélioration du rendu (vid)	Enhancement , crispening
Aménagement des lieux (ciné)	Site preparation
Amont (en)	Upstream
Amorçage acoustique	Acoustic feedback, larsen effect
Amorce	Leader

Amorce (en)	Over-the-shoulder (shot)
Amorce d'arrêt	Stop leader
Amorce de bande	Tape leader
Amorce blanche	(Protective) white leader
Amorce cadrée	Frameline leader
Amorce de début	Head leader
Amorce de départ	Start leader, Academy leader (U.S.), tape leader
Amorce de fin	Tail leader
Amorce de montage	Spacer
Amorce noire	Black leader
Amorce de tête	Start (or) head leader
Amorce transparente	Clear leader
Amorce voilée	Lightstruck leader, fogged leader
Amorcer un arc	To strike an arc
Amortir	To dampen, to deaden
Amortissement	Damping, deadening
Amortisseur	Damping device, damper, shock absorber
Amovible	Detachable
Ampère	Amp, ampere
Ampère-heure	Ampere-hour
Ampèremètre	Ammeter, ampmeter
Ampexage (tv)	Videorecording
Amplificateur	Amplifier, booster
Amplificateur d'antenne	Antenna booster
Amplificateur basse fréquence	Audio amplifier
Amplificateur compensé	Balanced amplifier
Amplificateur de correction	Processing amplifier
Amplificateur à déclenchement périodique	Gated amplifier
Amplificateur d'enregistrement	Recording amplifier
Amplificateur de gain	Gain boost

Amplificateur à impédance	Impedance amplifier
Amplificateur intermédiaire	Buffer amplifier
Amplificateur à large bande	Broadband amplifier
Amplificateur de lecture	Reproducing amplifier
Amplificateur de ligne	Line amplifier
Amplificateur magnétique	Magnetic amplifier
Amplificateur de mélange	Mixer amplifier
Amplificateur de modulation	Modulation amplifier
Amplificateur principal	Main amplifier
Amplificateur de puissance	Power amplifier
Amplificateur à réaction	Feedback amplifier
Amplificateur de sonorisation	Public-address amplifier
Amplificateur de tension	Booster amplifier
Amplificateur vidéo	Video amplifier
Amplification	Amplification, intensifying gain
Amplification de basses fréquences	Bass boost
Amplitude	Amplitude
Ampli-syntoniseur	Amplifier-tuner, receiver
Ampoule	Bulb, globe, lamp
Ampoule-éclair	Flashbulb, photoflash lamp
Anaglyphes	Anaglyph process
Analogique	Analog (or) analogue
Analyse	Analysis ; scanning (vid)
Analyse de contenu	Content analysis
Analyse de couleurs	Colour analysis
Analyse de film	Filmic analysis
Analyse par ligne (tv)	Rectilinear scanning
Analyse par lignes contiguës	Progressive scanning (vid)
Analyse de marché	Market research
Analyse des médias	Media analysis
Analyse par points successifs	Dot interlacing (vid)
Analyse par réflexion (tv)	Indirect scanning
Analyse trichrome	Colour analysis
Analyser	To analyse, to scan (vid)
Analyseur	Analyzer, scanner (vid)
Analyseur de films	Film scanner
Analyseur d'harmoniques	Harmonic analyzer
Analyseur d'images fixes	Slide scanner (or) pick-up
Analyseur optique	Optical scanner
Analyseur panoramique	Sweeper
Analyseur de sons	Sound analyzer
Analyseur à faisceau mobile	Flying spot scanner
Anamorphose	Anamorphosis

Anamorphosé	Anamorphic, anamorphotic
Anamorphoseur	Anamorphic lens
Ancrage (d'un cliché)	Anchoring
Angle	Angle, corner
Angle de champ	Field angle, acceptance angle
Angle de déviation	Angle of deflection
Angle de diffusion	Stray angle
Angle de faisceau	Beam angle
Angle d'incidence	Angle of incidence
Angle mort	Dead zone
Angle d'obturation	Angle of cut-off
Angle d'ouverture	Corner angle
Angle de prise de vues	Camera angle, shooting angle
Angle de projection	Projection angle, screen angle
Angle de réflexion	Reflection angle
Angle de visée	Viewing angle
Angle de vision	Viewing angle
Angulaire	Angular
Animateur (tv)	Moderator
Animateur (dessin animé)	Animator, cartoonist, animation artist
Animateur (de groupe)	Group leader
Animateur (de programme de disques)	Disc jockey
Animation	Animation
Animation par objets (inf)	Object animation, cast-based animation
Animation par ordinateur	Computer animation
Animation par ordinateur en continu	Dynamic computer imaging
Animation par ordinateur image par image	Static computer imaging
Animer	To animate
Anneau	Ring
Anneau de blocage	Locking ring
Anneau de câble	Cable ring
Anneau dioptrique	Refracting prism
Anneau à jeton (inf)	Token ring
Anneau de réglage de focale	Focal-length adjusting ring
Anneau de voile	Net ring
Annonce	Announcement
"Annonce !"	"Slate !"
Annonce classée (petite)	Classified advertisement
Annonce double-page (pres)	Spread
Annonce publicitaire	Advertisement, ad (pres),

	commercial, spot (radio, tv)
Annonceur	Advertiser (pub) ; announcer, telecaster (tv)
Annoncier (pub)	Publicity editor
Annuaire	Directory
Annulation	Cancellation
Annuler	To cancel, to delete
Anode	Anode
Anode d'amorçage	Exciter anode
Anode de focalisation	Focus anode
Anormal	Abnormal, odd
Antenne	Aerial, antenna, wave collector
Antenne (être à)	On the air (to be)
Antenne accordée	Tuned antenna
Antenne bidirectionnelle	Bidirectional antenna
Antenne carrée	Squarial
Antenne collective (ou) communautaire	Community antenna ; master antenna system (MATV)
Antenne compensée	Balanced antenna
Antenne directinnelle	Beam antenna
Antenne directionnelle à grande ouverture	Broadside directionnal antenna
Antenne directrice	Aerial director
Antenne en éventail	Fan antenna
Antenne extérieure	Elevated antenna
Antenne en nappe	Flat-top antenna
Antenne orientable	Mobile antenna
Antenne parabolique	Dish antenna
Antenne plate	Flat satellite antenna
Antenne de réception	Receiving antenna
Antenne de toit	Roof antenna
Antenne unidirectionnelle	Unidirectional antenna
Anti-abrasif	Anti-abrasion
Antibourrage	Antiblocking
Antibrouillage	Antijamming
Antibruit	Noise-rejection (adj)
Anticalorique (filtre)	Heat-absorption (filter), heat-absorber
Antichoc	Shock proof
Anti-crénelage	Anti-alias ; anti- aliasing
Antifading	Automatic gain control
Antihalo (couche) (ciné)	Antihalation, antihalo (backing), grey base

Antiparasites	Anti-interference, suppressor
Antireflet (couche)	Blooming, antiflare (coating)
Appareil	Deck, device, instrument
Appareil asservi	Slave deck
Appareil d'éclairage	Lamp
Appareil enregistreur	Recording instrument, recorder, record deck
Appareil de lecture	Playdeck
Appareil de mesure	Measuring instrument, meter
Appareil multiplexeur	Multiplexer
Appareil photographique	Still camera
Appareil pliant (photo)	Folding camera
Appareil de prise de vues	Camera, motion picture camera
Appareil de prise de vues à tourelle	Turret-front camera
Appareil de prise de vues ultra-rapide	High speed camera
Appareil de projection	Projector
Appareil téléphonique	Telephone
Appareillage	Device, equipment, gear, apparatus
Appel d'offres	Bid
Application client (inf)	Client application
Apport en propriété	Assignment of property
Apprenti typographe (imp)	Printer's devil
Approvisionnement	Supply
Arborescence	Tree (structure)
Arc (lampe à)	Arc light
Arc à amorçage automatique	Automatic striking arc
Arc à charbon	Carbon arc
Arc à haute intensité	High intensity arc
Architecte	Architect
Architecte décorateur	Art director, production designer
Architecture	Architecture
Architecture client-serveur (inf)	Client-server architecture
Architecture orientée objet (inf)	Object-oriented architecture
Archives cinématographiques	Film archives, stock shots library
Archiver	To archive
Ardoise	Slate
Argument	Outline
Armoire pour boucles (ciné)	Loop cabinet
Armoire de séchage	Drying cabinet.
Arraché (mouvement de caméra)	Swish-pan, whip-pan, zip-pan
Arrangement	Arrangement

Arrangeur (mus)	Arranger
Arrêt	Stop, shut-off
Arrêt automatique	Auto shut-off
Arrêt brutal	Dead stop
Arrêt facultatif	Optional stop
Arrêt sur l'image	Freeze frame, pause, still frame, stop frame
Arrêt programmé	Controlled stop, preset shut-off
Arrêter	To block, to stop
Arrière	Back, rear
Arrière (en)	Backwards
Arrière-plan	Background
Arrivée (élect)	Supply
Art vidéographique	Video art
Article	Article, story
Article de fond (pres)	Editorial, feature article (or) story
Article de tête (pres)	Lead story
Artiste	Performer
Artistes	Talent
Artiste de complément	Bit player (sing), supporting cast (plural)
Arts graphiques	Graphic arts
A.S.A.	A.S.A., American Standards Association
Ascenseur	Elevator
Aspect	Appearance, aspect
Asphérique	Aspherical
Assemblage	Assembly, assemblage, assemble edit (vid)
Assembler	To assemble
Assembleur	Assembler; assembly language (inf)
Asservi	Slave, servo-
Asservir	To lock, to gang
Asservissement	Servo-control, gang, lock
Asservissement vertical (vid)	V-lock
Assigner	To assign
Assistant de caméra	Focus puller
Assistant metteur en scène	Assistant director
Assistant monteur	Assistant editor
Assistant opérateur	Assistant cameraman
Assistant de plateau	Stage hand
Assistant de production	Production assistant
Assistant réalisateur	Assistant director
Association (de programme) (tv)	Combo
Assistant de rédaction (pres)	Assistant editor

Assourdissement (son)	Muffling
Astatique	Astatic
Assurance	Insurance
Asymétrique	Asymetrical ; unbalanced
Asynchrone	Asynchronous, non-sync
Atelier de composition (imp)	Composition room
Atelier de créativité	Creativity workshop
Atonal	Atonal
Attache	Clamp
Attaché de presse	Press agent
Attacher	To grip, to tie, to fix
Attente (inf)	Latency
Attente (en)	Stand-by, waiting
Attente (inf)	Latency
"Attention !"	"Stand by !"
Atténuateur	Damper, equalizer, fader, attenuator
Atténuation	Fading, reduction
Atténuation d'audition	Hearing loss
Atténuer	To deaden, to reduce, to weaken
Audibilité	Audibility
Audible	Audible, tonal
Audience	Audience, public
Audiocassette	Sound cassette
Audiomètre	Audiometer
Audio-scripto-visuel	Audio-scripto-visual
Audiotex	Audiotex
Audiovisuel (subst)	Sound slide show
Audiovisuel (adj)	Audiovisual
Auditeur	Listener
Auditif	Aural
Audition	Audition, trial hearing, casting
Auditorium	Sound studio, recording studio
Au hasard	At random
Augmentation	Increase, rise
Augmenter	To increase, to raise, to rise
Auteur	Author, novelist, playwright
Auteur de film	Film maker, script writer
Auteur de scénario	Author of the script, scriptwriter, screenplay writer
Auto-blimpé	Self-blimped
Autodémarrage	Self-starting
Autodiffusion	Self-scattering
Autofocus	Automatic focusing
Autographique	Autographic

Automatique	Automatic
Automatisation	Automation
Autonome (équipement)	Standalone
Autoréglable	Self-aligning
Autorégulateur	Booster
Autorisation	Authorization, licence, clearance
Autorisation définitive	Full licence
Autorisation de distribution (ciné)	Distribution release
Autorisation limitée	Restricted permit
Autorisation de projection (ciné, tv)	Projection release
Autorisation provisoire	Conditional grant
Autorisé (inf)	Enabled
Autoroute de l'information	Information super-highway
Autoroute numérique	Digital highway
Auxiliaire (adj)	Auxiliary, secondary, subsidiary
Aval (en)	Downstream
Avance (sur paiement)	Assigment pay
Avance rapide	Fast forward, forward scan (vid)
Avancée (de la scène) (théât)	Apron
Avancement de la pellicule	Film transport
Avant/après heure de pointe (radio, tv)	Fringe time
Avant-papier (pres)	Advance story
Avant-plan	Foreground
Avant-première	Press show, preview
Avant-scène	Downstage
Avantages sociaux	Fringe benefits
Avertissement	Alarm, warning
Avertisseur sonore	Buzzer
Axe	Axis, shaft, spindle
Axe d'entraînement	Capstan
Axe horizontal (inf)	X-axis
Axe optique	Optical axis
Axe de profondeur (inf)	Z-axis
Axe de projection	Projection axis
Axe vertical (inf)	Y-axis
Axe de visée	Wiew finder axis
Axial	Axial
Ayant-droit	Rights owner
Azimut	Azimuth
Azimuter	To check for azimuth

B

Bac	Tank, tray, bin
Bague	Ring
Bague-allonge	Extension-ring
Bague d'arrêt	Adjusting ring
Bague de blocage	Locking ring
Bague collectrice (vid)	Slip ring
Bague de diaphragme	Setting ring
Bague intermédiaire	Adapter ring
Bague de mise au point (d'objectif)	(Lens) focusing ring
Bague porte-objectif	Lens adapter
Bague rallonge (ou) de tirage	Extension tube, lens extender
Bague de réglage	Setting ring
Baie	Bay, frame, rack
Baie de repiquage	Rerecording deck
Baie de synchronisation	Synchronization bay
Bain	Bath
Bain accélérateur	Acceleration bath
Bain d'arrêt	Short-stop bath, stop bath
Bain en cuve verticale	Dipping bath
Bain de dépolissage	Frosting mixture
Bain de fixage	Fixing bath
Bain stabilisateur	Stabilizing bath
Bain tannant	Hardening bath
Baïonnette	Bayonet
Baisse	Drop, fall
Baladeur (son)	Walkman
Baladeuse (lampe)	Inspection lamp
Balai	Brush
Balai frotteur	Head brush

Balai de lecture	Read brush
Balance	Balance, scale
Balance des blancs (vid)	White balance
Balance de courant	Current balance
Balancer	To balance, to match
Balayage (vid)	Exploration, scan, scanning, sweep
Balayage automatique	Auto-scan
Balayage entrelacé	Interlace scanning
Balayage défectueux	Abortive sweep
Balayage du faisceau	TV scan
Balayage par fente	Slit scanning
Balayage hélicoïdal	Helical scan
Balayage horizontal (ligne)	Linear scanning, raster scan, horizontal sweep (or) scan
Balayage en ligne	Linear scanning, line scan
Balayage réduit	Underscan
Balayage à tête rotative	Rotary head scanning
Balayage de trame	Pattern scanning
Balayage vertical (trame)	Vertical synchronization (or) scan
Balayer	To scan, to sweep
Balun (inf)	Balun
Banc	Bench, stand
Banc d'animation	Animation stand
Banc d'essai	Testing bench
Banc d'étalonnage	Grading bench, timing bench
Banc de luminaires	Cluster bar (or) mount
Banc optique	Optical bench
Banc de reproduction	Duplication bench, process camera
Banc-titre	Animation stand, caption stand
Bande	Band, strip, tape, track, stripe
Bande A	Single strand, A roll
Bande A et B	Double strand, A/B roll
Bande d'absorption	Absorption band
Bande amorce	(Head) leader
Bande amorce d'identification	Identification leader
Bande amorce de synchronisme	Sync leader
Bande annonce (ciné)	Film trailer, promotion trailer
Bande audionumérique	Digital audio band (DAB)
Bande banalisée (ou) publique	Citizen's band (CB)
Bande de base	Baseband
Bande de bruits	Effects track
Bande cache	Masking tape, mask band
Bande code	Pilot band, (punched) tape control
Bande de compensation	Balance stripe

Bande courte couleur	Colour pilot
Bande de défilement horizontal	Horizontal scroll bar
Bande de démonstration	Demo reel
Bande dessinée	Comic strip, comics
Bande de dialogues	Dialogue track
Bande d'effets sonores	Effects track
Bande d'émission autorisée (tv, radio)	Standard broadcast band
Bande d'essai (ciné, vid)	Test film, test tape
Bande étalon	Reference strip, reference tape, calibration tape, control band strip
Bande d'étalonnage	Grading band, timing strip ; cinex strip (N & B)
Bande de film fixe	Film strip
Bande de fréquence	Frequency band
Bande gamme	Control strip
Bande à haute énergie	High energy tape
Bande image	Image track
Bande internationale	Music-and-effects track, M-&-E track
Bande de lancement (ciné)	Trailer
Bande large	Broadband
Bande latérale	Side band
Bande lisse	Magnetic tape
Bande magnétique	Magnetic tape
Bande magnétique perforée	Magnetic film
Bande magnétique pré-enregistrée	Pre-recorded magnetic tape
Bande magnétoscopique	Videotape
Bande mère	Master tape, composite master
Bande de musique	Music track
Bande passante	Frequency range, transmission band
Bande perforée	Perforated film
Bande pilote	Control tape
Bande de première génération	First generation tape
Bande promo	Video-clip
Bande publicitaire	Commercial, publicity spot, advertising spot
Bande quadruplex	Quad tape
Bande quart-de-pouce (6,25)	Quarter-inch tape
Bande de réglage (couleur)	(Colour cinex) test strip
Bande de retardement (vid)	Tape delays
Bande rythmo (ciné)	Lip-sync band, click track

Bande de seconde génération	Duplicate tape
Bande de sécurité	Protective tape
Bande son	Sound track, audio tape
Bande son internationale (ciné)	Music-and-effects track, M-&-E track, international track
Bande témoin	Control strip
Bande test	Test tape
Bande traquée	Tracked tape
Bande titre (ciné)	Title negative
Bande unique	A roll, single strand
Bande vidéo	Videotape
Bande vierge	Blank tape, raw tape
Bandelette	Strip
Banque de données (inf)	Data bank
Banque d'images	Film (or) video library, image data bank
Barre d'antenne	Program bus barrel
Barre de cadrage (ciné)	Frame line
Barre de fixation (écl)	Barrel
Barre de menus (inf)	Menu bar
Barre microphonique	Microphonic bar
Barre omnibus	Busbar
Barre d'outils (inf)	Tool bar
Barre de position	Position bar
Barre de préparation	Preview bus
Barre de retournement (imp)	Drop bar
Barre de signal	Signal bar
Barre temporelle	Time bar
Barre de titres (inf)	Title bar
Barre à volet	Shutter bar
Bas bruit	Low noise
Bas de casse (imp)	Lower case
Bas niveau	Low level
Basculant	Tilting
Basculer (projection)	To change over, to rack over
Basculeur	Rocking lever
Base	Basis, base, high-hat (camera)
Base de campagne (pub)	Copy platform
Base de données	Data base
Base de temps	Time base
Basse fréquence	Audiofrequency, low frequency
Basse tension	Low voltage
Battement	Beat ; strobing (vid)
Batterie	Accumulator, battery, storage battery

Batterie cadmium-nickel	Nicad (or) nickel-cadmium battery
Batterie en ceinture	Battery belt
Batterie au plomb	Lead-acid battery
Batterie de projecteurs	Bank of lights
Batterie sèche	Dry cell
Baud	Baud
Baver	To spread (imp) ; to bleed (vid)
Berceau	Cradle
Biais (vid)	Skew
Bibliothèque	Library
Bibliothèque électronique	Electronic library
Bichromie	Two-colour system (or) process
Biconcave	Double-concave
Biconvexe	Double-convex
Bidirectionnel	Bidirectional, full duplex
Bifurcation	Branching
Bi-hebdomadaire (pres)	Bi-weekly
Bimensuel (pres)	Bi-monthly
Binaire (inf)	Binary
Bioxyde	Dioxide
Bioxyde de chrome	Chromium dioxide
Bip	Beep
Biphasé	Biphase, two-phase
Bipolaire	Bipolar
Bit	Bit, binary digit
Bit-par-seconde	Bit-per-second, baud
Blanc	Achromatic, blank, white; highlight (tv)
Blanchiment	Bleaching
Blimp d'objectif (ciné)	Insulated lens housing
Blindage	Shielding
Blindé	Armoured, shielded
Bloc	Block, head, pack, unit
Bloc d'alimentation	Power pack
Bloc azimutable	Azimuth adjustable head
Bloc de batteries	Battery-pack
Bloc de bobinage	Coil-pack
Bloc de commande	Control unit
Bloc enfichable	Plug-in block
Bloc d'entrée	Input block
Bloc de lecture sonore	Sound playback unit
Bloc-notes	Memo pad, scratch pad
Bloc optique de projection	Projection head
Bloc de sortie	Output block
Bloc tactile (ou) à effleurement	Touch pad

Bloc de tête	Head assembly, head block
Bloc de têtes vidéo	Video head assembly
Bloquage	Interlock
Blocage de phase	Phase lock
Bloquer	To block, to jam, to lock, to crash
Bobinage	Coil; winding
Bobine	Reel, roll, spool
Bobine (de film négatif)	Roll
Bobine (de film positif standard)	Reel
Bobine de chargement "plein jour"	Daylight loading spool
Bobine débitrice	Feed reel, supply spool, take-off spool, upper spool
Bobine de déviation (tv)	Yoke
Bobine mobile	Voice-coil, moving coil
Bobine réceptrice	Take-up reel, take-up spool, lower spool, pick-up reel
Bobineuse	Winder, winding machine
Bogue (néol. inf)	Bug
Boîte	Box
"En boîte !"	"In the can !"
Boîte de branchement (élect)	H.I. box, lead box
Boîte de contrôle de caméra	Camera control unit
Boîte de dialogue (inf)	Dialog box
Boîte de film	Film can
Boîte de jonction	Junction box
Boîte à messages	Message box
Boîte à outil	Tool kit
Boîte de raccordement	Connection box
Boîte de transmission	Gear box
Boîtier	Case, box ; body (caméra)
Boîtier d'appareil de photo	Body
Boîtier de haut-parleur	Loudspeaker housing
Bol (lumière d'ambiance)	Scoop
Bombe à mater	Dulling spray
Bon marché	Low cost
Bon à tirer (imp)	Ready for print
Bonnet	Cap
Bonnette dioptrique	Auxiliary close-up lens, dioptre, dioptric lens, additional lens
Bonnette de flou	Diffusion lens
Bonnette parevent (micro)	Wind shield
Bord	Edge
Bord cadre	Cut off

Bord crénelé (inf)	Jagged edge, "jaggy"
Bords flous (effet)	Soft edge
Bord guide (du film)	Guide edge, leading edge
Bord de référence (de bande)	Reference edge (of tape)
Bordurage (ou) bordure	Border ; profile (vid)
Borne interactive	Interactive terminal, kiosk
Bouche-à-oreille	Word-of-mouth
Bouchon d'objectif	Lens cap
Boucle	Buckle (camera or projector), (film) loop
Boucle débitrice	Top loop
Boucle réceptrice	Bottom loop
Boucle de rétroaction	Feedback loop
Boucle sans fin	Endless loop
Boucler le journal (pres)	To put the paper to bed
Bougie	Candle ; candle power
Bouillon	Unsold copies, returns
Boule anti-vent (son)	Blast filter
Boule de commande (inf)	Trackball (or) tracker ball
Boulon	Bolt
Bouquet (tv)	Bunch
Bourdonnement	Hum
Bourrage (ciné)	Buckling, film jam, camera buckle
Bout à bout (mont)	First assembly, rough cut
Bout d'essai	Test, test shot, film test ; screen test
Bouton	Button, knob
Bouton d'arrêt	Stop button
Bouton de commande	Key, switch
Bouton de contrôle	Monitor switch
Bouton de déclenchement	Release button
Bouton de mise au point	Focusing knob
Bouton molleté	Knurled knob
Bouton-poussoir	Pushbutton
Bouton de réglage	Adjustment knob, control knob ; clip
Bouton de réglage de biais (vid)	Skew-control knob
Bouton de réglage de volume	Sound control, volume control knob
Bouton de remise à zéro	Zero reset knob
Branche	Branch
Branche de trépied	Tripod leg, leg
Branchement	Branching, branchpoint, connection, hooking, junction
Brancher	To connect, to plug ; to tune in ; to switch on, to turn on

Bras	Arm
Bras à force d'appui réglable	Adjustable pressure (pickup) arm
Bras automatique	Automatic arm
Bras de déport	Off-set arm
Bras de grue	Jib arm
Bras de lecture (son)	Pick-up arm, tone-arm
Bras de levier	Lever-arm
Bras mobile	Swinging arm
Bras tangentiel	Tangential arm
Bras téléscopique	Telescopic arm
Brève (subst) (pres,tv)	News brief
Brillance (de l'image)	Brightness
Brillance-mètre	Brightness meter
Brillant	Bright, glossy
Brochage (imp)	Soft binding
Broche (élect)	Plug
Broché (imp)	Stitch-copy
Brochure	Booklet, brochure, leaflet
Bromure d'argent	Silver bromide
Brosse	Brush
Brouillage	Interference, jamming
Brouillage d'image (vid)	Break up
Brouillard	Fog
Brouillé	Blurred
Brouiller	To interfere, to jam, to scramble
Broutage	Chatter effect
Broyage	Grinding
Bruit	Noise, "babble"
Bruit d'aiguille	Scratch
Bruit d'ambiance	Atmosphere noise, room noise, ambient noise
Bruit de chrominance	Chroma noise
Bruit de çollure au son	Bloop
Bruit de fond	Ground noise, hum, random noise
Bruit irrégulier	Random noise
Bruit de ligne	Circuit noise
Bruit de modulation	Modulation noise
Bruit de référence	Reference noise
Bruit de souffle	Ground noise
Bruit sourd	Rumble
Bruit de surface	Surface noise
Bruit de système (cab)	System noise
Bruitage (ciné, tv)	Sound effects, effects
Bruiter	To foley

Bruiteur	Foley artist
Bruits préenregistrés	Library sound effects, pre -recorded sound
Brume	Haze, mist
Budget	Cost estimate
Budget du client (pub)	Account
Bulletin d'informations	News bulletin
Bulletin météorologique	Weather report
Bureautique	Office automation
Buvard	Blotter, blotting paper
BVU	High-band U-matic

C

"Ca tourne !"	"Speed !", "Rolling !"
Cabestan	Capstan
Cabestan asservi	Servocapstan
Cabine	Booth
Cabine de contrôle (tv)	Monitor room
Cabine d'enregistrement	Recording room
Cabine principale de contrôle	Master control room
Cabine de projection (ciné, tv)	Projection booth
Câblage	Cabling, wiring
Câblage coaxial	Concentric wiring system
Câble	Cable, conductor, feeder
Câble d'alimentation	Feed wire
Câble de batterie	Battery cable, battery lead
Câble bifilaire	Paired cable
Câble blindé	Armoured cable
Câble coaxial	Coaxial cable
Câble de connexion	Connecting cable
Câble en fibre optique	Fibre optic cable
Câbles groupés	Bunched cables
Câble de haute fréquence	Radio guide
Câble interactif	Interactive cable
Câble de jonction	Junction cable
Câble optique	Optical fiber cable
Câble principal	Main trunk
Câble de raccordement	Patch cord
Câble rallonge principal	Head extension
Câble souple	Flexible cable
Câble souterrain	Grounded cable
Câble sous-marin	Submarine cable
Câble de synchronisme	Sync cable

Câbler une information (pres)	To file a story
Câbler (une installation)	To wire
Câbleur (élect)	Cableman
Câbliste (tv)	Camera cableman
Câblodiffuseur, câblodistributeur	Cablecaster
Câblodiffusion, câblodistribution	Cablecast, cablecasting, C.A.T.V.
Câblovision	Cablecasting, C.A.T.V.
Cache (ciné)	Mask, matte
Cache animé (ciné)	Travelling matte
Cache bleu (vid)	Chroma-key window
Cache contre-cache	Matte shot (ciné), matteing (vid)
Cache contre-cache couleur	Colour matte
Cache d'écran	Screen mask
Cache électronique	Inlay
Cache image	Frame mask
Cache de lumière	Light gate
Cache mobile (ciné)	Flipper
Cache peint (pour trucage)	Matte painting
Cachet	Fee
Cadence	Frequency, rate, rhythm, speed (of shooting)
Cadrage (ciné, tv)	Framing
Cadrage cassé (oblique)	Canted angle
Cadran	Dial
Cadre	Film rack (lab), frame
Cadre d'écran	Screen frame
Cadre porte-filtre	Filter mount
Cadre presseur	Pressure gate, pressure plate
Cadre de télévision	TV cut-off
Cadrer (ciné, tv)	To frame, to line up
Cadreur	Cameraman, camera operator
Cahier des charges	Specifications
Caisse	Box, case
Caisse (de cinéma)	Box office
Caisson	Camera body
Caisson étanche	Underwater housing
Caisson insonore	Blimp
Calage (de l'objectif)	Lens registration
Calandre (imp)	Calender, glazing machine
Calculateur	Calculator
Calculatrice électronique (inf)	Electronic computer
Calculatrice numérique	Digital computer
Calculer	To calculate, to compute
Cale	Wedge

Cale-sifflet	Wedge
Caler (vid)	To nudge
Calibre	Gauge
Calibrer	To calibrate
Calibrage (imp)	Casting off
Calque	Tracing paper
Camembert (inf)	Area graph
Caméra	Camera
Caméra d'animation	Animation camera, rostrum camera
Caméra autosilencieuse	Noiseless camera, self blimped camera
Caméra de banc-titre	Caption camera ; caption scanner (vid)
Caméra à chargeur	Magazine camera
Caméra commandée par ordinateur	Computer controlled camera
Caméra d'effets spéciaux (tv)	Insert camera
Caméra électronique	Electronic camera
Caméra à l'épaule	Hand held camera
Caméra à faisceau divisé (tv)	Splitbeam camera
Caméra à grande vitesse	High-speed camera
Caméra d'inserts (tv)	Insert camera
Caméra insonorisée	Sound camera
Caméra légère (ou) portative	Hand camera
Caméra portable	Portable camera
Caméra pour prises de vues aériennes	Aerial camera
Caméra pour prises de vues cinématographiques	Motion picture camera
Caméra pour prises de vues image par image	Stop motion camera
Caméra pour prises de vues sous-marines	Underwater camera
Caméra de reportage	Reporter camera, news camera, field camera
Caméra à ressort	Springwound camera
Caméra sonore à piste couchée synchrone	Single-system sound camera
Caméra de studio, de plateau	Studio camera
Caméra subjective	Point-of-view shooting
Caméra de télévision	Television camera
Caméra ultra-rapide	(Ultra) high-speed camera
Caméra à visée reflex	Reflex camera
Caméscope	Camcorder

Camion d'enregistrement	Sound truck
Camion laboratoire	Mobile laboratory van
Campagne de lancement	Initial campaign
Campagne publicitaire	Advertising campaign
Canal	Track, channel
Canal à code d'accès	Conditionnal acces channel
Canal commun	Co-channel
Canal image	Vision channel
Canal pilote	Cue-channel
Canal son	Tone channel, sound channel, audio channel
Canal de transmission de données	Data channel
Candela-pied (10,6 lux)	Foot-candle
Canevas	Outline
Canon à électrons	Electron gun
Cantonade (à la)	Aside
Capacité	Capacitance, capacity
Capacité de production	Output
Capitale (imp)	Capital letter
Capot	Hood
Captage éloigné	Remote pick-up
Capteur	Pick-up ; sensor (inf)
Capteur acoustique	Acoustic pick-up
Capteur électroacoustique	Electroacoustical pick-up
Capteur optique par contact	Contact image sensor (CIS)
Capteur phonographique	Sound pick-up
Capteur de vibrations	Vibration pick-up
Capture d'écran (inf)	Screen capture
Capuchon conique	Snoot cone
Car de reportage (tv)	Mobile recording unit, newscar
Car vidéo	Videobus
Car vidéo mobile	Remote truck
Caractère (imp)	Block type, type, font
Caractéristique d'enregistrement	Recording curve
Caractéristique de fréquence	Frequency response
Caractéristiques (inf)	Data, features, specifications
Carbone	Carbon
Cardioïde	Cardioid
Carrousel (de diapositives)	Round slide tray
Carte	Card ; board (inf)
Carte d'extention (ou) d'interface	Interface (or) adapter card
Carte (à la)	On-demand

Carte à mémoire (ou) à puce	Smart card
Carte-mère (inf)	Motherboard
Carte perforée	Punched card
Carte de presse	Press card
Carter	Housing
Carton	Cardboard
Carton d'étalonnage (lab)	Grading card, timing card
Carton de fin (ciné)	End title card
Carton de générique (ciné)	Main title card
Carton publicitaire	Display
Carton de titre (ciné)	Title card
Cartouche	Cartridge
Cascade	Stunt
Cascadeur	Stunt man
Case	Box
Case à cocher (inf)	Checkbox
Casque (d'écouteurs)	Headset, headphone
Casque stéréo	Stereo headphone
Cassable (accessoire)	Breakaway (prop)
Casser un décor	To strike a set
Cassette	Cassette
Cassette audio	Audio cassette
Cassette audionumérique	Digital audio-tape (DAT)
Cassette compacte numérique	Digital compact cassette (DCC)
Cassette stéréo pré-enregistrée	Prerecorded stereo cassette
Cassure	Break
Catalogue	Catalogue, listing
Catalyseur	Catalyst
Catégorie	Category
Cathode	Cathode, emitter
Cavalier (élect)	Jumper
Cédérom	CD-Rom
Cello (d'animation)	Cel, cello
Cellulaire	Cellular
Cellule	Cell, lightmeter
Cellule incorporée	Built-in cell (or) meter
Cellule de lecture de disques stéréo	Stereo pick-up cartridge
Cellule magnétique	Magnetic cell
Cellule photoconductrice	Photo-conductive cell
Cellule photoélectrique	Photo-electric cell, photocell
Cellule au sélénium	Selenium cell
Cellule T.T.L.	Through-the-lens meter
Cellulo (d'animation)	Cel, cello
Cémentation	Cementation, case hardening

Censure	Censorship
Censure (commission de contrôle)	Board of Censors
Centrage	Centering
Centrage de piste	Tracking
Central	Central
Central téléphonique	Telephone exchange
Centrale électrique	Power station
Centre	Center (U.S.A.), centre (G.B.)
Centre de calcul (inf)	Computing center
Centre de communication	Communication center
Centre d'essais	Test center
Centre nodal	Transit exchange
Cerclage	Ringing
Cercle de confusion (opt)	Circle of confusion, apertural effect
Cerveau électronique	Electronic brain
Chaîne (tv)	Channel
Chaîne à accès public (tv)	Public access channel
Chaîne de brochage (imp)	Binder line
Chaîne cryptée	Scrambled channel
Chaîne d'enregistrement	Recording system
Chaîne haute fidélité	Hi-fi unit, high-fidelity system
Chaîne de lecture	Playback system, reproducing system
Chaîne locale	Local channel
Chaîne à péage	Pay-tv channel
Chaîne de réseau vidéo	Video network channel
Chaîne de télévision	Television network
Chaîne thématique	Specialized channel
Chaleur	Heat
Chambre (appareil)	Body
Chambre anéchoïque	Anechoic chamber
Chambre de compression	Compression chamber
Chambre d'échos	Echo chamber
Chambre d'écho synthétique	Synthetic reverberation chamber
Chambre noire	Darkroom
Chambre sourde	Dead room
Champ	Field, range, set-up
Champ acoustique	Acoustical field
Champ alternatif	Alternating field
Champ d'audibilité	Range of audibility
Champ/contrechamp (ciné)	Angle/reverse angle, shot/counter shot, shot/reverse shot

Champ effectif (opt)	Effective field
Champ électrique	Electric field
Champ électrostatique	Electrostatic field
Champ d'ensemble	Field of view
Champ d'exploration (vid)	Scanning field
Champ fixe	Fixed angle
Champ focal	Focal field
Champ de l'image	Picture area
Champ de lecture (ciné, vid)	Reproducing area
Champ magnétique	Magnetic field
Champ mémo (inf)	Memo field
Champ de netteté (opt)	Field of sharpness, focal field
Champ de prise de vues	Camera coverage, shooting field
Champ variable (opt)	Variable angle
Champ de visée	Viewing angle
Champ visuel	Field of vision, visual field
Changement	Alteration, change, change-over (proj)
Changer	To alter, to change, to modify, to swap
Changeur	Changer, converter
Changeur automatique	Automatic changer
Changeur de disques	Record changer
Changeur de fréquence	Frequency changer
Chapeau (pres)	Heading
Charbon (élect)	Brush
Charbon (d'arc)	Carbon (arc)
Charbon à haute intensité	High intensity carbon
Charbon à mèche	Cored carbon
Charge	Load
Charge de batterie	Battery load
Charge cathodique	Cathode load
Charge d'entretien	Trickle charge
Charge publicitaire	Commercial load
Chargement (d'une caméra)	Threading
Chargement (d'un magasin)	Loading
Chargement automatique (caméra)	Automatic film threading
Chargement de bande	Tape loading, tape threading
Chargement de film	Film threading, film loading
Charger	To load, to thread, to lace ; to charge
Charges sociales	(National) insurance contribution
Chargeur (de batterie)	Charger
Chargeur (de caméra)	Magazine

Chargeur de rouleau (imp)	Rider, riding roller
Charnière	Hinge
Chariot (ciné, tv)	Dolly
Chariot (à volant)	Crab-dolly
Chariot motorisé	Motorized dolly
Chariot de travelling	Dolly
Charte de couleurs (lily)	Colour chart, camera card, colour lily
Charte de gris	Gray scale, gray chart, chipchart
Châssis	Frame, mounting frame
Châssis double	Bipack
Châssis passe-vue (diap)	Slide carrier
Chatterton	Gaffer tape
Chaud	Hot, warm
Chef constructeur	Construction manager
Chef décorateur	Art director, production designer
Chef électricien (ou) éclairagiste	Chief electrician, head gaffer
Chef des information(pres, tv)	Desk editor, news editor
Chef machiniste	Head grip, head rigger, key grip
Chef monteur (ciné tv)	Editor
Chef opérateur (ciné)	Cinematographer, director of photography, lighting cameraman
Chef opérateur (tv)	Chief cameraman, lighting director
Chef opérateur de cabine (ciné)	First projectionist
Chef d'orchestre (mus)	Conductor
Chef opérateur du son	Recording supervisor, recordist, sound mixer, floor mixer
Chef de plateau	Stage coordinator
Chef de publicité (pub)	Advertising manager
Chef de publicité (d'agence)	Account executive
Chef de rubrique locale (pres)	City editor
Chef du secrétariat de rédaction (pres)	Copy editor
Chef de section	Department head
Chef de vente du journal (pres)	Circulation manager
Chenille (lab)	Color pilot
Chevauchement	Over lap, overlapping
Chevaucher	To overlap
Chicane	Light trap
Chiffre	Digit, figure, numeral
Chiffre de bruit	Noise figure
Chiffrer (un message)	To code
Chimique	Chemical
Choisir	To select

Choix	Selection
Chorégraphe	Choreographer
Chroma	Chroma, chrominance
Chromacité	Chromacity
Chromatique	Chromatic
Chrome	Chrome
Chrominance	Chrominance, chroma
Chrominance directrice	Leading chrominance
Chrominance de retard	Lagging chrominance
Chromiste	Colour etcher
Chromogène	Chromogenic, colour-forming
Chromolithographie (imp)	Process offset
Chronique (pres, tv)	Chronicle, column
Chroniqueur (pres, tv)	Broadcaster, columnist, commentator
Chronologique	Chronological
Chronométrage	Timing
Chronomètre	Stop watch
Chronophotographie	Chronophotography
Chute	Drop ; punchline
Chute (d'une anecdote)	Tag line, punchline
Chute de bobine (négatif)	Short end
Chute d'intensité sonore	Fading of sound
Chute de tension	Power drop
Chutes (ciné, tv)	Cuts, trims
Chutier (ciné, tv)	Editing rack, trim bin ; galery (inf)
Cinéaste	Film-maker
Cinéaste amateur	Amateur film-maker
Ciné-club	Film society
Ciné-journal	Cinemagazine
Cinéma (le)	Motion pictures, movies
Cinéma (salle de)	Cinema, movie theatre
Cinéma d'art et d'essai	Art house, art theatre, repertory cinema
Cinémacrographie	Macrocinematography
Cinéma permanent	Continuous performance
Cinéma scientifique	Scientific cinematography
Cinémathèque	Film library, film archive
Cinématographie	Cinematography
"Cinéma-vérité", cinéma direct	Direct cinema
Cinémicrographie	Microcinematography
Cinéparc	Drive-in (cine)
Ciné-roman	Cine-novel
Cinétique	Kinetic
Cintrage de clichés	Plate curving

Cintré	Curved
Cintres (théât)	Flies
Circuit	Circuit, channel (vid)
Circuit (en)	On-circuit, turned-on
Circuit bouclé	Loop circuit
Circuit de commande	Control circuit
Circuit compensateur	Balancing network
Circuit conducteur	Driving circuit
Circuit de contrôle	Monitor circuit
Circuit de distribution (élect)	Branch circuit
Circuit double	Dual network
Circuit élémentaire	Block circuit
Circuit fermé	Closed circuit
Circuit fermé de réglage	Closed control loop
Circuit (hors)	Off-circuit, turned off
Circuit imprimé	Printed circuit
Circuit intégré	Integrated circuit
Circuit intermédiaire	Transfer circuit
Circuit ouvert	Open circuit
Circuit réciproque	Dual network
Circuit de réglage	Automatic control system
Circuit retardateur	Time-delay circuit
Circuit de retour vidéo	Video feedback circuitry
Circuit de salles	Theater chain (or) circuit
Circuit de sélection des couleurs	Colour separation circuitry
Circuit tampon	Buffer circuit
Circuit transistorisé	Solid-state circuit
Circulaire	Circular
Ciseaux antimagnétiques	Antimagnetic scissors
Citation	Quotation
Clap	Slate, clapper board, clapstick
Clap de fin	End board
Clapman (ciné, tv)	Clapperboy
Claquette (ciné, tv)	Clapper board, slate, clapstick
Claquette automatique	Automatic start mark (or) slate
Claquette de fin	End slate
Claquettes	Tap dance
Classe	Grade
Classement	Classification
Classer	To file, to rank
Classification	Classification
Classique	Conventional
Clavier	Keyboard

Clavier numérique	Keypad
Clé	Key
Clé de contact	Switch key
Clé d'écoute	Listening key
Clés-en-mains	Turnkey
Clé (de protection électronique)	Dongle
Clic	Click
Clichage	Plate-making, block-making
Cliché	Block, negative, photo, plate
Cliché d'impression couleur	Process plate
Clicher	To impress, to plate
Clicheur	Block maker, process engraver
Clignotant	Blinker light
Clignotement	Blink
Clip musical (tv)	Music video
Cliquer (inf)	To click
Coaxial	Coaxial
Codage	Encoding, coding
Codage couleur	Colour coding, colour system
Code	Code
Code d'accès	Access code
Code d'appel	Calling code
Code-barre	Optical bar code, bar code, bar graphics
Code à l'image	Window dub
Code incrusté	Burned-in code
Code intégré	Embedded code
Code de montage	Edit code
Code télégraphique	Morse code
Code temporel	Time code
Code temporel longitudinal	Linear time code (LTC)
Code entre trames	Vertical interval time code
Codeur-décodeur	Codec
Codeur incorporé	Built-in coder (or) encoder
Codification	Codification
Codifier	To codify
Coefficient	Coefficient, factor
Coefficient d'absorption	Absorption factor
Coefficient d'affaiblissement	Attenuation factor
Coefficient d'aimantation	Magnetization factor
Coefficient d'anamorphose	Anamorphic squeeze, squeeze ratio
Coefficient de directivité	Directivity factor
Coefficient de distorsion	Distortion factor
Coefficient d'efficacité	Overall efficiency

Coefficient de filtre	Filter exposure factor
Coefficient de sécurité	Safety factor
Coefficient de tirage	Printer density factor
Coffret à fusibles	Fuse box
Coiffeur	Hair stylist
Coin	Wedge
Coin optique	Optical wedge
Coin sensitométrique	Step-wedge, sensitometric strip
Coincé	Stuck
Collaborateur	Collaborator
Collage	Splicing, sticking ; patch (vid)
Collant (ciné, tv)	Edit (point)
Collationner	To check, to compare
Colle	Adhesive, glue, cement
Colle à film	Film cement
Collé	Cemented, glued, stuck, joined
Collecteur d'ondes	Wave collector
Coller	To paste, to glue, to join
Colleur (mont)	Assistant editor, joiner
Colleuse	Mounting press (photo), pasting-machine (imp), splicer (ciné), tape joiner
Collier de blocage	Locking grip
Collimateur	Collimator
Colloïdal	Colloidal
Collure (mont)	Splice, splice join
Collure bord-à-bord	Butt splice
Collure diagonale (mont)	Diagonal splice
Colonne (pres)	Column
Colonne acoustique (son)	Sound column
Colorant	Dye
Coloration	Stain, tinting
Colorieur (vid)	Colorizer
Colorisateur (tv)	Image colorizer
Colorisateur vidéo	Video colorizer
Colorisation	Colorization
Coloriser	To colorize
Combinaison (de programmes) (tv)	Combo
Combinaison de touches (inf)	Chord keying
Combinateur de chaîne	Channel combiner
Combiné (image et son)	Composite, combined
Combustible (adj)	Inflammable
Comédie musicale	Musical (comedy)
Comédie de situation	Sitcom

Comédien	Performer
Comité des programmes	Program committee
Commande	Control, switch
Commande automatique	Automatic control
Commande de balayage (vid)	Hold control
Commande de curseur (inf)	Paddle
Commande de diaphragme	Diaphragm drive, iris control
Commande à distance	Remote control
Commande de faisceau (inf)	Bus master
Commande image par image	Single frame switch
Commande d'inversion	Reversible drive
Commande de largeur d'image	Width control
Commande de mélangeur	Mixing control
Commande de netteté	Focusing control
Commande numérique	Digital control
Commande de sensibilité de lumière	Light sensitivity control
Commande de stabilité horizontale (vid)	Horizontal hold control
Commande de stabilité verticale (vid)	Vertical hold control
Commandé	Controlled, driven, piloted
Commander	To control, to regulate, to pilot
Commanditaire	Sponsor
Commanditer	To sponsor
Commentaire	Commentary, narration, voice-over
Commentaire sur image	Running commentary
Commentateur	Commentator, narrator, anchor (news)
Commun	Common, mutual
Communication	Call (telephone), communication
Communication audiovisuelle	Audiovisual communication
Communication institutionnelle	Corporate communication
Communication de masse	Mass communication
Communication téléphonique	Call
Communiqué	Bulletin, report
Communiqué publicitaire	Commercial announcement
Communiqué de presse	Press-release, news release
Communiqué de presse vidéo	Video news release (V.N.R.)
Communiquer	To communicate
Commutateur	Switch, selector-switch
Commutateur de contrôle	Monitor switch
Commutateur de direction	Channelling switch

Commutateur émission-réception	Send-receive switch
Commutateur de programmes	Band (or) channel selector
Commutateur de synchronisme	Sync switch
Commutateur à touches	Piano-key switch
Commutation	Circuit switching, switching
Commutation automatique	Automatic switching
Commutation de bande	Tape switching
Commutation des couleurs	Colour switching
Commutation par paquets	Packet switching
Commutation vidéo	Video switching
Commutatrice	(Rotary) converter
Commuter	To change over, to switch
Comparaison	Comparison, match
Comparer	To check, to compare, to match
Compatibilité	Compatibility
Compensateur	Equalizer
Compensateur paramétrique	Parametric equalizer
Compensateur de perte de niveau	Drop-out compensator
Compensateur de vitesse	Velocity compensator
Compensation	Compensation ; pull down (vid)
Compensation d'inclinaison	Tilt compensation
Compenser	To balance, to match
Compilateur	Compiler
Compiler	To compile
Complément	Complement, extension
Complément (film de)	Second feature
Complément (de programme)	Fill-up, filler
Complémentaire	Complementary
Compliments	Kudos
Composant	Component
Composé	Composite, compound
Composer	To compose ; to set (imp)
Composite	Composite, multicomponent
Compositeur (mus)	Composer
Compositeur (imp)	Type-setter
Composition	Composing, setting, type-setting
Compresser	To compress, to pack
Compresseur	Compressor
Compresseur-expanseur	Compander
Compresseur-limiteur	Complimiter
Compression	Compression ; clip (vid)
Compression fractale (inf)	Fractal compression

Compression image	Picture image compression (PIC)
Compte-fils	Thread counter
Compte-pose (photo)	Time exposure control
Compte à rebours	Count down
Compteur	Counter, film counter, timer
Compteur de force de champ	Field strength meter
Compteur images (ciné)	Frame counter
Compteur image par image (ciné)	Single frame counter
Compteur à mémoire (inf)	Memory counter, storage counter
Compteur de métrage	Footage counter
Compteur de vitesse	Speedometer, tachometer
Concentrateur (inf)	Hub
Concentration	Beaming, concentration, focusing
Concentrer	To concentrate, to focus
Concept	Concept
Concept (d'une série TV)	Format
Conception assistée par ordinateur (CAO)	Computer-aided design (CAD)
Concurrence	Competition
Condensateur	Capacitor, condensor
Condensateur multiple	Multi-element capacitor
Condensation	Condensation
Condensé	Condensed
Condenseur	Condenser
Condenseur optique	Optical condenser
Condition	Condition, requirement
Conducteur (élect)	Feeder cable
Conducteur (d'émission)	Continuity log (or) script, rundown sheet, cue (or) log sheet
Conducteur (visuel)	Story board
Conducteur de retour	Return feeder
Conducteur de terre	Ground electrode
Conductibilité	Conductibility, conductivity
Conduire (élect)	To conduct
Conduite (de machine)	Operating
Cône (écl)	Cone, snoot cone
Cône de haut-parleur	Loudspeaker cone
Conférence de presse	News conference, press conference
Conférence de programme (tv)	Script conference
Conférence de rédaction	Editorial conference
Confidentiel (à titre)	Off-the-record
Configuration (inf)	Configuration
Configuration (du système)	System outline

Conformation (mont)	Conforming, matching (the negative); on-line editing
Conformation automatique	Auto-assemble (or) assembly
Conformation d'un original	Matching the master
Conformation vidéo	Video conform
Confort d'écoute	Listening pleasure (radio)
Congés payés	Holiday credits
Conjoncteur	Circuit closer, contactor
Conjoncteur-disjoncteur	Line breaker
Connecté	On line
Connecter	To branch, to connect, to wire
Connecteur	Connector, coupler, link, plug
Connecteur magnétoscope	V.T.R. connector
Connexion	Branching, connection, hooking
Connexion de base	Basic wiring
Connexion croisée	Cross connection
Connexion desserrée	Loose connection
Connexion enfichable	Patch
Conque acoustique	Elliptical horn
Conseiller	Adviser, consultant
Conseiller pédagogique	Educational adviser
Conseiller de rédaction (pres)	Contributing editor
Conseiller technique	Technical adviser
Conservation	Storage
Conservation de films	Film storage
Conserver	To store
Consistance	Consistancy
Console	Console, table, control panel
Console de mélange	Audio (or) sound mixer, mixing desk (or) console
Consommables	Consumables
Consommation	Consumption, drain
Consommer	To consume
Constant	Constant, continuous

Constante de temps	Time constant
Constante de transmission	Transfer constant
Construction	Construction
Contact	Contact
Contacteur	Contactor switch
Contenu	Contents
Continu	Continuous
Contigu	Contiguous
Continuité	Continuity
Continuité dialoguée (ciné)	Dialogue continuity
Continuité montée (ciné)	Rough cut
Contour	Contour, outline
Contournement	By-pass
Contraction	Shrinking
Contradiction	Discrepancy
Contrainte	Constraint
Contraste	Contrast (range)
Contraste des couleurs	Colour contrast
Contraste des luminances	Brightness ratio
Constrastée (image)	Hard (or) contrasty picture
Contrasteur	Contrastor
Contrat	Contract
Contrat d'exploitation (ciné)	Distribution contract
Contrat de participation (ciné)	Sharing contract
Contrat de production (ciné, tv)	Production contract
Contre-cache	Counter-matte
Contre-champ	Reverse angle, counter-shot, reverse shot
Contre-courant	Reverse direction flow
Contre-emploi (à)	Out-of-character
Contre-épreuve (pres)	Counter proof
Contrefaçon	Piracy
Contre-griffe	Register pin, registration pin
Contrejour	Backlight
Contremaître	Foreman, overseer
Contre-miroir	Reverse mirror
Contre-plaque	Back plate
Contreplaqué	Plywood
Contre-plongée (ciné. tv)	Low angle shot, tilt-up, low shot
Contrepoint	Counterpoint
Contretypage	Duplication, duping
Contretype	Duplicate, dupe
Contretype négatif (ciné)	Dupe negative, internegative
Contretype (négatif) combiné	Combined dupe negative

Contretype positif	Dupe positive
Contretyper	To duplicate
Contrôle	Check, control
Contrôlé	Checked, controlled
Contrôle des aiguës (son)	High check
Contrôle automatique	Automatic check
Contrôle automatique de gain	Automatic gain control
Contrôle automatique de luminance	Automatic brightness control
Contrôle automatique de sensibilité	Automatic sensitivity control
Contrôle automatique de volume	Automatic gain control
Contrôle de balayage (horizontal)	Horizontal control
Contrôle des basses	Low check
Contrôle continu	Monitoring
Contrôle des couleurs	Colour control
Contrôle direct	On-line control
Contrôle à distance	Remote control
Contrôle d'écoute	Audio monitoring
Contrôle de gain	Gain control
Contrôle indirect	Off-line control
Contrôle intégré (inf)	Embedded command
Contrôle interne	Built-in check
Contrôle de pistage	Tracking control
Contrôle de profondeur de champ	Depth of field control
Contrôle de réponse de fréquence	Frequency response control
Contrôler	To check, to control, to test
Contrôleur	Controller, supervisor
Contrôleur de modulation	Modulation monitor
Contrôleur universel	All-purpose controller

Convergence	Convergence
Convergent	Converging
Conversion	Conversion
Conversion de balayage	Scan conversion
Conversion dans l'espace des couleurs	Colour-space conversion
Convertibilité	Convertibility
Convertir	To convert, to translate, to transform
Convertisseur	Converter
Convertisseur amplitude-temps	Height-to-time converter
Convertisseur analogique/numérique (CAN)	Analog-to-digital converter (ADC)
Convertisseur de définition	Line converter
Convertisseur texte-parole	Text-to-speech converter
Convexe	Convex
Convivial	User-friendly
Convocation de tournage	Shooting call
Coordinateur (subst)	Coordinator
Coordonnateur (adj)	Coordinating
Coordonnées numériques	Numerical coordinates
Copie	Copy, duplicate, print, transcription, dub
Copie d'antenne (tv)	Broadcasting print, master tape, show print, air print, release print
Copie par A et B (ciné)	A and B print
Copie anamorphosée	Anamorphic print
Copie de bande magnétique	Video tape duplication
Copie par contact	Contact print
Copie de contrôle	Check print
Copie désanamorphosée	Unsqueezed print
Copie pour doublage	Dubbing print
Copie douce	Soft print
Copie d'essai	Check print
Copie étalon	Master print
Copie d'étalonnage	Timing print, grading print, answer print, approval print
Copie d'exploitation	Release print
Copie à faible contraste	Soft print
Copie fraîche	Green print
Copie grain fin	Fine grain print
Copie image seule	Mute print
Copie par imbibition	Imbibition print
Copie par inversion	Reversal print

Copie lavande	Lavender print
Copie magnéto-optique	Magoptical print
Copie marron	Duplicating positive, master positive
Copie master	Colour intermediate positive, interpositive
Copie muette	Mute print
Copie neuve	Green film, new print
Copie originale	Master print, master copy
Copie originale de sécurité	Protection master
Copie papier (inf)	Hard copy
Copie à piste magnétique couchée	Combined magnetic sound print (or) commag
Copie à piste optique (standard)	Combined optical sound print
Copie de présentation	First release print, show print
Copie rectifiée	Corrected print
Copie par réduction optique	Optically-reduced print, reduction printing
Copie de référence	Master print, reference print
Copie de sauvegarde (inf)	Back-up copy
Copie de série	Release print
Copie de son optique	Optical sound print
Copie standard	Composite print, release print, combined print, married print, comopt
Copie standard sous-titrée	Subtitled release print
Copie télévision	Television print
Copie par tirage optique	Optical printing
Copie de travail (image)	Work print, cutting copy
Copie de travail (son)	Work track
Copie de travail (vidéo)	Work track, work tape
Copie version étrangère	Foreign version release print
Copie zéro	Answer print, first trial composite print, first release print, married print
Copier	To copy, to print, to dub, to dupe, to duplicate ; to dub down (en format inférieur), to dub up (en format supérieur)
Coproduction (ciné, tv)	Coproduction
Copulant	Coupler, coupling agent
Coquille (imp)	Misprint
Corps	Body
Corps noir	Black body
Corps de programme (inf)	Main body (of a program)
Correcteur	Rectifying device, equalizer

Correcteur de base de temps	Time base corrector
Correcteur de biais	Skew corrector
Correcteur d'écho	Echo suppressor
Correcteur de phase	Delay equalizer
Correcteur de tonalité	Tone control
Correction	Correction
Correction de brûlure	Burn correction
Correction de contour	Aperture correction
Correction de couleur	Colour correction
Correction sur épreuves	Proofreading
Correction des graves (son)	Bass control
Correction de parallaxe	Parallax correction
Correspondant à l'étranger	Foreign correspondent
Correspondant de guerre (pres, tv)	War correspondent
Correspondant local	Local correspondent
Corrigé	Corrected
Corriger	To correct
Costumes	Wardrobe, costmes
Costumier décorateur	Costume designer
Côté	Side, face, edge
Côté cour	Stage left
Cote d'écoute	Audience rating, rating
Côté émulsion	Emulsion side
Côté jardin	Stage right
Cote morale	Rating
Cote nominale	Nominal size
Côté support	Base side
Couchage (lab)	Coating, striping
Couchage de piste magnétique	Magnetic striping
Couche	Coating, layer, stripe
Couche antiréfléchissante	Blooming layer
Couchage antistatique	Conductive coating
Couche dorsale	Backing layer, back coating
Couche pleine	Full coat
Couché	Coated
Couches multiples (à)	Multi-layer
Coucheuse	Coating machine
Coulée (lab)	Wide roll
Couleur	Colour (UK) (or) color (USA) ; chroma (vid)
Couleur complémentaire	Complementary colour
Couleur fondamentale	Primary colour
Couleur peau	Skintone, flesh tone
Couleur pigmentaire	Pigment colour

Couleur primaire	Primary colour
Couleur secondaire	Complementary colour
Couleur sonore	Timbre, tone colour
Couleur stable (de)	Colourproof
Couloir de la caméra	Runner plate
Couloir du film	Film gate
Coupe	Cut
Coupe en biais (ou) en biseau	Diagonal cut
Coupe-circuit	Circuit-breaker ; bridging (son)
Coupe (dans plan)	Jump cut
Coupe raccord (mont)	Match-cut
Coupe sèche (mont)	Straight cut, direct cut
Coupe flux	Lightshield
Couper	To cut, to disconnect, to switch off, to turn off ; to trim, to edit
Couper-coller (inf)	Cut & paste
"Coupez" !	"Cut "!
Couplage	Binding, coupling, interlock
Coupler	To couple, to link, to lock
Coupleur	Coupler, link, multiplexer
Coupleur acoustique	Acoustic coupler
Coupure	Break, interruption : blackout, cut off (élect)
Coupure de presse	Clipping
Coupure publicitaire	Commercial slot (or) break
Courant	Current
Courant alternatif	A.C., power
Courant biphasé	Two-phase current
Courant cathodique	Cathode current
Courant continu	D.C. (Direct current)
Courant de crête	Peak current
Courant de faisceau	Beam current
Courant magnétique	Magnetizing current
Courant monophasé	Single-phase current
Courant parasite	Stray current
Courant photoélectrique	Photocurrent
Courant porteur	Carrier current
Courant redressé	Rectified current
Courant triphasé	Three-phase current
Courant vagabond	Stray current
Courbe	Bend, curve ; pattern (tv)
Courbe d'aimantation	Magnetizing curve
Courbe caractéristique	Characteristic curve, H and D curve
Courbe d'étalonnage	Calibrating (or) grading curve

Courbe de fréquence	Frequency response
Courbe d'intensité	Loudness contour
Courbe de lumière	Light curve
Courbe parabolique	Paracurve
Courbe de réponse	Frequency response
Courbe sensitométrique	Characteristic curve, H & D curve
Courbure	Bending, curvature
Courbure de bande	Tape curvature
Courbure de champ	Image curvature
Courrier des admirateurs	Fan mail
Courrier électronique	E-mail, electronic mail
Courrier des lecteurs	Letters to the editor
Courrier vocal	Voice-mail
Courroie	Belt
Coursier	Gofer, gopher
Court-circuit	Short circuit
Court-métrage	Short film, short feature, short subject
Coûts de préproduction	Front end
Couvercle de magasin (ciné)	Magazine lid
Couverture	Cover page (imp) ; coverage (pres), coverage area (tv), reach
Couverture nationale	Domestic reach
Couvrir (un son)	To drown
Couvrir (un sujet)	To cover
Crachement	Crackling
Crayon électrographique (vid)	Conductive pencil, lightpen, wand
Crayon gras	Grease pencil, china marker, wax pencil
Crayon lumineux	Light pen
Crayon numérique	Digital pen
Crayon optique	Optical pen, wand
Crayonné (pub)	Rough (lay-out)
Créateur d'animation (ciné)	Animation designer
Créneau (tv, radio)	Air time, on-air time, niche, slot
Crênelage (vid)	Aliasing
Crête	Apex, peak
Crête à crête	Peak-to-peak
Crête pondérée	Balanced peak
Creux	Recess
Cristal	Crystal
Cristaux liquides	Liquid crystal
Critique	Critic ; review (pres)
Critique d'art	Art critic

Critique de film	Film reviewer ; film review
Critique littéraire	Book reviewer
Croix (pour cocher)	Checkmark
Croix de Malte	Cross wheel, Geneva wheel, Maltese cross
Croix de Malte double	Double Maltese cross
Croquis	Rough sketch, sketch
Crosse d'épaule	Shoulder pod
Crosse à main	Hand grip
Cryptage	Encryption, scrambling, encypherment
Crypter	To encrypt, to scramble
Cube (d'opérateur) (ciné)	Apple box
Culbuter (ciné)	To rack over, to switch over
Culot de lampe	Lamp base
Culturel	Cultural
Curseur	Cursor, mouse pointer, arrow pointer, pointer
Curriculum vitae	Résumé
Cuve	Apron tank
Cuve de développement	Developing tank
Cyan	Cyan
Cyberespace	Cyberspace
Cybernétique	Cybernetics
Cyclage de couleurs (inf)	Colour cycling
Cycle	Cycle
Cycle complet	Total cycle
Cyclique	Cyclic
Cyclorama, cyclo	Backing, cyclorama ; cyc

D

Dactylographe	Typist
Dans l'axe	On axis
Date d'émission (radio, tv)	Air date
Date limite	Deadline, closing date
Date de parution	Publication date
Dater	To date
Débit	Capacity, output, rate
Débit de transfert	Transfer rate
Débiteur denté	Feed sprocket
Débiteur de magasin (ciné)	Film feed sprocket, take-up sprocket
Débiteur de protection	Hold-back sprocket
Débobiné	Run-off
Débobiner	To uncoil, to unwind
Déboguer (inf)	To debug
Débrancher	To disconnect, to unlink, to switch off, to unplug
Débrayage	Disengaging, uncoupling
Début d'émission (signal de)	Sign-on
Décadrage	Misframe
Décalage	Displacement, lag, shift, drift, offset
Décalage angulaire	Angular displacement
Décalage de fréquence	Carrier deviation, frequency lag ; offset (vid)
Décalage horaire	Time lag
Décalage de phase	Phase distorsion, phase difference
Décalage son-image (pour synchronisme de projection)	Pull-up sound advance, sound-to-image stagger (or) advance
Décalage son-image (prise de vues à piste couchée)	Frames (picture to sound) separation

Décalé	Displaced, out of step, shifted, offset
Décaler	To dephase, to displace, to shift
Décalque	Transfering, tracing off
Décamètre (ciné)	Measuring tape
Décélération	Deceleration
Décentré	Out of center
Décharge (électrique)	Discharge
Déchargé	Discharged, run-down
Déchargement	Unloading
Décharger	To discharge, to unload
Déchiffrement	Decoding
Déchiffrer	To decipher, to decode
Déchirement horizontal (vid)	Line tear
Déchirure	Tear
Déchirure de l'image (vid)	Tearing
Décibel	Decibel, ,V.U.
Décibelmètre	Level (or) volume-unit indicator, V.U.-meter, decibelmeter
Décisions de montage (inf)	Editing decision list (EDL)
Déclenchement	Release, triggering, tripping
Déclenchement automatique	Automatic release
Déclencheur	Release button, releaser, switch, trigger
Déclencheur (photo)	Shutter-release
Déclencheur à distance	Remote control releaser
Déclencheur haute tension	Switch gear
Déclencheur à retardement (photo)	Delay shutter-release
Déclencheur souple (photo)	Cable release
Décodage	Decoding
Décoder	To decode
Décodeur	Decoder
Décodeur - récepteur	Receiver - decoder
Décollement du signal (tv)	Signal lift
Décoller (écl)	To backlight
Décoloration	Bleaching, fading
Décomposition de faisceau	Beam splitting
Décompression	Decompression
Décompte de barres	Count down
Déconnecter	To cut off, to disconnect
Décor	Set, setting, scenery
Décor sur glace peinte	Glass painting
Décor numérisé ou décor peint (cache pour trucage)	Matte painting

Décor réel	Practical set
Décor de sécurité	Cover set
Décorateur	Art director, set designer
Découpage (ciné, tv)	Script, shooting script
Découpage classique	Continuity style
Découpage définitif (ciné, tv)	Final shooting script, screenplay
Découpage électronique (vid)	Pattern
Découpage technique (ciné, tv)	Final shooting script, shot list
Découpe (inf)	Crop (or) cropping, scissoring
Découpeuse (imp)	Cutter
Découplage	Bypass, uncoupling
Découverte (studio)	Background set, backing, backdrop
Décrochage (lum)	Backlighting
Décryptage	Deciphering, decoding
Dédié	Dedicated
Dédoublage (mont)	Off-laying
Défaut	Defect, flaw, failure
Défaut (par)	Default
Défaut de contour	Bearing
Défilement (film)	Run
Défilement horizontal (vid)	Horizontal line hold
Défilement des lignes (vid)	Line crawl
Défilement saccadé	Jerky crawl, jerky unwinding
Défilement vertical	Vertical line hold, frame roll, vertical scrolling
Défilement vidéo	Linehold, tape advance, tape speed, frame advance
Défiler (faire)	To scroll
Défileur	Dubber, unwinder
Défileur de bande	Tape dubber
Définir	To define
Définition	Definition
Définition (défaut de)	Definition error
Définition (d'image)	Resolution, sharpness
Déflecteur	Baffle, deflector
Déflexion	Deflection
Défocalisation	Defocusing, out of focus
Déformation	Distorsion
Déformation de la pellicule	Film deterioration
Défraiement journalier	Per diem
Dégradé (filtre)	Graded, graduated (filter)
Degré d'acidité	Degree of acidity
Degré de précision	Degree of accuracy
Degré de vitesse	Rate of speed

Dégrossissement de l'éclairage	Prelight
Délai	Lag
Délai d'attente (inf)	Time-out
Démagnétisation	Demagnetization
Démagnétiser	To degauss
Démagnétiseur	Bulk eraser, degausser
Demande	Query
Démarrage	Release ; starting (of a motor) ; booting (inf)
Démarrer	To start ; to boot up (inf)
Démarreur	Releasing device, starter
Démarreur automatique	Self-starter
Demi-bonnette	Split-field lens
Demi-gros plan	Close shot
Demi-piste	Half-track
Demi-teinte	Half-tone
Démodulateur	Demodulator, scrambler
Démodulation	Demodulation
Démoduler	To demodulate
Démontable	Detachable
Démonter (un décor)	To strike (or) to kill a set
Densité	Density
Densitométrie	Densitometry
Dent de scie	Saw tooth
Dent de tambour	Sprocket tooth
Départ	Start
Dépassé	Out of date
Dépassement (de pellicule)	To overshoot
Dépêche	Wire, cable
Dépêche-note (pres)	Flash, newsflash
Dépeindre	To depict
Dépenses de création (devis)	Above-the-line costs
Dépenses techniques (devis)	Below-the-line costs
Déphasage	Phase shift
Déphasé	Out of phase, lagging
Déplacer	To shift ; to drag (inf)
Déplacement de la bande	Tape displacement
Déplacement latéral (caméra)	Crabbing
Dépliant	Folder
Déplier	To spread out, to unfold
Dépoli	Ground glass
Dépoli monté sur ressort	Springback ground glass
Dépôt	Coating, deposit, clogging, shedding
Dépôt d'oxyde	Oxyde shedding

Dépouillement	Breakdown
Déraillement (disque)	Groove jumping
Dérangement	Malfunction
Dérangement (en)	Out of order
Déraper	To slip off
Dérayage	Polishing
Dérayer	To polish out
Déréglé	Out of order
Dérégler	To upset
Dérivation	Deviation shift, by-pass
Dernière édition (pres)	Late edition
Déroulant (générique) (ciné, tv)	Roller caption, creeping (or) roll title (vertical), crawl title (horizontal)
Déroulement (du film)	Unwinding
Déroulement synchrone (mont)	Sync roll
Dérouler	To unwind
Dérouleur	Unwinder
Dérushage (vid)	Log, logging, breakdown
Dérusher (vid)	To log, to break down
Désaccordé	Out of tune, untuned
Désadaptation (élect)	Return loss
Description	Outline
Desserrer	To loosen
Dessin	Cartoon, drawing
Dessin animé	Animated cartoon
Dessin principal (animation par ordinateur)	Key frame
Dessinateur (dessin animé)	Cartoonist
Destinataire	Receiver
Désuet	Out of date, outdated
Désynchronisation (ponctuelle) (vid)	Audio-video split
Désynchronisé	Out of sync
Détecteur	Sensor
Détection des lèvres (ciné)	Detection, lip synchronizing
Détente (gâchette)	Trigger
Détérioration	Damage, deterioration, wear
Détérioration du bord de film	Edge damage
Détourage	Blocking-out ; clipping (inf)
Deux-en-deux	Colour pilot
Deuxième équipe	Location unit, second unit
Deuxième prise (ciné, tv)	Retake
Développement	Developing, processing
Développement par pulvérisation	Spray processing

Développement poussé	Forced developing
Développer	To develop, to process ; to author (inf)
Développeur (inf)	Application developer
Déverrouiller	To unlock
Déviation	Deflection, drift
Déviation de faisceau	Beam deflection
Déviation de la bande (vid)	Tape skew
Devis	Budget, cost estimate
Devissé	Counter-clockwise ; unscrewed
Dévisser	To unscrew
Dévolteur	Step-down transformer
Diagramme d'antenne	Antenna pattern
Diagramme de connexions	Plugging chart
Diagramme de radiation	Beam pattern
Dialogue	Dialogue
Dialoguiste	Dialogue writer
Diamant	Diamond
Diapason (son)	Pitch, tuning fork
Diaphonie	Crosstalk
Diaphonie multiple (son)	Multiple crosstalk
Diaphotie (vid)	Crosstalk
Diaphragme	Diaphragm, lens opening, f-stop, T-stop
Diaphragmer	To stop down
Diaporama	Slide show, sound slide show
Diapositive	Slide, transparency
Diapositive de projection	Lantern slide, projection slide
Diatonique (son)	Diatonic
Dichroïque	Dichroic
Didactitiel	Educational software, teachware
Différé (en) (tv, radio)	Recorded, prerecorded, delayed, recorded transmission
Différentiel	Differential
Diffus	Diffuse, scattered
Diffusant	Diffusing, scattering
Diffuser	To broadcast ; to diffuse, to scatter
Diffuseur (écl)	Diffuser
Diffuseur (de programmes)	Broadcaster
Diffusion (opt, son)	Diffusion, scattering
Diffusion par câble	Cablecasting
Diffusion en clair	Clear broadcast
Diffusion cryptée	Encrypted broadcast
Diffusion en différé	Delayed broadcast

Diffusion en direct	Live broadcast
Diffusion directe (par satellite)	Direct broadcasting by satellite, DBS
Diffusion de l'information	Information flow
Diffusion multiple	Multi-cast
Diffusion simultanée (radio-tv)	Simulcast
Dimension	Size
Diode-émetteur	Light-emitting diode
Dioptrie	Dioptre
Dioptrique	Dioptric, dioptrical
Direct (en)	Live (radio, tv), on line, on air
Directeur	Manager
Directeur de collection (édit)	Editor
Directeur de la communication	Advertising director, publicity manager
Directeur des effets spéciaux	Visual effect director
Directeur musical	Musical director
Directeur de la photographie (ciné)	Director of photography, cinematographer, lighting cameraman, chief cameraman
Directeur de la photographie(tv)	Lighting director, chief cameraman
Directeur de plateau	Dubbing director
Directeur de production	Production manager
Directeur des programmes (tv)	Programming director
Directeur de rédaction (pres)	Managing editor
Directeur des relations publiques	Public relations manager
Directeur de salle (ciné)	Theater manager
Directeur de studio	Studio manager
Directeur technique	Technical director
Direction	Direction, management
Direction de la rédaction	Editorial management
Directionnel	Directional, directive
Directivité	Directivity
Dirigé	Directed
Diriger	To control, to direct
Discontinuité	Discontinuity
Discothèque	Record library
Disjoncteur	Breaker, circuit breaker switch, cut-out
Dispersé	Dispersed
Dispersion	Dispersion, scattering
Dispersion acoustique	Acoustical scattering

Disponibilité	Availability
Dispositif	Apparatus, device, structure, system, unit
Dispositif d'accord	Tuning device
Dispositif d'alimentation (cab)	Feeding device
Dispositif de balayage d'image (tv)	Image scanning device
Dispositif de blocage	Clamping jaw, locking device
Dispositif d'intégration	Integration amplifier
Dispositif à transfert de charge	Charge-coupled device (CCD)
Dispositif de vérification	Control device
Disque	Disk (or) disc ; record, audio disc
Disque audionumérique	Compact disc
Disque analyseur	Scanning disc
Disque cible	Target disc
Disque compact	Compact disc
Disque compact enregistrable	Recordable compact disc (CD-R)
Disque compact optique (DOC)	Compact disc read-only memory, CD-Rom
Disque compact optique interactif (DOC-I)	Interactive compact disc (CD-I)
Disque dur	Hard disc
Disque magnétique	Magnetic disc
Disque magnéto-optique	Magneto-optical disc, magoptical disc
Disque mère	Master record, mother record
Disque optique-numérique	Digital optical disk
Disque de police de caractères	Font disc
Disque porte-têtes	Head wheel
Disque souple	Floppy disc
Disque souple de secours	Start-up disk
Disque de stockage	Storage disc
Disque stroboscopique	Stroboscopic pattern wheel
Disque vidéo	Video disc
Disquette	Diskette, floppy disc
Disrupteur	Disrupter
Dissociation	Dissociation, split
Dissocier	To split
Dissolvant	Solvent
Dissoudre	To dissolve
Distance	Distance
Distance focale	Focal length
Distance hyperfocale	Hyperfocal distance
Distance de projection	Throw

Distaxie	Distortion
Distorsion	Distortion
Distorsion d'amplitude	Intensity distortion
Distortion azimutale	Azimuth distortion
Distorsion chromatique	Colour contamination
Distorsion de contact (disque)	Tracing distortion
Distorsion harmonique	Harmonic distortion
Distorsion d'image	Picture distortion, skew, flagging, hooking
Distorsion latérale (ciné)	Edgewave
Distorsion non-linéaire	Crossover distortion
Distorsion sonore	Sound distortion
Distortion trapézoïdale	Keystone distortion
Distributeur (ciné)	Distributor, renter, releaser
Distribution (artistique)	Casting, cast ; cast (inf)
Distribution (commerciale)	Booking, distribution, release, renting
Distribution (sur onde)	Dispatching
Distribution par micro-ondes	Multipoint multichannel distribution system (MMDS)
Distribution non-commerciale	Non-theatrical distribution, non-broadcast distribution
Divergence	Divergence
Diversification	Diversification
Diversité	Diversity
Divertissement	Entertainment
Diviser	To divide, to split
Diviseur	Splitter, divider
Diviseur de fréquence	Frequency divider
Diviseur optique (RVB)	Beam splitter
Docudrame	Docudrama, dramatized documentary
Document (d'artiste)	Artwork
Documentaire (film)	Documentary, information film
Documentaliste	Research assistant
Documents d'accompagnement	Supporting materials
Documents (d'entreprise)	Company literature
Domaine public	Public domain
Dominante	Keynote
Dominante (de couleur)	Colour cast
Donnée (inf)	Data
Donnée analogique	Analog data
Donnée brute	Raw data
Données distribuées	Distributed data

Dos interchangeable (photo) Exchangeable camera-back
Dossier cible (inf) Target file
Dossier d'émission (tv) Program file
Doublage (ciné, tv) Dubbing
Doublage audio (ou) son Audio dub
Double Copy, duplicate, double
Double bande (ciné,tv) Double-band, double-headed, double-system, unmarried
Double bande (négatif) Bipack
Double feuille (imp) Fly
Double impression (ciné) Double exposure
Double page (imp) Center spread
Double perforation Double punch
Double piste (sonore) Dual track
Double programme Double feature
Double de sécurité Protection
Doubler (un acteur) To stand in
Doubler (un film) To dub
Doubler (imp) To line
Doubles (mont) Outs
Doublure (imp) Lining
Doublure (d'un acteur) Stand-in, understudy
Douille Bushing, socket
Douille de phonocapteur Pick-up bush
Dramatique (subst) Drama, play, dramatic program (tv); radio play (radio)
Drapeau Flag
Dresseur (animaux) Trainer
Droits Rights
Droits d'accès Access rights
Droits d'adaptation cinématographique Film rights
Droit à l'antenne Broadcasting right
Droits d'auteur Royalties, author's rights, copyright royalties
Droit à la copie Rights per print
Droits dérivés Ancillary rights
Droits d'exclusivité Exclusive rights
Droits d'exploitation Distribution rights, exploitation rights
Droits limités Limited rights
Droit de priorité Right of preemption
Droits de projection Exhibition rights
Droits de représentation Performance rights
Droits de reproduction Reproduction rights

Droits scolaires	Rights for projection in schools
Droits de télévision	Television rights
Droits en totalité	Full rights
Droits voisins	Residual rights
Duplex	Duplex
Duplicata	Duplicate
Duplicateur	Duplicating device, mimeographic machine
Duplication	Duplication
Dupliquer	To duplicate
Dur	Hard, harsh, rough
Durcissement	Hardening
Durée	Duration, time, life
Durée d'enregistrement	Recording time
Durée d'exécution (inf)	Run time
Durée d'exploitation	Run (of a film)
Durée de flottement	Floating time
Durée de fonctionnement	Operation time
Durée du programme	Running time
Durée de projection	Running time, screen time
Dynamique	Dynamic range ; dynamic (adj)

E

Eblouissement	Glare
Ecart	Deviation, gap
Ecartement	Spacing
Echafaudage	Scaffolding
Echange	Swap
Echange de programmes	Program exchange, program swap
Echantillon (pour sélection) (inf)	Shareware
Echantillonnage	Sampling
Echantillonneur	Sampler
Echéance	Deadline, expiration date
Echelle	Scale
Echelle de diaphragmes	Aperture scale, stop scale
Echelle de gris	Gray scale
Echelle de lumières	Printer scale
Echelle de mise au point	Focusing scale, focus index marking
Echelle de réduction	Reduction scale
Echelle de reproduction	Image scale
Echo	Echo, reverberation
Echo image (vid)	Ghost image
Eclair	Flash
Eclairage	Lighting
Eclairage d'ambiance	Floodlighting
Eclairage à arc	Arc lighting
Eclairage de base	Base lights
Eclairage concentré	Spotlighting
Eclairage en contre-jour	Backlighting
Eclairage de côté	Sidelighting
Eclairage de cyclorama	Cyclorama lighting, strip lighting
Eclairage de découverte	Background lighting

Eclairage diffus	Diffuse lighting
Eclairage direct	Direct lighting
Eclairage dirigé	Directional lighting
Eclairage à effet	Effects lighting
Eclairage des fonds	Background lighting
Eclairage frontal	Front lighting
Eclairage en halo	Rim lighting, cameo lighting
Eclairage indirect	Indirect lighting
Eclairage multidirectionnel	Multidirectional lighting
Eclairage au néon	Neon lights
Eclairage de plafonnier	Overhead light
Eclairage de service	Courtesy lighting
Eclairage sur pied	Stand lights
Eclairage plat	Flat lighting
Eclairage principal	Highlight, keylight
Eclairage rasant	Edge lighting
Eclairage de sécurité	Emergency light
Eclairage de studio	Studio lights
Eclairage de travail	Work lights
Eclairage vertical	Overhead lighting
Eclairagiste	Lighting engineer
Eclaircir	To brighten
Eclairement	Illumination
Eclat	Flash
Eclat de lumière	Flash (of light), glare
Eclater	To burst, to split
Ecoute	Monitoring, listening in
Ecoute collective	Group listening
Ecoute	Monitoring
Ecouter	To monitor
Ecouteur	Earphone
Ecran	Screen (ciné), monitor (vid)
Ecran acoustique	Baffle
Ecran d'affichage (inf, vid)	Display monitor
Ecran argenté	Silver screen
Ecran cathodique	Cathod-ray tube, cathode screen
Ecran de chaleur	Heat shield
Ecran des chutiers (mont. vid)	Bin monitor
Ecran coloré	Coloured screen
Ecran de contrôle	Monitor screen
Ecran à cristaux liquides	Liquid crystal display (LCD)
Ecran dépoli	Ground glass screen
Ecran diffuseur (écl)	Diffusing screen , scrim (U.S.)
Ecran gaufré	Lenticulated screen

Ecran gélatine	Jelly
Ecran générique (inf)	Start-up screen
Ecran gris-neutre	Neutral density filter
Ecran incorporé	Built-in filter
Ecran large	Wide screen
Ecran métallisé	Metal screen
Ecran mural	Wallscreen
Ecran opaque (ciné)	Gobo
Ecran perforé	Perforated screen
Ecran perlé (ou) nacré	Beaded screen
Ecran plat (tv)	Flat panel, plasma display panel (PDP)
Ecran plein jour	Daylight screen
Ecran polarisant	Polarizer, polascreen
Ecran de projection	Projection screen
Ecran publicitaire	Commercial slot (or) break, station break, advertising break
Ecran réflecteur	Sun reflector
Ecran de régie (tv)	Control panel
Ecran rétro-éclairé (inf)	Backlit display
Ecran de soie	Silk screen
Ecran sonore	Baffle
Ecran tactile	Touch-screen
Ecran pour transparences	Process screen
Ecran transparent	Transparent screen
Ecran du viseur (tv)	Viewfinder monitor
Ecran de visualisation	Visual display unit (VDU)
Ecrans multiples (projection)	Multi-image projection
Ecrêtage des blancs (vid)	White clip
Ecrêteur	Limiter, equalizer, peak limiter
Ecriture	Writing
Ecriture vidéo	Video style
Editeur	Publisher
Edition	Edition, publication ; issue ;publishing
Editorial (pres, tv)	Editorial, leading article
Editorialiste (pres TV)	Leader-writer, editorial writer (pres), program editor (tv)
Effacement	Blanking, erasing, wiping, erasure
Effacement par tête tournante	Flying erase
Effacer	To delete, to erase, to wipe ; to clear
Effaceur	Eraser, wiper ; degausser, bulk eraser
Effaceur de bande	Tape eraser
Effaceur caméra vidéo	Video camera wiper

Effet	Effect
Effet de bord	Edge effect
Effet d'écho (magnétique)	Print through
Effet de défocalisation	Soft effect, blur
Effet de faisceau (vid)	Streak effect
Effet de flou	Soft-focus effect
Effet gigogne (vid)	Nested effect
Effet Larsen (son)	Acoustic feedback, larsen effect
Effet de luisance	Glow effect
Effet de lumière	Dramatic lighting, light effect
Effet de mouvement	Trucking effect
Effet de nuit	Day-for-night, night effect
Effet réciproque	Interplay
Effet de relief	Stereoscopic effect (opt), stereophonic effect (son)
Effet de rendu (inf)	Contouring
Effet sonore	Sound effect
Effet stroboscopique	Stroboscopic effect
Effet de torsion de bande	Banding
Effets de couleurs	Colour effects
Effets spéciaux (visuels)	Special effects, opticals
Effilochage	Bleeding
Effluve	Static mark
Egale force sonore	Equivalent loudness
Egalisation	Equalization, leveling, matching ; sweetening (vid)
Egalité	Evenness
Electricien	Electrician, gaffer, spark (UK)
Electricien (chef)	Head gaffer
Electricien (second)	Best boy
Electricité	Electricity
Electrique	Electric
Electroacoustique	Electroacoustic
Electro-aimant	Electromagnet
Electrocinétique	Electrokinetic
Electrode	Electrode
Electrodynamique	Electrodynamic
Electromagnétique	Electromagnétic
Electronique	Electronic
Electrophone	Record-player
Electrostatique	Electrostatic
Electrotype	Electrotype
Elément	Element, unit ; item
Elément d'accumulateur	Wet cell

Eléments combinés (lab)	Combined film
Elément enfichable	Plug-in unit
Elément de pile	Dry cell
Elimination	Elimination, suppression
Eliminateur de parasites	Noise suppressor
Eliminer	To eliminate, to filter out, to suppress
Embargo (pres)	Release (date)
Embobinage	Threading
Embobineuse	Rewinder
Embranchement	Branchpoint, branching
Embrayage	Clutch
Embrayeur	Shifter
Emetteur	Transmitter, transmitting station, station
Emetteur dirigé	Directional-beam transmitter
Emetteur portable	Portable transmitter
Emetteur-récepteur	Transceiver
Emetteur régional	District transmitter
Emetteur relais	Link transmitter, repeater station
Emetteur son	Audio (or) aural transmitter
Emetteur de télécinéma	Film transmitter
Emetteur de télévision	Transmitter, television (or) broadcasting station
Emettre	To broadcast, to emit, to air
Emission	Broadcast, program, transmission; uplink signal
Emission en différé (tv, radio)	Recorded, pre-recorded, delayed broadcast (or) program, recorded transmission
Emission commanditée	Sponsored radio (or) television
Emission concours	Quiz show
Emission en direct (tv, radio)	Live broadcast, live transmission (or) program
Emission pour enfants	Kidvid
Emission expérimentale	Experimental program
Emission littéraire	Literary program
Emission pilote	Pilot program, trial program
Emission pré-enregistrée (tv,radio)	Pre-recorded (or) recorded broadcast (or) program, recorded transmission
Emission publique	Audience program
Emission relayée	Simultaneous broadcasting
Emission scolaire	Educational broadcasting
Emission de signal (satellite)	Uplink

Emission de variétés	Variety show
Emmagasinage	Storage
Emmagasiner	To store
Empirique	Empirical
Empiler	To stack
Emplacement	Location, position
Empreinte (imp)	Mould
Emulation	Emulation
Emulation d'idées	Brainstorming
Emulation de language d'impression	Printer emulation
Emulsion	Emulsion
Emulsion inversible	Reversal emulsion
Emulsion monocouche	Single-layer emulsion
Emulsion orthochromatique	Orthochromatic emulsion
Emulsion panchromatique	Panchromatic emulsion
Emulsion photosensible	Light-sensitive layer
Emulsion vers l'intérieur	Emulsion in
Emulsion vers l'extérieur	Emulsion out
En avant	Forwards
Encadré (pres)	Box
Encadrement	Framing
Encapsulé	Encapsulated
Encart	Inset
Enceinte acoustique	Baffle
Enchaîné (ciné, vid)	Dissolve
Enchaîné rapide	Soft cut
Enchaînement de tâches (inf)	Action cycle
Enchaîner (inf)	Concatenate
En champs	On camera
En circuit	On, switched on
Encoche	Notch, slot, edge notch
Encoche de son	Blooping notch
Encocher	To notch
Encrassement des têtes	Head clogging
Encre	Ink ; toner
En direct (radio, tv)	Live ; on line (vid)
Endroit (ciné, tv)	Location, spot
Enduit	Coating
Enduit anti-halo (ciné)	Anti-halation backing
Enduit magnétique	Magnetic coating
Energie	Energy, power
Energie accumulée	Stored energy
Energie cinétique	Kinetic energy

NDLR - Illustration : Weber

Energie d'entrée	Input
En extérieurs (ciné)	On location
Enfichable	Plug-in
Engager (un comédien)	To book
Engendrer	To generate
En différé	Recorded, pre-recorded, delayed broadcast (or) program, recorded transmission
En marche	On
En mission	On assignment
En panne	Out of order
En reportage	On reporting assignment
Enregistrement	Recording
Enregistrement analogique	Analog recording
Enregistrement à densité fixe	Variable-area sound recording
Enregistrement à densité variable	Variable-density sound recording
Enregistrement sur bande numérique	Digital cut
Enregistrement sur cassette	Cassette recording
Enregistrement du commentaire	Commentary recording, dubbing
Enregistrement double-bande	Double-headed recording
Enregistrement électronique	Electronic recording
Enregistrement (sur film) par faisceau électronique (tv)	Electronic beam recording
Enregistrement fractionné	Multiplay recording
Enregistrement hélicoïdal	Helical recording
Enregistrement longitudinal	Longitudinal recording
Enregistrement magnétique	Magnetic recording, tape recording
Enregistrement magnétique image et son	Combined magnetic recording
Enregistrement magnétoscopique	Videotape recordIng
Enregistrement de la musique	Music recording, music scoring
Enregistrement optique	Optical recording
Enregistrement optique numérique	Digital optical recording (DOR)
Enregistrement original	First generation tape, mother recording
Enregistrement quadriphonique	Four-track recording
Enregistrement rapide de bande	High-speed tape recording
Enregistrement du son	Sound recording
Enregistrement stéréophonique	Stereophonic sound recording

Enregistrement symétrique en opposition	Push-pull recording
Enregistrement de texte	Voice recording, dubbing
Enregistrement transversal	Transversal recording
Enregistrement vidéo	Video recording, video-taping
Enregistrement vidéo électronique	Electronic video recording
Enregistrement à vitesse constante	Constant-velocity recording
Enregistrer	To record, to tape ; to dub
Enregistreur	Recorder
Enregistreur de cassette	Cassette recorder
Enregistreur-lecteur	Recorder player, recorder reproducer
Enregistreur-lecteur de vidéocassette couleur	Colour cartridge video recorder reproducer
Enregistreur multipistes	Multitrack recorder
En reportage	On (reporting) assignment
Enroulement	Winding
Enroulement et déroulement	Takeup and feed
Enroulement alpha (vid)	Alpha wrap
Enroulement extérieur (film)	Emulsion out, B wind
Enroulement intérieur (film)	Emulsion in, A wind
Enrouler	To rewind, to wind
Enrouleuse	Rewinder
Enseignement assisté par ordinateur	Computer-aided teaching (C.A.T)
Enseignement audiovisuel	Audiovisual teaching
Enseignement direct	Direct teaching
Enseignement télévisé	TV education
Ensemble (subst)	Package, unit, cluster
Ensemble des informations	News coverage
Ensemble multimédia	Multimedia package
Ensemble vidéo couleur	Video colour pack
Ensemblier (ciné, tv)	Property manager, set dresser
Entasser	To pile
Entête	Heading (pres), header (inf)
Entracte	Intermission, interval
Entraction	Interplay
Entraînement	Drive, feed
Entraînement de la bande	Tape advance, tape transport
Entraînement par courroie	Belt drive
Entraînement du film	Film feed
Entraînement par griffe	Claw movement
Entraînement intermittent	Intermittent feed

Entraînement par tambour	Sprocket drive
Entraînement synchrone	Synchronous drive
Entrée	Input, inlet, lead-in
Entrée de pupitre	Console input
Entrée (du public)	Admission
Entrefer	Head-gap, gap
Entrefilet (pres)	Short paragraph
Entrelaçage	Pairing
Entretien (pres, tv)	Interview
Entretien (matériel)	Maintenance, servicing, upkeep
Entrevue	Interview
Envoyé spécial (pres, tv)	Special correspondent
Envoyer (les projecteurs)	To hit the lights
Epanouissement (tv, vid)	Blooming
Epidiascope	Epidiascope, overhead projector
Episcope	Episcope, overhead projector
Episode	Episode
Epreuve	Test print (photo); proof sheet (imp)
Epreuve en bon à tirer (pres,imp)	Press proof
Epreuve contact (ciné, photo)	Contact print
Epreuve corrigée (imp)	Revised proof
Epreuve de référence (ciné)	Reference print
Epreuve témoin	Pilot print
Epreuve typo (imp)	Impress copy
Epreuves (de tournage) (ciné, tv)	Dailies, rushes
Epuisé (édit)	Out of print
Epuisement	Exhaustion
Equilibrage	Balancing, matching
Equilibre chromatique	Chromatic balance
Equilibré	Balanced, matched
Equilibrer	To balance, to match
Equilibreur (vid)	Fader
Equipe	Crew, team
Equipe légère	Small crew
Equipe principale	First unit
Equipe de prises de vues	Camera crew
Equipe de production	Production unit
Equipe rédactionnelle (pres, tv)	Editorial staff
Equipe de son	Sound unit
Equipe de tournage	Film unit
Equipement	Equipment, hardware (inf), outfit
Equipement de base (inf)	Base hardware
Equipement léger	Lightweight equipment, portable equipment

Equiper (un décor)	To rig, to set up
Eraflure	Slight scratch
Ergonomie (inf)	Ergonomics
Ergot de fixation	Clamping lug, clamping pin
Erreur	Mistake
Escamotable	Retractable
Esclave	Slave
Espace	Space
Espace des couleurs	Colorspace (USA), colour space
Espace interbande	Guard band
Espace libre	Clearance
Espace-temps	Space-time
Espacement	Space, spacing ; kerning (titles) (vid)
Espacer (inf)	To kern
Esquisse	Sketch, rough (pub)
Essai	Experiment, test, trial run
Essai de contrastes (vid)	High-peaker control
Essai d'exposition	Exposure test
Essai filmé	Screen test
Essai de fréquence	Frequency run
Essai de laboratoire	Laboratory test
Essai de niveau de voix	Voice level test
Essai pratique	Field test
Essai de réception	Acceptance test
Essai sonore	Sound test
Essai de transmodulation	Cross-modulation test
Essai type	Test case
Essai de voix	Voice test
Essayer	To test
Essoreuse (lab)	Squeegee
Esthétique	Aesthetics
Estimation	Estimate
Etablir	To establish
Etage d'entrée	Input stage
Etalement	Spread, spreading
Etalement de bande	Bandspread
Etaler	To spread, to stretch
Etalon	Standard
Etalonnage	Grading, timing, calibration
Etalonnage couleur	Colour grading (or) timing, colour correction
Etalonnage couleur plan par plan	Scene-to-scene colour grading (or) timing (or) correction
Etalonnage du négatif	Negative timing, negative grading

Etalonner	To grade, to time, to calibrate
Etalonneur	Grader, timer
Etalonneuse à lecture vidéo	Video analyzer
Etanche	Tight
Etape	Step
Eteindre	To turn off, to switch off, to kill (a light)
Etendue	Range, scope
Etendue du faisceau	Beam spread
Etincelle	Spark
Etiquette	Label, tag
Etiqueter	To tag
Etirage	Stretching
Etirement	Stretch
Etouffement (son)	Dying-out
Etouffoir	Fire trap
Etude	Study, survey
Etude de marché	Market research
Evaluer	To evaluate
Evanouissement (vid)	Dying out, fading, fade
Evénement	Event
Exactitude	Accuracy
Examen	Inspection
Exciter	To pulse
Exclusivité	First release (ciné), scoop (pres), exclusivity
Exécuter	To execute
Expanseur	Expander
Expédition	Shipment
Expert	Expert
Expertiser	To appraise
Exploitant (ciné)	Exhibitor, theater manager
Exploitation (ciné)	Distribution, exhibition, release
Exploitation commerciale	Commercial distribution, theatrical exhibition
Exploitation non commerciale	Non-commercial distribution, parallel distribution
Exploitation toutes salles	General release
Exploiter	To exhibit
Explorateur (vid)	Analyzer
Exploration (vid)	Dissection, scan, scanning
Exploration par ligne verticale	Vertical dissection
Explorer	To scan
Exposé	Briefing, brief (pub)
Exposition	Exposure

Extension	Expansion
Extérieur (ciné, tv)	Exterior shot, location
Extérieurs (en) (ciné, tv)	On location
Extraction (lab)	Colour separation
Extrait	Extract, excerpt, clip
Extrémité	End

F

Fabricant	Manufacturer
Fabrication	Manufacturing, production
Fabrication assistée par ordinateur (FAO)	Computer-aided manufacturing (CAM)
Face (disque)	Side
Face à face (débat)	Face-to-face
Face arrière	Rear panel
Face avant (vid, son)	Front panel ;frond end face
Fac-similé	Facsimile
Facteur	Factor
Facteur d'affaiblissement	Attenuation factor, loss
Facteur d'amplification	Amplifying factor, gain
Facteur de bruit	Noise factor
Facteur de crête	Amplitude factor
Facteur de déphasage	Phase difference factor
Facteur d'entrelacement	Interleave factor
Facteur de luminosité	Luminosity factor
Facteur de modulation	Modulation factor
Facteur de réflexion	Reflectance factor
Facteur de sélectivité	Selectivity factor
Facture	Invoice
Faible	Weak
Faible retard (vid)	Low delay
Faire le point (ciné, tv)	To focus, to pull focus
Faisceau	Beam
Faisceau analyseur	Scanning beam, flying spot
Faisceau cathodique	Cathode beam
Faisceau concentré	Concentrated beam
Faisceau élargi	Flood, spread beam
Faisceau électronique	Electron beam

Faisceau étalé	Beavertail
Faisceau étroit	Pencil beam, narrow beam
Faisceau explorateur	Scanning beam, flying spot
Faisceau image (vid)	Picture beam
Faisceau de lignes (inf)	Bus
Faisceau lumineux	Light beam
Faisceau mobile	Flying spot
Faisceau de transmission	Feed
Fantôme	Ghost
Fenêtrage	Windowing
Fenêtre	Gate (ciné), window (inf)
Fenêtre active (inf)	Active window
Fenêtre de cabine	Booth porthole
Fenêtre de caméra	Aperture plate
Fenêtres en cascade (inf)	Cascading windows
Fenêtre de chutier (mont vid)	Bin window
Fenêtre de commande (inf)	Command window
Fenêtre d'édition	Edit window
Fenêtre enfant	Child window
Fenêtre flottante	Floating window
Fenêtre de projection	Projection gate
Fenêtre de sortie (vid)	Beam hole
Fenêtre standard (1,33)	Academy aperture (USA)
Fenêtres en tuiles (inf)	Tiling windows
Fente	Slit, slot, gate
Fente de lecture (son)	Sound gate, reproducing slit, optical slit
Fente optique	Optical slit, scanning line (tv)
Fermer	To close, to shut, to switch off
Fermer le diaphragme	To stop down
Fermeture d'antenne	Sign-off
Fermeture automatique	Self-locking device, auto-lock
Fermeture de couvercle	Lid lock
Fermeture en fondu	Fade out, fade down
Fermeture en iris	Circle out, iris out
Fermeture par volet	Wipe
Ferrite	Ferrite
Festival de film	Film festival
Feuille	Leaf, sheet
Feuille d'étalonnage (ciné)	Grading sheet, timing sheet
Feuille de mixage	Cue sheet
Feuille de rapport image	Lab report, camera report
Feuille de rapport script	Log sheet
Feuille de rapport son	Sound report

Feuille de service	Call sheet
Feuilles (de décor)	Flats
Feuillet	Folded sheet, leaflet
Feuilleter (inf)	To browse
Feuilleton (tv)	Serial, soap opera (mélo)
Feuilleton en images (pres)	Comic strip
Feuilleton photos	Photo-drama
Fiabilité	Reliability
Fibre	Fibre (or) fiber
Fibre optique	Optical fiber, fiber optics
Fiche	Card, data sheet, sheet
Fiche (élect)	Jack, plug
Fiche banane	Banana pin, banana plug
Fiche de connecteur	Coupler plug
Fiche de contact	Contact plug
Fiche critique	Appreciation card
Fiche descriptive (ciné, tv)	Dope sheet
Fiche d'écoute (tv)	Rating card
Fiche d'étalonnage	Printing card, grading card
Fiche de raccordement	Connection plug
Fiche de tournage	Dope sheet, report sheet
Fichier	Card index : file (inf)
Fichier audio	Audio file
Fichier d'enregistrement de longueur fixe	Fixed-field file
Fichier informatique	Data file
Fichier ouvert	Open file
Fichier de stockage temporaire (inf)	Swap file
Fidélité	Fidelity, accuracy
Fidélité sonore	Sound fidelity
Figurant (ciné)	Extra
Fil	Cable, conductor, cord ; thread ; wire
Fil-à-fil (mont)	Paper to paper
Fil blindé	Screened wire
Fil de connexion	Connecting wire
Fil double	Split wire
Fil fusible	Fuse wire
Fil magnétique	Magnetic wire
Fil de phase	Phase conductor
Fil sous tension	Live wire
Fil de terre	Earth wire, ground wire
Filage (ciné)	(Travel) ghost

Filage horizontal (vid)	Streaking
Filage d'image	Picture ghost, ghost image
Filament	Filament
Filé (cam)	Whip-pan
Filer (theat)	To run through
Filet (imp)	Line, rule
Film (de cinéma)	Film, motion picture, movie
Film (matière première)	Film, material, stock
Film acétate	Acetate film
Film d'actualité	Newsreel
Film pour adultes	Film for adults
Film-amorce	Leader
Film d'animation	Animated film, cartoon
Film annonce	Preview trailer, trailer
Film d'art	Art film
Film d'avant-garde	Avant-garde film
Film en boucles	Loops
Film commandité	Sponsored film
Film de complément	Second feature
Film en couleur	Colour film
Film court	Clip
Film de court métrage	Short feature, short film
Film culte	Cult film
Film culturel	Cultural film
Film à deux couches	Bipack film
Film didactique	Teaching film
Film de divertissement	Entertainment film
Film documentaire	Documentary film
Film doublé	Dubbed film
Film double bande	Double-headed film, unmarried film
Film d'époque	Period film
Film éducatif	Educational film
Film d'entreprise	P.R. film, sponsored film
Film pour enfants	Children's film
Film d'enseignement	Educational film
Film d'essai	Test film
Film de fiction	Fiction film
Film fixe	Filmstrip
Film de formation	Training film
Film gaufré	Lenticulated film
Film à grain fin	Fine grain film
Film historique	Costume film
Film inflammable	Inflammable film, flam film
Film ininflammable	Safety film, non-flam film

Film d'information	Information film
Film institutionnel	Corporate image film
Film d'instruction	Instructional film
Film interdit	Banned film
Film inversible	Reversal film
Film de long métrage	Full-length film, feature film, feature
Film magnétique	Magnetic tape
Film de marionnettes	Puppet film
Film de moyen métrage	Short feature
Film muet	Silent film
Film nitrate	Nitrate film
Film noir et blanc	Black-and-white film
Film parlant	Talking picture
Film à petit budget	Low budget film, quickie
Film pilote	Pilot film
Film à piste couchée	Striped film
Film policier	Detective film, mystery, "whodunit"
Film de première génération	First generation film
Film de propagande	Propaganda film
Film publicitaire	Advertising film, publicity film, commercial
Film à deux rangées de perforations	Double-perforated film
Film à une rangée de perforations	Single-perforated film
Film à recette	Box-office success
Film récréatif	Entertainment film
Film de référence	Reference film
Film en relief	Three-dimensional film, 3-D film
Film de reportage	Newsreel, news magazine
Film de schémas	Diagram film
Film scientifique	Scientific film
Film scolaire	Educational film
Film de sécurité	Non-flam film, safety film
Film sonore	Sound film
Film test	Test film
Film de tourisme	Travelogue
Film pour transparence	Background film
Film vierge	Raw stock, unexposed film
Filmer	To film, to shoot
Filmique	Filmic
Filmologie	Filmology
Filmothèque	Film library

Filtrage	Filtering, selection
Filtre (voir "écran ")	Filter, mask, screen
Filtre acoustique	Acoustic clarifier
Filtre d'aiguille	Scratch filter
Filtre anticalorique	Heat-absorbing filter, heat absorber, heat filter
Filtre antiparasites	Eliminator, noise-filter, suppressor
Filtre brouillard	Haze filter, fog filter
Filtre catadioptrique	Catadioptric lens
Filtre de compensation (couleur)	(Colour)compensating filter
Filtre de contrastes	Contrast filter
Filtre correcteur	Correction filter, equalizer
Filtre dégradé	Graduated filter
Filtre dichroïque	Dichroic filter
Filtre d'écran (inf)	Glare filter
Filtre étoilé	Star filter
Filtre gris neutre	Neutral density filter
Filtre guide d'onde	Waveguide filter
Filtre d'harmonique	Harmonic suppressor
Filtre d'impulsions	Impulse corrector
Filtre passe-bande	Band-pass filter
Filtre passe-bas	Low-pass filter
Filtre passe-haut	High-pass filter
Filtre en peigne	Comb filter
Filtre piézoélectrique	Crystal filter
Filtre polarisant	Pola-screen, polarizer
Filtre de sélection	Colour separation filter
Filtrer	To mask, to sift
Fin	End
Fin de bobine	Reel end
Fin d'émission (signal de)	Sign-off
Finesse	Detail, sharpness
Fixage	Fixing
Fixateur	Fixer, fixative, fixing agent, hardener
Fixateur acide	Acid fixing bath
Fixation par ancrage	Positive anchoring
Fixer	To fix
Flash	Flash
Flash d'information(radio, tv)	News flash
Flashage (solarisation) (ciné)	Flashing
Flasque	Flange
Flottement	Flutter, flagging
Flotter	To float

Flou (ciné, vid)	Blurred, out-of-focus, soft focus, fuzzy
Flou bougé	Motion blur
Flou (d'image) (vid)	Blooming
Flou artistique (ciné, tv)	Soft focus
Fluctuation de chrominance	Chroma flutter
Fluctuation de la lumière	Fluttering of brightness
Fluctuation de vitesse	Speed flutter
Fluorescence	Fluorescence
Flux	Flux
Flux lumineux	Light flux, luminous flux
Flux magnétique	Magnetic current
Focal	Focus, focal
Focale fixe	Fixed-focus lens
Focale variable	Variable focus (or) zoom lens
Focalisation	Focusing
Focaliser	To focus
Folio (imp)	Folio
Fonctionnement	Operating (or) working (process)
Fond	Background
Fond bleu (peint)	Blue backing
Fond bleu (vid)	Blue key
Fond de connexion (vid, son)	Rear panel
Fond de générique	Title background
Fond musical	Background music
Fond neutre pour titre (ciné)	Textless (or) neutral background
Fond de scène (théât)	Upstage
Fond sonore	Background sound
Fondre	To shunt (son, vid), to fade
Fondu (image)	Dissolve, fade
Fondu (son, vid)	Shunt
Fondu automatique	Automatic dissolve
Fondu au blanc	Fade to white, white fade
Fondu chimique	Laboratory fade
Fondu enchaîné (image)	Cross dissolve, lap dissolve, fade over
Fondu enchainé (son)	Cross fade
Fondu fermé	Fade out
Fondu au noir	Fade out
Fondu ouvert	Fade in
Fondu à la prise de vue	Shutter dissolve
Fondu sonore	Sound fade, shunt
Force d'appui vertical	Vertical pressure
Force coercitive	Coercivity

Force magnétique	Magnetic force, intensity force, power force
Force sonore	Loudness, shunt
Formage (néol. vid.)	Morphing, morph, warping technique
Format	Gauge, size, format ; template (inf)
Format d'annonce (pub)	Spot length
Format BVU	High-band U-matic
Format cinématographique	Film dimensions
Format d'image	Image format
Format de l'image	Aspect ratio, frame size, picture size, image ratio, image size
Format d'impression (imp)	Page set-up
Format panoramique	Wide film
Format réduit	Substandard size ; narrow gauge
Format standard	Standard size
Format sub-standard	Substandard size
Format U-matic	Low-band U-matic
Formatage (néol)	Format
Formater	To format
Formation permanente	Adult training
Forme	Form, shape
Forme d'onde	Waveform
Forme tridimensionnelle	Three-dimensional shape
Formule	Formula
Fou	Idle
Fournisseur	Supplier
Foyer lumineux	Light source, lighting source
Foyer (optique)	Focal point, focus
Foyer raccordé (cab)	Cabled home
Fragment	Extract, fragment
Frais	Charges, costs
Frais d'exploitation	Operating expenses, running costs
Frais généraux	Overhead
Frais de gestion	Management expenses
Frais de location	Booking charges, rental costs
Frais permanents	Standing charges
Frais de production	Production costs
Frais de transport	Transport costs
Franchise	Franchising
Franchise de droits	Exemption of duties
Frange	Bleeding, fringe, fringing
Frangeage de couleur	Colour fringing
Frappe (imp)	Set of matrices
Fréquence	Frequency, periodicity

Fréquence HF	High frequency
Fréquence VHF	Very high frequency
Fréquence UHF	Ultra high frequency
Fréquence SHF	Super high frequency
Fréquence EHF	Extremely high frequency
Fréquence acoustique	Audio frequency
Fréquence d'analyse (vid)	Dot frequency
Fréquence basse	Low frequency
Fréquence couleur sous-porteuse	Colour sub-carrier frequency
Fréquence horizontale	Horizontal frequency
Fréquence image	Frame rate, frame frequency, picture frequency
Fréquence d'impulsions	Impulse frequency, pulse frequency
Fréquence de ligne (vid)	Line frequency
Fréquence nominale	Nominal frequency
Fréquence d'onde porteuse visuelle	Visual carrier frequency
Fréquence d'ondulation	Ripple frequency
Fréquence pilote	Control frequency, pilot tone
Fréquence porteuse	Carrier frequency
Fréquence de raccordement	Crossover frequency
Fréquence de réponse	Response frequency
Fréquence de résonance	Resonant frequency
Fréquence de saisie (inf)	Capture rate
Fréquence de scintillement	Flicker frequency
Fréquence de trame	Field frequency
Fréquence très basse	Very low frequency
Fréquence verticale	Vertical frequency
Fréquence vidéo	Video frequency
Fréquence vocale	Voice frequency, tone (telephone)
Fréquencemètre	Frequency meter
Fréquentation (ciné, théat)	Attendance
Friction	Friction, drag
Front d'onde	Wavefront
Fuite	Leak, leakage
Fuite à la terre	Earth leak
Fumigène	Smoke bomb
Fusible	Fuse
Fusible principal	Main fuse
Fusionner	To merge

G

Gâchette	Trigger
Gain	Amplification, gain
Gain différentiel	Differential gain
Gaine	Lining, shielding
Galet	Roller, sprocket, wheel, idler
Galet denté	Sprocket wheel
Galet guide	Guide roller
Galet libre	Idle roller
Galet presseur du cabestan	Capstan pressure roller
Galette (de film)	Roll (of film)
Galvanomètre	Galvanometer
Gamma	Gamma
Gamma infini	Gamma infinity
Gamme	Band, range, scale
Gamme audible	Audible range
Gamme de densités	Colour wedge (colour), step continuous wedge (B & W)
Gamme de fréquence	Frequency range, band
Gamme d'ondes	Waveband
Gamme de puissance sonore	Volume range
Gamme de réception	Receiving range
Gamme de sensibilité	Sensitivity range
Gant de saisie (inf)	Dataglove, sensor glave
Garde-robe	Wardrobe
Gaufrage	Buckling, embossing
Gaufré	Lenticulated, embossed
Gaze	Gauze
Gazouiller	To tweet
Gel d'image	Freeze frame
Gélatine	Gelatine, jell, gel

Gélatine dépolie	Frosted gel
Générale (théât) (subst)	Dress rehearsal
Générateur	Generator
Générateur asynchrone	Asynchronous generator
Générateur de balayage	Scanning generator
Générateur à basse fréquence	Audio oscillator
Générateur de caractères	Graphics (or) character generator
Générateur d'effets numériques	Digital video effects
Générateur d'effets spéciaux (ciné)	Special effects generator
Générateur électronique d'effets spéciaux	Matteing amplifier
Générateur de fréquence pilote	Sync pulse generator, sync (signal) generator
Générateur de fumée	Smoke machine
Générateur d'impulsions	Impulse generator, pulse generator
Générateur d'impulsions codées	Pulse coder
Générateur de mire de barres	Bars generator
Générateur de pointage	Marker generator
Générateur de programmation (inf)	Program generator
Générateur-régulateur	Reversible booster
Générateur de régulation à quartz	Crystal-sync motor control
Générateur de signaux	Colour encoder
Générateur de synchronisation piloté par quartz	Crystal-controlled sync generator
Générateur synchroniseur	Synchronizing generator
Générateur de synchronisme	Sync (signal) generator, sync pulse generator
Générateur de tachymètre	Tachogenerator
Générateur de titres (inf)	Caption generator
Générateur de trucages	Effects generator
Générique (ciné, tv)	Billing, cast credits, credit titles, screen credits, credits
Générique de début	Opening credits
Générique déroulant	Rolling titles
Générique de fin	Closing credits, end credits
Géostationnaire	Geosynchronous, geostationary
Gestion	Administration, management
Gestion de réseau	Network management
Giga	Giga (1.000.000.000)
Girafe pour microphone (ciné, tv)	Mike boom

Glaçage	Highgloss drying, frosting
Glace optique	Plane glass
Glace peinte (pour tournage)	Glass shot
Glacé	Glazed, satined
Glacer	To glaze
Glaceuse	Glazing machine
Glissement	Shift, slip, slippage, drift
Glisser - déposer (inf)	Drag & drop
Glissement de fréquence	Frequency drift, frequency shift
Gommage	Erasure
Gommer	To erase
Gondolage	Buckling
Gonflage (de l'image)	Blow-up, enlargement
Gonflement (de la gélatine)	Swelling
Gonfler	To blow-up
Gouachage	Colouring
Gradateur (écl)	Dimmer, fader
Gradation	Gradation
Graduation	Chart scale, scale
Graduer	To graduate, to grade
Grain	Grain
Grain fin (ciné, photo)	Fine grain
Grand angle	Wide angle
Grand angulaire	Wide-angle lens
Grand écran	Large screen
Grand film (ciné)	Feature film, main feature, theatrical film
Grand public	General audience
Grand reporter (pres)	Star reporter
Grandes ondes	Long waves
Grandeur	Scale, magnitude, size
Grandeur nature	Full scale
Grandeur réelle	Actual size
Grandissement	Magnification
Granulaire	Granular
Granularité	Granularity
Granulation	Graininess
Graphique	Graph ; graphic (adj), waveform (inf)
Graphisme vectoriel	Vector graphics
Graphiste	Graphic artist
Graphite	Black lead
Gras (caractère) (imp)	(Extra) bold, heavy face
Grattement	Scratch

Gratter	To scrape, to scratch
Grattoir	Scraper
Gratuit	Free
Gravé	Engraved
Graver	To engrave, to record
Graves (son)	Deep notes ; low pitched (adj)
Graveur	Engraver, etcher
Graveur à l'eau-forte	Etcher
Gravure	Engraving, etching ; recording ; inprinting (inf)
Gravure transversale (son)	Lateral recording
Griffe	Claw, pin
Griffe de descente	Pull-down claw
Griffe d'entraînement	Driving pin, feeding claw, pilot pin, pull-down claw
Griffe d'escamotage	Shuttle pin
Griffe de fixité	Register pin, registration pin
Gril (écl)	(Lighting) grid
Grille de commutation (vid)	Routing switcher
Grille horaire	Programme schedule
Grille de programmes (tv)	Programming grid, programme schedule
Grille de sécurité	Scrim
Grincement	Rattle, scrape
Gris équivalent	Colour balance
Grisé	Grayed
Griser	To gray out
Grondement	Rumble
Gros grain	Coarse grain
Gros plan (ciné, tv)	Close-up ; head shot
Grossissement (opt)	Magnifying power
"Grouillot"	Gofer, gopher
Groupe convertisseur	Motor-generator set
Groupe électrogène	Generator, power unit
Groupe mobile	Mobile unit
Groupe de presse	Chain of newspapers, press group
Groupiste (élect)	Groupman
Grue (ciné, tv)	Boom, camera crane, crane
Guichet de location	Booking office
Guide de bande	Tape guide
Guide latéral	Edge guide
Guide d'onde	Wave guide
Guide d'onde circulaire	Circular wave guide
Guide de positionnement	Path guide

Guillotine Cutting machine (imp), splicer (ciné)
Gyroscope Gyroscope

H

Habileté (professionnelle)	Skill
Habillage (de station)	Broadcast design
Habilleuse	Wardrobe mistress (or) dresser
Halo	Halation
Halogène	Halogen
Harmonie d'impédance	Impedance matching
Harmonique	Harmonic
Harmonisation (mont son)	Pitching
Harnais (caméra)	Body mount (or) frame (or) brace (or) pod
Harnais d'épaule	Shoulder pod
Haut	High, top
Haut niveau	High level
Haut perché	High pitched
Haute définition	High definition
Haute fidélité (son)	Hi-Fi, high fidelity
Haute fréquence	High frequency
Haute résolution	High resolution
Hautes lumières	Highlights, high key
Hauteur	Height
Hauteur du son	Tone pitch
Haut-parleur	Loudspeaker, sound reproducer, speaker
Haut-parleur d'aiguës	Tweeter
Haut-parleur à aimant permanent	Permanent-magnet loudspeaker
Haut-parleur d'ambiance	Effect loudspeaker
Haut-parleur de contrôle	Monitoring loudspeaker
Haut-parleur électrodynamique	Dynamic loudspeaker
Haut-parleur électromagnétique	Induction loudspeaker
Haut-parleur électrostatique	Capacitor loudspeaker
Haut-parleur de grande puissance	Power loudspeaker

Haut-parleur de graves	Boomer, woofer, bass loudspeaker
Haut-parleur à membrane conique	Cone loudspeaker
Haut-parleur piézo-électrique	Crystal loudspeaker
Haut-parleur témoin	Monitor loudspeaker
Hebdomadaire (pres)	Weekly
Helicoïdal	Helical
Héliographie (imp)	Heliography
Hermétique	Tight
Herse (écl)	Bank, batten
Hertz	Cycle-per-second, period
Heure	Hour, time
Heure d'antenne (tv, radio)	Broadcasting time
Heure d'écoute en voiture	Traffic time
Heure de faible écoute	Off-peak time
Heure de grande écoute	Peak time, prime time
Hiérarchie numérique synchrone	Synchronous digital hierarchy (SGH)
Heure H	Zero hour
Heure limite	Deadline
Heure de pointe	Peak time, prime time
Histogramme	Barchart, bargraph
Hologramme	Hologram
Holographie	Holography
Homéostatique	Homeostatic
Homogène	Homogeneous
Honoraires	Fees
Horaire	Schedule, timetable
Horizon	Skyline
Horloge	Clock
Hors-cadre	Off-camera
Hors-champs	Out of frame, off-screen, off
Hors-circuit	Off
Hors de l'écran	Off-screen
Hors-ligne	Off-line
Hors-micro	Off-mike
Hors d'usage	Out of order, out of service
Housse de protection (caméra)	Barney
Hublot de cabine (projection)	Booth porthole
Humecteuse	Dampener, moistener
Humidificateur	Moistener
Humidité	Humidity, moisture
Hurlement	Howl, howling
Hyperfocale (distance)	Hyperfocal distance
Hyperfréquence	Very high frequency, microwave

Hypermédia	Hypermedia
Hypertexte	Hypertext

I

Icône (inf)	Icon, application icon
Iconoscope	Iconoscope
Idée drôle	Gag
Identique	Identical
Identificateur (inf)	Handle
Identification	Identification
Ignifugé	Fire-resistant, slow-burning
Illumination	Illumination
Illustrateur sonore (ciné, tv)	Sound illustrator, sound effects supervisor
Image	Image, frame, picture
Image aérienne	Aerial image
Image anamorphosée	Anamorphic image
Image (pour animation) (inf)	Cel
Image animée	Moving picture
Images animées (inf)	Animated graphics
Image d'archives	Stock shot, library shot
Image arrêtée	Freeze frame, still frame, stop frame, hold frame
Image blanche	Ghost image, white frame, flash frame
Image composite	Split-screen (or) composite shot
Image composite animée	Travelling-matte
Image contrastée	Harsh picture, hard picture
Image désanamorphosée	Unsqueezed image
Image douce	Low contrast image
Image électronique	Electronical image
Image de l'entreprise	Corporate image
Image enveloppée	Soft-focus image
Image fantôme	Echo image, ghost image

Image fil-de-fer	Wire frame
Image fixe	Still picture, still frame
Image granuleuse	Coarse grain image
Image horizontale	Horizontal image
Image-par-image (ciné)	Single frame, stop-motion
Images insérées	Intercut shots
Image inversée	Reversed image
Image latente	Latent image
Image de marque	Brand image
Image matricielle	Raster (or) bit map graphics
Image en mémoire (inf)	Off-screen image
Images multiples (à)	Multi-image
Image négative	Negative image
Image noir-et-blanc	Achromatic image, black-&-white image
Image orthicon	Orthicon image
Image piquée	Sharp image, sharply focused image
Image plate (peu contrastée)	Flat image
Image préenregistrée	Pre-recorded image
Image réelle	Real image
Image de référence (vid)	Key frame
Image réfléchie	Reflected image, mirror image
Image en relief	Three-dimensional picture
Image résiduelle	Residual image
Images-par-seconde	Frames-per-second
Image stockée	Stored image
Image de synthèse	Computer image, computer-generated image
Image utile	Essential area
Image télévisée	Televised image
Image télévisuelle	Televisual image
Image vectorielle	Vector image
Image verticale	Vertical image
Image virtuelle	Virtual image
Imagerie	Imagery
Imagerie informatique	Computer graphics
Imagerie médicale	Medical imaging
Imaginaire	Imaginary
Immobile	Motionless
Impair	Odd
Impédance	Impedance
Impédance acoustique	Acoustical impedance
Impédance d'entrée	Input impedance
Impédance normale	Loaded impedance

Impédance de sortie	Output impedance
Impédance de source	Source impedance
Impédancemètre	Impedometer
Imposition (imp)	Imposition, page imposing
Imprécis	Inacurrate
Imprégnation	Impregnation, soaking
Imprésario	Agent
Impression	Impression, printing
Impression d'écran (inf)	Screen dump
Imprimante	Printer
Imprimante à jet d'encre	Ink-jet printer
Imprimante matricielle	Dot matrix printer
Imprimé	Print, printed matter; printed (adj)
Imprimer	To print
Imprimerie	Printing plant
Imprimeur	Printer
Improvisé	Off-the-cuff
Improviser (une réplique)	To ad-lib
Impulsion	Impulse, pulse, signal
Impulsion et barre	Pulse & bar
Impulsion d'émetteur	Emitter pulse
Impulsion de montage (vid)	Edit pulse
Impulsion de suppression du faisceau	Blanking pulse
Impulsion de synchronisation	Burst (vid), sync pulse
Impulsion de synchronisation couleur	Colour burst
Inattaquable aux acides	Acid proof
Inaudible	Inaudible
Incandescence	Incandescence
Incandescence (petit projecteur à)	Inky
Inclinaison	Tilt ; skew (vid)
Inclinaison magnétique	Magnetic dip
Incolore	Colourless
Incombustible	Fireproof
Incompatible	Non compatible
Incorporé	Built-in
Incorrect	Erroneous, wrong
Incrustateur (vid)	Keyer
Incrustation	Cut-in-scene (ciné), insertion ; Key (vid), chroma key (en chrominance), matte key (en luminance)
Incrustation aval	Downstream keyer

Incrustation couleur	Colour key
Incrustation des graphiques	Mixdown graphics
Incruster	To key, to burn in
Indépendant	Freelance
Indéréglable	Fullproof
Indéterminé	Indeterminate
Index	Index, directory
Indexer	To index
Indicateur	Indicator
Indicateur d'accord	Tuning indicator
Indicateur d'accord visuel	Visual tuning indicator
Indicateur de cellule	Exposure needle
Indicateur de débit	Flow meter
Indicateur de défilement	Tape counter
Indicateur d'humidité	Due indicator
Indicateur de métrage de film	Film supply indicator
Indicateur de vitesse	Speed indicator
Indicatif de chaîne	Network identification
Indicatif d'émetteur	Code (or) station identification
Indicatif musical	Signature (tune)
Indicatif régional	Area code
Indicatif sonore	Sound code, sound identification, sound jingle
Indication	Cue, indication
Indice	Factor, index, rating
Indice d'affaiblissement sonore	Sound reduction factor
Indice de capacité auditive	Aural capability factor
Indice de directivité	Directional gain
Indice de durabilité	Durability index
Indice d'écoute	A udience rating
Indice de lumination	Exposure value
Indice de pose	Exposure index
Indice de réfraction	Refraction index
Indice de sensibilité (film)	Speed rating
Indirect	Indirect
Induction	Induction
Industrie informatique	Computer industry
Industrie du spectacle	Show business
Inédit	Unpublished
Ineffaçable	Non-erasable
Inégal	Uneven
Infini	Infinity
Inflammable	Inflammable, flam
In-folio	Folio size, in-folio

Infoduc (néol)	Communication highway
Infographie	Computer graphics
Infographiste	Computer artist
Informateur	Communicator
Informaticien	Computer scientist
Information	Information
Information de contrôle	Check information
Informations	News, data
Information en retour	Feedback
Informatique (subst)	Electronic data processing, (E.P.D.), computer science
Infra-acoustique	Infrasonic
Infrarouge	Infra-red
Infrastructure	Substructure
Ingéniérie	Engineering
Ingénieur	Engineer
Ingénieur électricien	Electrical engineer
Ingénieur radio	Radio engineer
Ingénieur du son	Audio engineer, recording engineer, sound engineer
Ingénieur de la vision (ou) de la vidéo	Switcher, video engineer
Ininflammable	Non-flam, non-inflammable
Initialisation (vid)	Initialization, reset
Initialiser (inf)	To boot
Inoxydable	Rust-proof, stainless
Inscription	Registration
Insensible	Unsensitive
Insérer	To insert, to splice
Insert (ciné, tv)	Cut-in, insert, inlay
Insert filmé	Film insert
Insertion	Insertion, insert, intercut, incrust
Insonore	Sound-proof, noise-free
Insonorisation	Acoustic treatment, sound proofing, sound insulation
Insonoriser	To sound-proof
Inspecter	To inspect, to survey
Instable	Inconstant, unbalanced, unsteady
Instabilité	Unsteadiness
Instabilité du signal	Jitter
Installation	Installation, set-up
Instant	Moment, instant
Instantané	Instantaneous; snapshot (subst)

Institutionnel (communication)	Corporate (communication)
Instruction	Command, instruction, order
Instrument	Instrument
Intégral	Integral
Intégrateur (tv)	Colour decoder
Intégration	Integration ; embedding (inf)
Intégré	Built-in ; in-house
Intégrer	To build in, to integrate
Intelligence	Intelligence
Intelligence artificielle	Artificial intelligence
Intense	Intense
Intensité	Intensity, current density ; throughput (inf)
Intensité acoustique	Sound intensity
Intensité cathodique	Cathode current
Intensité du champ magnétique	Magnetic-field strength
Intensité d'image	Brilliancy (of the image)
Intensité d'impression	Print contrast ratio
Intensité de la lumière	Light intensity
Intensité de réception	Signal strength
Intensité de rupture	Interrupting capacity
Intensité du son	Sound volume
Interactif	Interactive
Interactivité	Interactivity
Interaction	Interaction
Intercaler	To cut in, to intercalate
Interchangeable	Interchangeable, replaceable
Intercommunication	Intercommunication
Interconnexion	Interconnection
Interface	Interface
Interface homme-machine	Man-machine (or) human-computer (or) human-machine interface (HMI)
Interface numérique série	Serial digital interface (SDI)
Interface utilisateur	User interface
Interface utilisateur graphique	Graphic user interface (GUI)
Interférence	Disturbance, interference
Interférence de couleur (vid)	Colour crosstalk
Interférence d'images (vid)	Contamination
Interférence sonore	Sound interference, crosstalk
Interférer	To interfere, to jam
Intérieur	Interior
Interlignage (imp)	Line spacing
Interligne (imp)	Lead, spacing
Interligner (imp)	To space out

Interlude	Interlude, bridge
Intermédiaire	Spacer (imp); intermediary (adj)
Intermédiaire (positif) (ciné)	Duplicating positive
Intermittent	Intermittent
Intermodulation	Intermodulation, crosstalk
Interne	Inner, internal
Interne (à l'entreprise)	In-house
Internégatif (ciné)	Dupe, internegative, intermediate negative
Internégatif inversible couleurs (ciné)	Colour Reversal Internegative (C.R.I.)
Interphone	Intercommunication system, intercom
Interphonie	Talkback
Interpiste	Guard band
Interpositif N & B d'après négatif couleur	Pan master from colour
Interprétation	Acting, rendition (mus), interpretation
Interprète (traducteur)	Interpreter
Interprète (comédien)	Actor, player
Interprète principal	Leading actor
Interpréter	To act, to play, to interpret, to perform
Interrompre	To cut off, to disconnect, to interrupt
Interrupteur	Circuit breaker, on-off switch, switch
Interrupteur automatique	Automatic switch
Interrupteur à bascule	Tumbler switch
Interrupteur basculant	Toggle switch
Interrupteur de circuit	Circuit breaker
Interrupteur de commande	Control switch
Interrupteur général	Power switch
Interrupteur au pied	Foot switch
Interrupteur principal	Main switch
Interrupteur de sécurité	Safety switch
Interruption	Interruption, suspension
Interruption de programme (tv)	Program break
Intersecteur	Intersector
Intersection	Intersection
Intertitre	Insert title (ciné), subheading (pres)
Intertype (imp)	Intertype
Intervalle	Gap, spacing, interval
Intervalle de fréquence	Frequency spacing
Intervalle de garde	Guard band
Intervalle de pose (photo)	Time-lapse
Intervalle de suppression de trame	Vertical interval

Intrinsèque	Specific
Intrigue	Plot
Intuitif	Intuitive
Inutilisé	Blank, unused
Invariable	Unchanging
Invendus (pres)	Returns, unsold copies
Inventer	To invent
Inverse	Opposed, reverse
Inversé	Inverted, reversed
Inverser	To invert, to reverse, to switch
Inverseur	Change-over switch, commutator, inverter, selector, toggle
Inverseur de sens	Direction inverter
Inversible (film)	Reversal film
Inversion (labo)	Reversal process
Inversion gauche-droite	Flap-over
Inversion d'image	Frame reversal
Inversion de phase	Phase reversal
Inversion de pôles	Polarity reversal
Invisible	Invisible
Iris	Diaphragm, iris
Irisation	Irridescence
Irradiation	Irradiation
Irrégulier	Irregular
Irrétrécissable	Unshrinkable
Isolant	Insulator; insulating (adj)
Isolation	Insulation
Isolation phonique	Sound insulation
Isolement	Isolation
Isolement acoustique	Acoustical isolation
Isolement par air	Air cushion
Isoler	To insulate (élect), to isolate
Italique (imp)	Italic ; shear
Itinéraire	Routing

J

Jaquette (pres)	Jacket
Jasper	To marble
Jauge	Gauge
Jaune	Yellow
Jaunir (photo)	To fade
Jaunissement	Yellowing
Jet d'air	Air blast
Jeton	Token
Jeu (mécanique)	Slack
Jeu d'acteur	Play, action
Jeu d'arcade	Arcade game
Jeu éducatif	Edutainment
Jeu interactif	Interactive game
Jeu d'orgue (ciné)	Dimmer, lighting control, light dimmer
Jeu télévisé	Game show
Jeu vidéo	Videogame
Joint	Gasket, joint
Joint à rotule	Ball-and-socket joint
Jonction	Interface, junction, linkage
Joue	Flange, jaw
Journal	Newspaper
Journal d'entreprise	House organ
Journal parlé (ou) télévisé	News broadcast, newscast, television news
Journalisme électronique	Electronic news gathering (ENG)
Journalisme par satellite	Satellite news gathering (SNG)
Journaliste	Journalist, newspaperman, reporter
Journaliste indépendant	Stringer

Journaliste de télévision	Anchor (news), broadcaster, newscaster, telecaster
Journalistique	Journalistic
Jumelage	Coupling
Jury	Jury
Justificatif	Voucher
Justifier (imp, inf)	To justify

K

Kinescope	Film-to-tape transfer
Kiosque télématique	Telematic kiosk (service)

L

Laboratoire	Laboratory,lab
Laboratoire de tirage	Printing laboratory
Laçage	Lacing
Laine de verre	Spun-glass
Lame	Blade
Lame à faces parallèles	Optical flat
Lame d'obturation	Cutting blade
Lame vibrante	Vibrating reed
Laminoir	Plate glazing machine
Lampe	Bulb, globe, lamp, valve
Lampe d'amplification	Amplifier tube
Lampe à arc	Arc lamp
Lampe à atmosphère gazeuse	Gas-filled lamp
Lampe à basse tension	Glowlamp
Lampe à décharge	Discharge lamp
Lampe éclair	Flashbulb
Lampe d'enregistrement	Recording lamp
Lampe d'entrée	Input tube
Lampe-étalon	Comparison lamp, standard illuminant
Lampe excitatrice	Exciter lamp
Lampe fluorescente	Fluorescent tube
Lampe inactinique	Darkroom lamp, safelight
Lampe à incandescence	Inky, incandescent lamp, tungsten lamp
Lampe à lueurs	Glowlamp
Lampe phonique	Exciter lamp
Lampe sur pince (ou) sur presse	Basher
Lampe de projection	Projection lamp
Lampe quartz	Quartz lamp

Lampe de signalisation	Control light, tally light, cue light
Lampe tungstène-halogène	Tungsten halogen lamp
Lampe survoltée	Photoflood lamp
Lampe témoin	Control light, pilot lamp
Lampe torche	Flashlight
Lampe à vapeur de mercure	Mercury vapor lamp
Lampe à verre coloré	Coloured lamp
Lampe à vide	Vacuum tube
Lampe au Xénon	Xenon lamp
Lancement	Promotion
Lancer	To launch
Lancé de rayon (inf, vid)	Ray-tracing
Langage	Language
Langage artificiel	Artificial language
Langage auteur	Authoring language
Langage cible	Target language
Langage commun	Common language
Langage machine (inf)	Machine-oriented language
Langage ordinateur	Computer language
Langage orienté objet (inf)	Object-oriented language
Langage de programmation (inf)	Programming language
Langage source	Source language
Lanterne	Lamp house, lantern
Lanterne additive (de tireuse)	Additive lamp house
Laquage	Lacquering
Laque	Lacquer
Large	Broad, wide
Large bande (à) (vid)	Wide-band
Largeur	Breadth, width
Largeur de bande	Bandwidth, tape width
Laser	Laser (Light amplification by stimulated energy of radiation)
Latensification	Flashing, latensification
Latitude d'exposition	Exposure latitude, latitude
Latitude de mise au point	Focusing range
Latitude de pose	Exposure latitude
La "une" (pres)	Title page
Lavande (ciné)	Lavender print
Lanterne à arc	Arc lamphouse
Lanterne magique	Magic lantern
Lapsus	Blooper
Lavage	Washing
Lecteur	Reader, scout
Lecteur	Scanner, reader (vid) ; drive (inf)

Lecteur de bande magnétique	Magnetic tape reader
Lecteur de bande programme	Program tape reader
Lecteur de code-barres	Optical bar code reader, wand
Lecteur-enregistreur	Player-recorder, playback-recorder
Lecteur-enregistreur vidéo	Video playback-recorder
Lecteur-interpréteur (inf)	Reader-interpreter
Lecteur magnétique enfichable	Plug-in magnetic reader
Lecteur optique	Optical reader, visual scannner
Lecteur-scripteur	Read-write head
Lecteur de son	Sound head, sound reader, sound reproducer, tape reader
Lecture	Playback, reading
Lecture accélérée (vid)	Fast playback
Lecture arrière	Backwards reading
Lecture à rebours	Backwards reading
Lecture du son	Aural reception, sound reproduction
Lecture magnétique	Magnetic reading
Lecture rapide de bande	High-speed tape reading
Lecture sans effacement	Non-destructive reading
Lecture à travers l'objectif	Through-the-lens reading (T.T.L.)
Légende (pres)	Caption
Léger	Light, lightweight
Lent	Slow
Lenticulaire	Lens-shaped
Lentille	Lens
Lentille acoustique	Acoustic lens
Lentille additionnelle	Auxiliary lens, additional lens
Lentille antérieure	Front lens
Lentille collectrice	Collecting lens
Lentille concave	Concave lens
Lentille condensatrice	Condensing lens
Lentille convergente	Focusing lens
Lentille convexe	Convex lens
Lentille correctrice	Correcting lens
Lentille déformante	Distorting lens
Lentille divergente	Diverging lens
Lentille électronique	Electron lens
Lentille à échelons	Florentine
Lentille de Fresnel	Fresnel lens
Lentille frontale	Front lens
Lentilles jumelées	Twin lenses
Lentille magnétique	Magnetic lens
Lentille martelée	Honeycomb lens

Lentille traitée	Coated lens
Lettre	Letter
Lève-bras	Arm-lifter
Lever un drapeau (inf)	To flag
Levier	Lever-arm, jack
Levier de commande	Control lever, operating lever, joystick
Lexique	Thesaurus
Liaison	Link
Laison en cascade	Daisy chain
Liaison descendante	Downlink
Liaison montante	Uplink
Liaison par réseau	Communication link
Liaison par satellite	Satellite link
Liant (subst)	Binder
Libérer	To disengage
Libre	Free, free-running, idle
Licence	Licence, permit
Lien	Bond, link, linkage
Lieu	Location, spot
Lignage (imp)	Lineage
Lignage de trame (tv)	Screen ruling
Ligne	Cable, feeder, line
Ligne (en)	On line
Ligne accordée	Tuned line
Ligne d'alimentation	Feeder line
Ligne d'analyse (tv)	Scanning line
Ligne de balayage	Scanning line
Ligne de base (inf)	Base line
Ligne bidirectionnelle	Duplex line
Ligne coaxiale	Coaxial line
Ligne directe	Tie-line ; extension ; local bus (inf)
Ligne disponible	Available line
Ligne interurbaine	Trunk line
Ligne libre	Idle line
Ligne orpheline	Orphan (line)
Ligne partagée	Party line
Ligne principale	Trunk line
Ligne principale du câble	Cable trunk line
Ligne privée	Tie line, tie trunk
Ligne réservée	Leased line
Ligne à retard	Delay line
Ligne de séparation horizontale	Frame line
Ligne de séparation verticale	Barrier
Ligne symétrique	Balanced line

Ligne veuve	Widow (line)
Ligne de vision	Line of sight
Limite de champ	Shooting range
Limiter	To define, to limit, to restrict
Limiteur	Limiter, clipper ; clamper (inf)
Limiteur de souffle (son)	Noise limiter
Linéaire	Linear
Linéarité	Linearity
Linotype	Linotype
Linotypiste	Linotypist
Liquide	Fluid, liquid
Lissage (des contours) (vid)	Édge filtering
Lisser	To glaze, to gloss ; to dither (inf)
Liste d'adresses	Mailing list
Liste de conformation	Cut list
Liste de contrôle	Check list
Liste de décisions de montage	Edit decision list (EDL)
Liste-déroulant (inf)	Drop-down list box
Liste des dialogues (ciné, tv)	Cutting continuity
Liste des interprètes	Cast list
Liste des modifications	Change list
Liste de montage	Edit list
Liste des prises (vid)	Pull list
Liste propre (mont)	Clean list
Liste de sous-titres	Subtitle cue sheet, spotting list
Lithographie	Lithography
Livraison	Delivery
Livre	Book
Livre de bandes dessinées	Comics book
Livret	Booklet
Local	Local, zonal
Localiseur d'enregistrement	Program seeker
Localisation	Concentration, localization
Localisé	Concentrated, located
Localiser	To concentrate, to locate
Location (de film)	Booking
Location d'un ensemble de films	Block booking
Location sans projection préalable	Blind booking
Loge	Dressing-room
Logiciel (inf)	Software
Logiciel d'application	Application software
Logiciel en essais	Beta software

Logiciel graphique	Drawing software
Logique floue	Fuzzy logic
Loi	Law, rule
Longévité	Life span
Long-métrage (film de)	Feature, feature film, full-length feature, theatrical film
Longitude	Longitude
Longue durée (disque, bande)	Long-playing, long-play
Longueur	Length
Longueur d'onde	Wave length
Longueur de tirage	Printing length
Lot	Batch
Lot d'émulsion (ciné)	Batch number
Loupe	Magnifying glass, magnifier
Lubrifiant	Lubricant
Lubrifier	To lubricate
Ludiciel	Gameware
Lueur	Glare, glow
Lueur anodique	Anode glow
Lueur cathodique	Cathode glow
Luisant	Shining, glossy
Lumen	Lumen
Lumière	Light
Lumière d'ambiance	Ambiant light, flood light
Lumière ambiante	Available light
Lumière d'appoint	Booster light, fill light
Lumière artificielle	Artificial light, tungsten light
Lumière de base	Keylight
Lumière basse	Low-keylight
Lumière cohérente	Coherent light
Lumière concentrée	Spot light
Lumière diffuse	Broad light, diffused light, spread light
Lumière d'effet	Modeling light
Lumière existante	Existing light
Lumière à incandescence	Incandescent light
Lumière incidente	Incident light
Lumière du jour	Daylight
Lumière modulée	Modulated light
Lumière noire	Black light
Lumière parasite	Flare, stray light, spill light
Lumière principale	Keylight
Lumière réfléchie	Reflected light, bounce light
Lumière secondaire	Sidelight

Lumière de sécurité	Safety light
Lumière stroboscopique	Strobe light
Lumière tamisée	Subdued light
Lumière de tirage (lab)	Printer light, printer step, printing light
Lumière transversale	Cross lighting
Luminaire	Luminary
Luminaire d'ambiance	Broad
Luminance	Luminance
Luminance de l'écran	Screen luminance
Luminescence	Glow, luminescence
Lumineux	Luminous, bright
Luminosité	Brightness, luminosity
Luminosité apparente	Apparent brightness
Luminosité de l'écran	Screen brightness
Luminosité de l'image	Brightness of image
Lustré	Brilliant, glossy
Lux	Lux (equivalent to 0.093 foot candle)
Luxmètre	Luxmeter
Lyre (mont)	Horse

M

Machine	Engine, machine
Machine à brouillard	Fog machine
Machine à bruiter (ciné, tv)	Sound effects machine
Machine à calculer	Calculator
Machine à calibrer (imp)	Gauge grinder
Machine à développer	Processing machine, processor
Machine à gommer (imp)	Gumming machine
Machine à plat (imp)	Flat-bed machine
Machine à piéter	Edge-numbering machine
Machine à vent	Wind machine
Machine vocale	Voice recognition system
Machiniste de plateau (ciné, tv)	Dolly pusher, grip, rigger, stage hand
Macrocinématographie	Macrocinematography
Macrophotographie	Macrophotography
Magasin (caméra)	Magazine
Magasin d'accessoires	Property room
Magasin à chargement rapide	Quick-change magazine
Magasin coaxial double	Double compartment magazine
Magasin débiteur	Feed magazine
Magasin plein-jour	Daylight magazine
Magasin récepteur	Take-up magazine
Magasin de stockage	Vault
Magazine	News feature program (tv), magazine program (tv), magazine (pres)
Magenta	Magenta
Magnétique	Magnetic
Magnétisant	Magnetizing
Magnétisation	Magnetization

Magnétisme	Magnetism
Magnétophone	Tape-recorder, sound recorder, audio deck
Magnétophone à cassette	Cartridge recorder, cassette recorder
Magnétophone à cassette stéréo	Stereo cassette tape recorder
Magnétophone multipiste	Multitrack recorder
Magnétoscope	Videotape recorder, video deck, VTR
Magnétoscope à cassette	Videocassette recorder, VCR
Magnétoscope à enregistrement hélicoïdal	Helical video recorder
Magnétoscope de lecture	Videotape reproducer
Magnétoscope portable	Portapack
Magnétoscopie	Videotape recording
Magnétothèque	Tape library
Maille d'écran	Grid wire
Maillon	Link, chain link
Maintenir	To hold, to maintain
Maison de distribution	Distribution company
Maison de production	Production company
Maître imprimeur (imp)	Master printer
Maître-oscillateur	Master oscillator
Majuscule (imp)	Capital letter, upper case
Manche	Handle
Manchette (pres)	Headline
Manchon de chargement (ciné)	Changing bag
Manette	Handle, lever, joystick
Manette de contrôle	Control lever
Manipulateur	Manipulator, operator
Manipulation	Handling
Manipuler	To handle, to manipulate
Manivelle	Crank, handle
Manque de contraste	Lack of contrast
Manque de fixité	Unsteadiness, flutter
Manque de fixité latérale (ciné)	Weave
Manque de fixité verticale (ciné)	Bounce
Manque de netteté	Lack of sharpness
Manuel	Manual
Manuscrit	Manuscript
Manutention	Handling
Maquette	Miniature, model, scale model ; advanced lay-out (pub)
Maquette typographique	Type lay-out
Maquettiste	Lay-out artist

Maquillage	Make up
Maquilleur	Make-up artist
Marbre (pres)	Imposing stone, press-stone
Marché	Trade
Marche arrière	Back-drive, back-motion, backwards, reverse action
Marche arrière rapide	Quick reverse action
Marche avant	Forward action, forwards
Marche avant rapide	Quick forward action
Marché secondaire (ciné)	Ancillary market
Marge	Border, margin
Marguerite (imp)	Daisy-wheel
Marquage de marge	Edge marking
Marque	Cue, mark
Marque de bande	Tape, mark
Marque de démarrage	Motor cue
Marque de départ	Start mark
Marque d'enregistrement	Recording mark
Marque de fabrication	Trade mark
Marque de fin	End mark
Marque de fin de bobine (proj)	Change-over cue, cue dot
Marque-page	Book mark
Marque de repère	Cue mark, tab marker
Marque au sol	Floor mark
Marque de synchronisation (à la prise de vues)	Clapper mark
Marque de synchronisme	Sync marking
Marqueur	Marker
Marqueur électronique	Light pen, wand, electronic pen
Marron (ciné, tv)	B&W dupe positive, master positive
Masquage	Masking
Masquage électronique	Electronic masking
Masque (ciné, tv)	Mask, matte
Masque chromatique	Colour masking
Masque correcteur	Printing filter
Masque d'écran (vid)	Aperture mask
Masquer	To hide, to mask
Massicot	Cutting machine
Masse-médias	Mass-media
Master (ciné)	Colour intermediate positive, interpositive
Mater	To spray down
Matériel	Equipment ; hardware (inf)

Matériel d'éclairage	Lighting equipment
Matériel d'enregistrement	Recording equipment
Matériel de prise de vues	Camera equipment
Matériel de reportage	Outdoor shooting equipment
Matière	Matter, material
Matrice	Matrix, master form, mould, mother ; master disc (inf)
Matrice de pointes	Dot matrix
Matrice d'impression	Print head
Matrice de tirage	Printing matrix
Maximiser	To maximize
Maximum	Maximum
Méchant (le) (ciné, tv)	Heavy
Média	Media
Média créateur	Creative media
Média électronique	Electronic media
Médias de masse	Mass-media
Médiateur	Mediator
Médiathèque	Media library
Médiatique	Mediagenic
Médiatiser	To mediate
Mega	Mega (1.000.000)
Mélange	Mixing
Mélange des sons	Sound mixing
Mélanger	To mix
Mélangeur	Mixer, switcher
Mélangeur de son	Audio (or) sound mixer, mixing desk (or) console
Mélangeur transistorisé	Transistorized mixer
Mélangeur-truqueur (ciné, vid)	Special effects mixer
Mélangeur vidéo	Video mixer, vision mixer
Mélo (ciné, tv)	Soap opera
Membrane	Membrane, diaphragm
Membrane de microphone	Microphone diaphragm
Membre de classe (inf)	Cast member
Mémoire (inf)	Storage, memory
Mémoire active	Active storage
Mémoire à bande magnétique	Magnetic tape storage
Mémoire cache (inf)	Cache memory
Mémoire effaçable	Erasable storage
Mémoire électrostatique	Electrostatic storage
Mémoire éphémère	Temporary storage, volatile storage
Mémoire étendue	Extended memory
Mémoire flash	Flash memory

Mémoire magnétique	Magnetic storage
Mémoire de masse	Mass storage
Mémoire morte (MEM)	Read-only memory (ROM)
Mémoire de page	Page image buffer
Mémoire paginée	Paged memory
Mémoire permanente	Non-erasable storage, permanent storage
Mémoire programmable	Programmable read-only memory (PROM)
Mémoire renforcée (inf)	Extended memory
Mémoire tampon	Buffer, clipboard ; data buffer
Mémoire de trame (vid)	Framestore
Mémoire de travail	Work storage
Mémoire universelle	General storage
Mémoire virtuelle	Virtual memory
Mémoire vive (MEV)	Random-access memory (RAM)
Mémomarque (pub)	Brand-name recall
Mémorisateur d'images (vid)	Frame buffer
Mémoriser	To store, to memorize
Meneur de jeu (tv)	Animator
Menu	Menu
Menu en cascade	Cascading menu
Menu des couches	Layering menu
Menu courant	Active menu
Menu déroulant	Drop-down (or) pull-down menu
Menu du fond	Background menu
Mère (disques)	Mother (record)
Message	Message
Message électronique	E-Mail, electronic mail
Menu jaillissant	Pop-up menu
Message publicitaire	Spot, commercial
Message publiposté	Direct mail
Message de service public	Public service announcement (PSA)
Messagerie (inf)	Messaging service
Messagerie télématique	Multiservice messaging
Mesure	Measurement
Mesure d'audience	Rating
Méthode	Procedure, method
Méthode audiovisuelle	Audiovisual method
Métrage	Footage, length
Métrage inséré	Insertion footage
Métreuse	Film counter
Metteur en ondes (radio)	Program director
Metteur en pages (imp)	Book designer, clicker, layout man

Metteur en scène (ciné, tv)	Director
Mettre en circuit	To plug in, to put in, to switch on, to turn on
Mettre à l'échelle	To scale
Mettre hors circuit	To plug out, to switch off, to turn off
Mettre hors fonction	To switch off
Mettre à jour	To update
Mettre en mémoire (inf)	To store
Mettre en pages (imp)	To lay out
Mettre au point	To focus ; to tune up ; to debug (inf)
Mettre en scène (ciné, tv)	To direct
Mettre en vedette	To feature
Microcinématographie	Microcinematography
Microcopie	Microcopy
Microcravate	Lavalier mike, chest microphone, lapel microphone
Micro émetteur	Radio microphone
Microfiche	Microcard
Microfilm	Microfilm
Micro-informatique	Micro computing
Micromédia	Micromedia
Micrométrique	Micrometric
Micro-onde	Microwave
Micro-ordinateur	Personal computer
Micro-ordinateur portable	Lap-top computer
Microphone, micro	Microphone, mike
Microphone antibruits	Antinoise microphone
Microphone bidirectionnel	Bidirectional microphone
Microphone à bobine mobile	Dynamic microphone
Microphone canon	Shotgun microphone, ultra directional microphone, gunmike
Microphone cardioïde	Cardioid microphone
Microphone au charbon	Carbon microphone
Microphone de contact	Contact microphone
Microphone à décharge	Glow-discharge microphone
Microphone directionnel	Directional microphone
Microphone double	Push-pull microphone
Microphone électromagnétique	Magnetic microphone
Microphone électrostatique	Capacitor microphone
Microphone émetteur	Radio microphone, wireless microphone
Microphone à haute fréquence	High-frequency microphone
Microphone incorporé	Built-in microphone
Microphone omnidirectionnel	Omnidirectional microphone

Microphone d'ordres	Instructions microphone, studio address
Microphone piézoélectrique	Crystal microphone
Microphone de proximité	Close-talking microphone
Microphone à réflecteur parabolique	Parabolic-reflector microphone, dish microphone
Microphone à ruban	Moving-conductor microphone
Microphone de table	Desk microphone
Microphone ultradirectionnel	Ultra-directional microphone
Microphotographie	Microphotography
Microprocesseur	Microprocessor
Microsillon	Microgroove
Mignature (en)	Thumb-nail
Mi-gras (imp)	Bold face
Milieu	Medium, middle
Mille périodes (ou) 1000 Hz	Beep sync tone, beeper, sync beep
Miniaturisé	Miniaturized
Minimiser	To minimize
Minimum	Minimum
Mini-ordinateur	Minicomputer
Minuscule (imp)	Minuscule
Minutage	Timing
Minuterie	Timer, time switch
Mire	Test chart, test pattern
Mire de barres (tv)	Colour bars
Mire de barres + 1000 Hz	Bars & tone
Mire de convergence	Registration
Mire de définition	Definition chart, resolution chart
Mire de distortion	Grille, cross hatch
Mire électronique (tv)	Electronical test chart
Mire d'enregistrement couleur (vid)	Colour registration test pattern
Mire d'essai	Test chart, check chart
Mire de netteté	Definition chart
Miroir	Mirror, reflector
Miroir amovible	Interchangeable mirror
Miroir cannelé	Corrugated mirror
Miroir dichroïque	Dichroic mirror, dichroic reflector
Miroir elliptique	Elliptical mirror
Miroir à facettes	Facet mirror
Miroir froid	Cold mirror
Miroir rotatif	Rotating mirror
Miroir tournant	Rotary mirror
Miroitement	Glare

Mise en circuit	Switching-in, switching-on
Mise hors circuit	Switching-off
Mise en couleurs (inf)	Colouring
Mise en marche (d'un moteur)	Starting (of a motor)
Mise en pages (imp)	Book designing, lay-out, making-up
Mise en pages (inf)	Page lay-out (or) set-up
Mise en page musicale (radio)	Music programming
Mise en phase	Phase control
Mise en place (ciné, tv)	Threading (film), tracking(tape) ; camera line-up
Mise en place (décors)	Staging
Mise au point	Focusing ; tuning-up
Mise au point sur dépoli (opt)	Through-the-lens focusing
Mise au point à l'infini	Focus on infinity
Mise au point nette	Sharp focus
Mise au point préalable	Prefocusing
Mise au point précise	Fine focus
Mise en scène (ciné, tv)	Direction
Mise en séquence	Sequencing
Mise en service	Power on
Mise sous presse (imp)	Dry pressing
Mise à la terre (ou) à la masse	Grounding
Mixage (ciné, tv)	Mixing
Mixage son	Sound mixing, mixdown audio (vid)
Mixage de pistes multiples	Multitrack mixing
Mixer	To mix
Mixeur	Mixer
Modal	Modal
Modalité	Method
Modélisation	Modelling
Modèle	Pattern
Modèle réduit	Scale model
Modem	Modem
Modélisation	Modelization
Mode de fonctionnement	Operation mode
Mode d'insertion (inf)	Insert mode
Mode montage (vid)	Edit mode
Mode plein écran (vid)	Full-screen mode
Mode de saisie (inf)	Capture mode
Mode de transfert asynchrone	Asynchronous transfer mode (ATM)
Modification	Alteration
Modifier	To alter, to modify
Modulaire	Modular
Modulateur	RF adapter, coder, modulator

Modulateur démodulateur	Modulator demodulator, modem
Modulateur haute fréquence (HF)	RF converter
Modulateur de lumière	Light modulator, light valve
Modulateur de tonalité	Tone modulator
Modulation	Modulation
Modulation d'amplitude	Amplitude modulation, A.M.
Modulation par la cathode	Cathode modulation
Modulation double	Dual modulation
Modulation de fréquence	Frequency modulation, F.M.
Modulation de fréquence des impulsions	Pulse frequency modulation
Modulation d'impulsion	Pulse position modulation
Modulation des impulsions codées	Pulse code modulation
Modulation négative	Negative-light modulation
Modulation de phase	Phase modulation
Modulation de plaque	Plate modulation
Modulation positive	Positive light modulation
Modulation transversale	Cross modulation
Modulation de vitesse	Velocity modulation
Module	Module
Module de commande (tv)	Control deck
Module de connexion	Connection unit
Moduler	To modulate
Modulomètre	Modulometer
Moirage	Moiré patterning
Molette	Dial
Moniteur	Monitor
Moniteur de caméra	Camera monitor
Moniteur de contrôle	Control monitor
Moniteur de forme d'onde	Wave form monitor
Moniteur à fréquence fixe (ou) monofréquence	Fixed-frequency monitor
Moniteur d'image	Picture monitor
Moniteur d'image vidéo	Video monitor
Moniteur principal	Master monitor
Moniteur de sortie	Output monitor
Monochromatique	Monochromatic
Monochrome	Monochrome
Monocristal	Single crystal
Monomédia	Monomedia
Monopack	Monopack, single-layer film
Monophasé	Monophase, one-phase, single phase
Monophonie	Monophony
Montage	Assembly, editing, cutting (film); mounting (photo)

Montage par A & B	A and B editing (or) cutting, checkerboard editing
Montage alterné	Cross cutting
Montage assisté par ordinateur	Computer editing
Montage audiovisuel	Slide editing
Montage automatique (vid)	Auto-assembly, auto-assemble
Montage sur cadre	Frame mounting
Montage en continuité	Rough cut
Montage sur copie (bout à bout)	Off-line editing (vid)
Montage court	Rapid cutting
Montage en damier	Checkerboard editing (vid)
Montage définitif (bande mère)	Final cut ; on-line editing (vid)
Montage de diapositives	Transparency mounting
Montage électronique	Electronic editing
Montage virtuel	Non-linear editing, random-access editing
Montage fin	Fine cut
Montage de l'image	Picture editing
Montage maquette (vid)	Off-line editing
Montage multi-écrans	Multi-image show
Montage négatif	Negative assembly, negative cutting (or) matching
Montage sur original (vid)	On-line editing
Montage parallèle	Parallel action
Montage à la prise de vues	Direct camera editing
Montage rapide	Jump cutting
Montage serré	Tight editing
Montage du son	Sound editing
Montage synchrone	Sync editing
Montage vidéo	Electronic editing
Montage virtuel	Non-linear editing, random editing
"Monter" (écl, cam)	To tilt up
Monter (un film)	To assemble, to cut, to edit
Monter (une installation)	To set-up, to mount, to wire (elec)
Monteur (ciné, tv)	Assembler, film editor, sound editor
Monteur (doublage)	Dubbing editor, loop editor
Monteur (négatif)	Negative cutter
Monture	Holder, mount
Monture à baïonnette	Bayonet mount
Monture à barillet	Barrel mount
Monture d'objectif	Lens mount
Monture standard	Standard mount
Monture universelle	Universal mount
Monture à ventouse	Limpet

Mosaïque (vid)	Mosaic (tile effect)
Mot	Word
Mot clé	Keyword, catchword
Mot de passe	Password
"Moteur !"	"Roll camera !"
Moteur	Engine, motor
Moteur régulé	Governor-controlled motor
Moteur sur batterie	Battery-powered motor
Moteur électrique	Electrical motor
Moteur à induction	Induction motor
Moteur non synchrone	Wild motor
Moteur à ressort	Spring motor
Moteur synchrone	Synchronous motor
Mouvement vissé (dans le sens des aiguilles d'une montre)	Clockwise movement
Mouvement dévissé (en sens inverse des aiguilles d'une montre)	Counter -clockwise movement
Mouvement accéléré	Quick motion
Mouvement d'appareil horizontal (ciné, tv)	Panning, pan
Mouvement d'appareil vertical (ciné, tv)	Tilting, tilt
Mouvement continu	Continuous movement
Mouvement contrarié	Counter move
Mouvement informatisé	Motion control
Mouvement intermittent	Intermittent movement
Mouvement latéral	Lateral move
Moyen	Means
Moyenne fréquence	Intermediate frequency
Moyens audiovisuels	Audiovisual aids
Moyens audio	Sound media
Moyens de communication de masse	Mass-media
Moyens visuels	Visual media
Muet	Silent
Multibroche (prise)	Multi-pin (connector)
Multidiffusion	Multi-diffusion
Multi-écrans (spectacle)	Multi-image show
Multi-fréquence (adj)	Multi-frequency, multi-scan, multi-sync
Multi-images (projection)	Split-screen (projection)
Multimédia	Multimedia
Multipiste	Multitrack

Multiplex	Multichannel, multiplex
Multiplexage	Multiplexing
Multiplexeur	Multiplexer
Multiplexeur d'image	Slide (or) film scanner (or) pick-up
Multiplicateur	Factor, multiplier
Multiplicateur de focale	Teleconverter lens
Multiplicateur de fréquence	Harmonic conversion transducer
Multiplier	To multiply
Multipostage	Busmailing
Multistandart (tv)	Multisystem
Multitâche	Multitask
Mur d'images	Multi-image show
Mur mobile	Wild wall
Mur du son	Sound barrier
Murmure	Chatter
Musical	Musical, tonal
Musique d'ambiance	Mood music
Musique d'archive	Library (or) stock music
Musique de film	Film music, score
Musique de fond	Background music
Musique originale	Original score
Musique préenregistrée (ou) préfabriquée	Library music, stock music, pre-recorded music, canned music
Musique scénique	Incidental music

N

Nano (1 billionième)	Nano
Narrateur	Narrator, speaker
Navigateur (sur réseau) (inf)	Netsurfer
Navigation (inf)	Navigation, browsing
Naviguer (inf)	To navigate, to browse
Négatif	Negative
Négatif (combiné) image et son	Combined negative
Négatif contretype	Dupe negative
Négatif contretype image et son	Composite dupe negative
Négatif contretype image	Picture dupe negative
Négatif contretype pour tirage série	Picture release dupe negative
Négatif couleur	Colour negative
Négatif du générique	Title negative
Négatif exposé	Exposed negative
Négatif image	Picture negative
Négatif impressionné	Exposed negative
Négatif original	Original negative
Négatif original image	Original picture negative
Négatif original son	Original sound negative
Négatif à piste couchée	Pre-striped stock
Négatif de sélection	(Colour)separation negative
Négatif son	Sound negative
Négatif titre	Title negative
Négatif tramé (imp)	Screened negative
Négatoscope	(Negative) lightbox
Neige	Snow
Net	Sharp, in focus
Netteté	Sharpness
Netteté maximale	Absolute sharpness

Netteté phonique	Intelligibility ; voice articulation
Nettoyage	Cleaning
Neutraliser	To neutralize
Neutre	Neutral
Nitrate de cellulose	Cellulose nitrate
Niveau	Level
Niveau de blanc (vid)	White balance, white level
Niveau de bruit	Noise level
Niveau à bulle	Water level
Niveau développeur (inf)	Author lever
Niveau d'enregistrement	Recording level
Niveau d'entrée	Input level
Niveau d'incrustation	Key level
Niveau de lumière	Light level
Niveau moyen d'éclairement	Normal key
Niveau moyen d'image (vid)	Average picture level
Niveau de noir (tv)	Black level, black balance
Niveau nominal	Nominal level
Niveau de parole	Talking level
Niveau du regard (au)	Eye level
Niveau du signal	Signal level
Niveau de signal visuel	Visual signal level
Niveau sonore	Sound level, volume level
Niveau de sortie	Output level
Niveau de suppression (tv)	Blanking level
Niveau de synchronisation	Sync level
Niveau de tension	Voltage level
Niveau utilisateur (inf)	User level
Niveau vidéo	Video level
Nodal	Nodal
Noir	Black
Noir absolu	Dead black, jet black
Noir codé (vid)	Black burst, crystal black
Noircir	To darken, to blacken
Noircissement	Blackening
Noir et blanc	Black and white, B & W
Nombre	Figure, number, digit
Nombre d'images	Number of frames
Non-aligné (inf)	Ragged
Non-connecté	Off-line
Non-directionnel	Non-directional
Non-perforé	Unperforated
Non-pondéré (élect)	Unweighted
Non-synchrone	Wild

Normal	Normal, regular, standard
Normalisation	Standardization
Normaliser	To standardize
Norme	Standard
Normes accordées	Matching standards
Normes internationales	International standards
Note	Note, tone
Note (en bas de page)	Footnote
Note de tournage (ciné, vid)	Dope sheet
Notice de dépouillement	Analytical entry
Nouvelles	News
Noyau	Core
Noyau de commutation	Switching core
Noyau magnétique	Magnetic core
Noyau récepteur expansible	Collapsible take-up core
Nuance	Shade
Nuit américaine (ciné, tv)	Day-for-night shooting
Numéral	Digital, numeral
Numération de bord (ciné)	Edge numbering, edge coding
Numérique	Numerical, digital
Numérisation	Digitalization, quantization
Numérisation d'amplitude	Amplitude quantization
Numériser	To digitize, to quantitize, to quantize
Numéro	Digit, number
Numéro de boîte de film	Can number
Numéro de bord (ciné)	Edge number, key number
Numéro de la claquette (ciné,tv)	Slate number
Numéro d'émulsion (ciné)	Emulsion number
Numéro de fabrication	Batch number
Numéro d'ordre	Sequence number
Numéro de page	Page number
Numéro de plan (ciné, tv)	Shot number
Numéro d'urgence	Hot line
Numéroteur	Numbering machine

O

Objectif (photo, ciné, tv)	Lens
Objectif achromatique	Achromatic lens
Objectif pour adoucir	Soft-focus lens
Objectif pour agrandissement	Enlarging lens
Objectif anamorphoseur	Anamorphic lens
Objectif anastigmatique	Anastigmat lens
Objectif apochromatique	Apochromatic lens
Objectif asphérique	Aspherical lens
Objectif astigmatique	Astigmatic lens
Objectif asymétrique	Asymetrical lens
Objectif à courte focale	Short focus lens
Objectif cylindrique	Cylindrical lens
Objectif à focale fixe	Fixed-focus lens
Objectif à focale variable	Variable-focus lens, zoom lens
Objectif grand angulaire	Wide-angle lens
Objectif à grande ouverture	Fast lens
Objectif à immersion	Immersion lens
Objectif de longue focale	Long focus lens
Objectif à mise au point très rapprochée	Macro-lens
Objectif normal	Standard lens
Objectif périscopique	Periscopic lens
Objectif petit angulaire	Narrow-angle lens
Objectif de prise de vues	Shooting lens, taking lens
Objectif de projection	Projection lens
Objectif sphérique	Spherical lens
Objectif télescopique	Telescopic lens
Objectif traité	Coated lens, bloomed lens
Objectif très grand angulaire	Fish eye
Objet	Item, object

Objet source (inf) — Source object
Obscur — Dark, obscure
Obscurcir — To darken
Observation — Observation
Obturateur — Shutter ; dowser (écl)
Obturateur alternatif — Alternating shutter
Obturateur automatique — Automatic shutter
Obturateur à barillet — Drum shutter
Obturateur central — Between-the-lens shutter
Obturateur à disque — Disc shutter
Obturateur pour fondu — Dissolving shutter
Obturateur à ouverture variable — Variable aperture shutter
Obturateur à pales — Blade shutter, leaf shutter
Obturateur reflex à miroir — Mirror reflex shutter
Obturateur à rideau — Focal plane shutter
Obturateur à secteur — Rotary shutter
Obturateur variable — Variable shutter
Occultation — Black-out
Octet — Byte
Oeillet métallique — Eyelet
Oeilleton — Eyepiece
Oeilleton de viseur — Eye cup
Oeuvre d'art — Work of art, art work
Oeuvre audiovisuelle — Audiovisual work
Oeuvre de commande — Commissioned work
Offset (imp) — Chemical printing, offset printing
Ombrage — Shadow ; shading (inf)
Ombre — Shade, shadow
Ombre portée (ou) projetée (imp) — Drop shadow
Ombre 3-D — Depth shadow
Ombré — Shaded
Onde — Wave
Onde acoustique — Audiowave
Onde d'amateur — Amateur wavelength
Onde d'appel — Calling wave
Onde centimétrique (1 à 10 cm) — Super-high frequency (3 to 30 GHz)
Onde commune — Common frequency, shared channel
Onde courte — Short wave
Onde décamétrique (10 à 100 m) — Short wave (3 to 30 MHz)
Onde décimétrique (1 à 100 cm) — Ultra-high frequency (300 MHz-3 GHz)

Onde déviée	Diffracted wave
Onde directe	Direct wave
Onde dirigée	Beam transmission
Onde électromagnétique	Electromagnetic wave
Onde entretenue	Continuous wave
Onde hectométrique (100m-1km)	Medium wave (300 KHz-3 MHz)
Onde hertzienne	Electric wave, hertzian wave
Onde kilométrique (1-10 km)	Low frequency (30-300 kHz)
Onde libre	Free wave
Onde longitudinale	Longitudinal wave
Onde longue	Low frequency wave, long wave
Onde lumineuse	Light wave
Onde métrique (1 à 10 m)	Very-high frequency (30 to 300 MHz)
Onde millimétrique (1 à 10 mm)	Extremely-high frequency (30 to 300 GHz)
Onde modulante	Modulating wave
Onde de modulation	Modulation wave
Onde moyenne	Medium wave
Onde myriamétrique (10-100 km)	Very low frequency (3-30 kHz)
Onde pilote	Pilot wave
Onde porteuse	Carrier wave, frequency carrier, carrier signal, carrier
Onde de réponse	Answering wave
Onde sonore	Sound wave
Onde sous-porteuse couleur	Colour subcarrier
Onde ultra-courte	Microwave, ultra-short wave
Onde vidéo	Video wave
Ondemètre	Ondometer, wavemeter
Ondulation	Waviness, wave, ripple
Ondulatoire	Undulatory, wavy
Ondulé (carton)	Corrugated (board)
Opacité	Opacity
Opaque	Opaque
Opérande	Operand
Opérateur d'actualités (ciné, tv)	Newsreel cameraman
Opérateur de prises de vues	Cameraman, operating cameraman, camera operator
Opérateur de prises de vues (chef)	Lighting cameraman
Opérateur-projectionniste	Projectionist
Opérateur-réalisateur	Director-cameraman
Opérateur de réseau (tv, radio)	Network operator
Opérateur de réseau câblé	Cable operator

Opération	Operation
Opération fondamentale	Basic operation
Opération logique "ou" (inf)	Either-or operation
Opération "ou" exclusif	X-or operation
Opération répétitive	Repetitive operation
Opération simultanée	Simultaneous operation
Opération à tâches multiples	Multitask operation
Opposé, en opposition	Opposed
Optimisation	Optimization
Option par défaut (inf)	Default option
Optique (système)	Lens
Optique (adj)	Optical
Optique principale	Main lens
Opto-magnétique	Magoptical
Orbite	Orbit
Orchestre	Band, orchestra
Ordinateur	Computer, data processor
Ordinateur de bureau	Desk-top computer
Ordinateur client	Target computer
Ordinateur décodeur	Telecompter
Ordinateur-moniteur	Processor-controller
Ordinateur portable	Portable computer
Ordinateur portatif	Laptop computer
Ordinateur spécialisé	Special purpose computer
Ordre de montage	Assemble list
Ordres	Orders
Oreille de réglage d'ouverture d'objectif	Diaphragm adjustment grip
Organe	Component, unit
Organe central	Central unit, main unit
Organe de commande	Control unit
Organe moteur	Power unit
Organe de réglage	Control element
Organigramme	Operational chart
Organiseur (néol)	Personal digital assistant
Original	Original
Origine	Origin
Orthochromatique	Orthochromatic
Oscillateur	Oscillator, exciter
Oscillateur de commande par quartz	Crystal control oscillator
Oscillateur à cristal	Crystal oscillator
Oscillateur à déphasage	Phase-shift oscillator
Oscillateur à fréquence variable	Variable frequency oscillator

Oscillation	Cycle undulation, oscillation, vibration
Oscillation de tension	Voltage oscillation
Oscillatoire	Oscillating, oscillatory, vibrating
Oscillogramme	Cathode-ray trace
Oscillographe à rayons cathodiques	Cathode-ray oscillograph, curve tracer
Oscillographie	Oscillography
Oscilloscope	Oscilloscope
"Ours" (mont)	Rough cut
Outil	Tool
Outil de navigation (inf)	Browser
Outillage	Equipment, tool kit
Ouvert	Open
Ouverture	Aperture, opening
Ouverture d'antenne	Sign-on
Ouverture de diaphragme (photo, ciné)	Lens aperture, lens stop, f-stop, T-stop, lens setting
Ouverture en fondu	Fade-in, fade-up
Ouverture géométrique	F-stop
Ouverture en iris	Circle-in, iris-in
Ouverture nominale	Nominal aperture
Ouverture d'objectif	Lens opening
Ouverture d'obturateur	Shutter opening
Ouverture photométrique	Effective aperture, T-stop
Ouverture relative	Angular aperture, aperture ratio
Ouvreuse (ciné)	Usherette
Ouvrir	To open, to unlock

P

Page	Page
Page imprimée (inf)	Print-out
Pagination	Numbering, pagination
Pagineuse (imp)	Numbering machine
Paiement à l'émission (ou) à la séance (tv)	Pay-per-view (PPV)
Pair	Even
Paire torsadée	Twisted pair
Pale	Blade
Pale d'obturateur	Shutter blade
Pale de scintillement	Anti-flicker blade
Palette de couleurs	Book (or) colour palette
Palette graphique	Graphics tablet, (or) platform, data tablet, paint-box
Palette de motifs	Pattern palette
Palier	Porch, plateau
Palier avant	Front porch
Palier arrière	Back porch
Palmarès	List of awards (ciné), hit-parade (radio)
Palpeur de boucle	Buckle switch
Palpeur optique	Optical feeler
Panchromatique	Panchromatic
Panel	Panel
Panier (pour diapositives)	Slide-magazine
Panier-repas	Lunchbox
Panne	Breakdown, disturbance, failure
Panne de courant	Power failure
Panne d'image	Picture failure
Panne de son	Sound failure

Panne du système	System failure
Panneau	Board, panel
Panneau absorbeur	Baffle board
Panneau acoustique	Acoustic flat
Panneau de brassage	Patch panel
Panneau de commande	Switchboard
Panneau de connexions	Patch panel
Panneau de contrôle	Test board
Panneau de mixage vidéo	Video mixer
Panneau mobile	Wild wall
Panneau (de projecteurs)	Lamp rack
Panneau-réflecteur	Reflecting screen, fill-in screen
Panoramique (ciné, tv)	Pan (horizontal), tilt (vertical)
Panoramique rapide, filé	Swish pan, whip pan, zip pan
Panoramiquer	To pan (horizontal), to tilt (vertical)
Pano-travelling	Travelling-and-pan shot
Pantographe	Pantograph ; light lift (écl)
Papier	Paper
Papier brillant	Glossy paper
Papier buvard	Blotting paper
Papier calque	Tracing paper
Papier couché	Coated paper
Papier gaufré	Embossed paper
Papier glacé	Glazed paper
Papier grainé	Grained paper
Papier hélio	Gravure paper
Papier d'impression	Printing paper
Papier journal	Newsprint
Papier mâché	Mashed paper
Papier mat	Dull finish paper, mat paper
Papier à objectifs	Lens tissue
Papier ondulé	Corrugated paper
Papier satiné	Semi-glazed paper
Papier de verre	Sand paper
Papillotement	Flickering, flicker
Papillotement auditif	Aural flutter
Papillotement chromatique	Chromatic flicker
Papillotement des couleurs	Colour flickering
Paquet (inf)	Packet
Paraffinage	Waxing
Paragraphe	Paragraph, section mark
Parallaxe	Parallax
Parallaxe de visée	Viewfinder parallax
Parallèle	Parallel

Paramètre	Network constant (élect); parameter, setting
Paramètre prédéterminé	Preset parameter
Paramètre de saisie (inf)	Capture set-up
Parasites (son)	Disturbance, interference, noise, static, "babble"
Parasoleil	Camera hood, lens hood, sun shade
Parasoleil porte-filtre à soufflet	Matte box with bellows
Paratonnerre	Lightning conductor
Parcourir (inf)	To stream
Parcours	Path ; routing (pres)
Parcours d'antenne	Antenna run
Parité couleur (vid)	Colour framing
Paroi	Baffle, wall
Paroi mobile	Float, wild wall
Paroles (chanson)	Lyrics
Parrainage	Sponsorship, sponsoring ; underwriting
Parrainer	To sponsor
Part	Part, share
Partager	Share
"Partez !"	"Action !"
Particule de lumière	Light particle, photon
Partie	Part, segment
Parution (pres, édit)	Publication
Pas	Pitch
Pas à pas (vid)	Jogging, step
Pas de perforation	Perforation pitch
Passage (d'un projecteur à l'autre)	Changeover
Passage (d'un film)	Showing, screening, run
Passage à l'antenne (tv)	Broadcasting, on-air
Passage direct (à)	Once-through
Passage au flou	Defocusing
Passage à la ligne (inf)	Line feed (LF)
Passage reversible	Bidirectional flow
Passe	Pass, run
Passe-bande	Band-pass
Passe d'essai	Test run
Passe-vues (diap)	Slide-changer
Passe volante	Cross-over
Passerelle	Catwalk, bridge, rigging, pipe grid
Pâte	Paste
Patronné	Sponsored

Pause	Break
Pédale (proj)	Buckle switch
Peintre en décors	Production painter
Pelliculage (ciné)	Emulsion stripping-off
Pellicule	Film
Pellicule acétate	Acetate film, non-flam film
Pellicule cinématographique	Motion picture film
Pellicule couleur	Colour film
Pellicule à double-perforation	Double perforation stock
Pellicule format réduit	Substandard film
Pellicule format standard	Standard film
Pellicule grain fin vierge	Fine-grain raw stock
Pellicule inversible vierge	Reversal raw stock
Pellicule négative son	Sound negative stock
Pellicule négative vierge	Negative raw stock
Pellicule nitrate	Flam film, nitrate film
Pellicule à perforation unique	Single-perforation stock
Pellicule positive vierge	Positive raw stock
Pellicule de sécurité	Safety film
Pellicule vierge	Raw stock, unexposed negative
Pellicule vierge à piste couchée	Pre-striped raw stock
Pénombre	Half-shadow
Perception	Perception
Perception de droits	Royalty collection
Perche	Boom, pole, fishpole
Perchiste (ciné, tv)	Boom operator, perchman
Père (disque)	Master (record)
Perforation	Perforation, sprocket-hole
Perforation d'un seul côté	Single perforation
Perforation des deux côtés	Double perforation
Perforé	Perforated, punched
Perforer	To punch
Perforeuse	Perforating machine, perforator
Performance	Performance
Période	Period, cycle
Période de pointe (tv)	Prime time, peak time
Périodique	Periodical; periodic, recurrent (adj)
Périodique illustré (pres)	Magazine
Périphérique	Peripheral
Périscope	Periscope
Péritel	Peri-tv
Perlé	(Glass) beaded
Permanent (cinéma)	Continuous performance
Permanence	Permanence, steadiness

Permis	Authorization, licence, permit
Permuter	To change-over
Persistance (tv)	Retention
Persistance rétinienne	Persistence of vision
Personnage (ciné, tv)	Character
Personnel	Crew, personnel, staff
Personnel technique	Technical staff
Perspective	Perspective
Perspective sonore	Audio perspective
Perspective 3-D (inf)	Vanishing-point perspective
Perte (laboratoire)	Thread-up waste
Perte par divergence	Divergence loss
Perte dans l'entrefer	Gap loss
Perte par frottement	Friction loss
Perte d'information	Drop out
Perte à la lecture	Playback loss
Perte en ligne	Line drop
Perte de lumière	Light loss
Perte de niveau	Drop-out
Perte de sensibilité	Sensibility decrease
Perte de signal	Drop out
Perturbation	Disturbance, interference, perturbation
Petit chariot (ciné)	Crab dolly
Phase	Phase
Phase d'exploration (tv)	Scan period
Phase de mouvement	Feed stroke
Phase d'obturation (ciné)	Dark period, shutter cut-off period
Phaseur	Phasing
Phonique	Acoustic, phonic
Phonocapteur	Pick-up
Phonographe	Record player, phonograph
Phonomètre	Phonometer
Phonothèque	Record library
Phosphorescence	Afterglow, phosphorescence, persistence (vid)
Photocomposition (imp)	Photocomposition
Photocopie	Photocopy
Photocopieur	Photocopying machine
Photo-diode	Photo-diode
Photoélectrique	Photoelectric
Photoélectricité	Photoelectricity
Photoflood	Photoflood lamp
Photogénique	Photogenic

Photogramme	Frame, picture frame, photogram
Photographe	Photographer
Photographe de plateau	Stills man
Photographe de presse	Press photographer
Photographie	Photography, still
Photographie aérienne	Aerial photography
Photographie publicitaire	Publicity still
Photographie de raccord (ciné)	Continuity still
Photographie en relief	Three-dimensional photography (3-D)
Photographie stroboscopique	Spark photography
Photograveur (imp)	Block maker, photo-engraver
Photogravure (imp)	Photo-engraving, block making
Photolecture	Mark scanning
Photomacrographie	Macrophotography
Photomagnétique	Photomagnetic
Photomètre	Lightmeter, photometer
Photométrie	Photometry
Photomicrographie	Microphotography
Photo-montage	Photo montage
Photo multiplicateur	Photo multiplier
Photo de plateau (ciné, tv)	Still, production still
Photo de production	Production still
Photon	Photon
Photosensible	Light-sensitive, photosensitive
Photosensitomètre	Photo-sensitometer
Photostoppeur	Street photographer
Photothèque	Photographic library
Phototype	Phototype, photographic picture
Phrase de commentaire	Line (of commentary)
Phrase de conclusion	Punch line
Pick-up	Record player, pick-up, phono-reproducer
Pick-up acoustique	Sound box
Pick-up électrodynamique	Dynamic pick-up
Pick-up électromagnétique	Magnetic pick-up
Pick-up électrostatique	Capacitor pick-up
Pick-up piézoélectrique	Crystal pick-up
Pièce	Piece
Pièce d'arrêt	Stopper
Pièce détachée	Component, part
Pièce de rechange	Spare part
Pièces polaires	Pole tips
Pied	Foot (o,348 m) ; pedestal (vid)

Pied bas de caméra	Baby tripod (or) legs
Pied de caméra	Tripod (or) legs
Pied de courbe (lab)	Toe
Pied hydraulique	Hydraulic tripod
Pied à manivelle	Crank-up stand
Pied de page (pres)	Down page ; footer (inf)
Pied de projecteur	Stand
Pied télescopique	Wind-up stand
Pied très bas pour caméra	High-hat, hi-hat
Pieds (par les)	Tails out
Piétage	Edge numbering, footage numbers ink numbers
Pigiste	Freelance, stringer (pres)
Pigment	Pigment
Pignon	Driving gear
Pignon de moteur	Motor pinion
Pignon de transfert	Transfer gear
Pile	Stack
Pile (élect)	Battery, cell
Pile sèche	Dry cell
Pilotage de synchronisme	Sync pulse
Piloté	Controlled, driven, monitored
Piloté par quartz	Crystal sync, crystal-controlled, crystal driven
Piloter	To control, to drive, to monitor
Pince	Clamp, gripper
Pince crocodile	Alligator clamp
Pinceau électronique (vid)	Electronic brush
"Piquer" (écl, cam)	To tilt down
Piratage	Piracy, hacking (inf)
Pirate	Pirate, hacker (inf)
Pistage	Striping
Pistage magnétique	Magnetic striping
Piste	Track
Piste activée (vid)	Illuminated track
Piste d'asservissement	Control track, servo-track
Piste audio (ou) piste son	Audio track
Piste de code temporel	Clock track
Piste de compensation	Balance stripe
Piste de contrôle	Control track
Piste couchée (à)	Single system, coated (film)
Piste d'effets sonores (ciné)	Effects track
Piste de guidage	Guide track
Piste latérale	Edge track

Piste de lecture	Reading track
Piste magnétique	Magnetic track
Piste magnétique pré-couchée	Pre-striped magnetic track, single system stripe
Piste d'ordres	Instruction track
Piste pilote	Cue track, control track
Piste pleine	Full track
Piste principale	Primary track, master track
Piste de silence plateau	Silent track
Piste simple	Single track
Piste de son optique	Optical sound track
Piste sonore	Sound track
Piste sonore asynchrone	Wild track
Piste sonore à densité variable	Variable density sound track
Piste sonore à densité fixe	Variable area sound track, bilateral sound track
Piste sonore internationale	Music-and-effects track (M. and E. track)
Piste sonore modulée	Modulated track
Piste de synchronisation	Cue track
Piste vibratoire (film d'essai)	Buzz track (test film)
Piste vidéo	Video track
Pivoter	To swivel
Pixel	Pixel, picture element (PEL)
Placard (pub)	Advertisement, ad
Placement	Placement
Placer	To set, to lay out
Placer les accessoires	To dress a set
Plage blanche	Blank band
Plage de gris	Achromatic colour
Plage lumineuse	Highlight
Plage de profondeur de champ	Depth of field range
Plan (ciné, tv)	Shot
Plan américain	Medium close shot, two-shot
Plan avec amorce	Over-the-shoulder shot
Plan d'archives	Library shot, stock shot, stock footage
Plan cache-contrecache	Matte shot
Plan cassé	Angle shot
Plan en contre-plongée	Low-angle shot
Plan de coupe	Cutaway shot
Plan de couverture	Alternate scene (or) shot
Plan demi-général	Medium long shot
Plan de détail (mont)	Insert
Plan d'éclairage	Lighting scheme

Plan éloigné	Distance shot
Plan d'ensemble	Long shot, master shot
Plan d'essai	Test shot
Plan-film (photo)	Film pack
Plan fixe	Still shot
Plan focal	Focal plane
Plan général (ou) large	Long shot
Plan de girafe	Boom shot
Plan média (pub)	Media planning
Plan en mouvement	Dolly shot, tracking shot, follow shot, travelling shot
Plan moyen	Medium shot
Plan muet	M.O.S. (Mit-out-sound)
Plan non-utilisé (NU)	Out take ; outs (plur)
Plan produit (pub)	Pack shot
Plan en plongée	High angle shot
Plan principal	Main shot, master shot
Plan de production	Production schedule
Plan de protection	Cover shot
Plan raccord	Continuity shot, insert
Plan rapproché	Close shot
Plan de sécurité	Cover shot, protection shot
Plan serré	Tight shot, close-up
Plan séquence	Sequence shot
Plan de situation	Establishing shot, key shot
Plan subjectif	Point-of-view shot
Plan de tournage	Shooting schedule
Plan de travail	Production schedule
Planche de contact	Contact print
Planification	Planning
Planter un décor	To fix the set, to set
Plaque	Plate
Plaque collectrice (vid)	Collector plate
Plaque de condensateur	Capacitor plate
Plaque de couloir	Pressure plate
Plaque de décentrement	Bridge plate
Plaque de montage	Mounting plate
Plaque photographique	Photographic plate
Plaque photographique pour transparence	Background plate
Plaque photosensible	Photosensitive plate
Plaque de refroidissement	Cooling plate
Plaque tournante	Turntable
Plaquette	Booklet, pamphlet

Plateau	Stage, set, floor
Plateau (tourne-disque)	Turntable
Plateau de bruitage	Foleying stage (USA)
Plateau d'enregistrement	Dubbing stage, recording stage
Plateau (de studio) en service	Live stage
Plateforme (pour appareils)	Deck
Plateforme de caméra	Top hat
Plateforme à panoramique horizontal et vertical	Pan-and-tilt head
Platine	Dubber, mounting plate, plate, platin, deck, turntable
Platine automatique	Automatic turntable
Platine-cassette	Cassette tapedeck
Platine d'enregistrement	Recording tapedeck, record deck
Platine d'enroulement	Rewinding turntable, winding panel
Platine de fenêtre	Aperture plate
Platine manuelle	Manual turntable
Platine d'objectif	Camera front
Platine à régulation électronique	Electronical regulated turntable
Platine tourne-disque	Record turntable
Plein cadre (ciné, tv)	Full frame
Pleine ouverture	Full aperture
Pleine piste (magnétique)	Full track (magnetic)
Pleine résolution	Full resolution
Pleurage	Flutter, wow
Pli	Fold
Pliage	Folding
"Plie !" (on)	"That's a wrap !"
Plieuse (imp)	Folding machine
Plissage (vid)	Cinching
Pliure	Bend
Plomb (fusible)	Fuse
Plongée (ciné, tv)	High angle shot, tilt down, high shot
Plop (son)	Bloop
Poignée	Grip, handle, hand grip
Poil (caméra)	Hair
Poinçon	Punch
Poinçonneuse	Puncher
Point (faire le) (ciné, photo, tv)	Focusing ; to focus
Point d'appui	Bearing (or) pressure point
Point de captage éloigné	Remote pick-up point
Point de contrôle	Check point
Point de coupe	Break point, cut-off point

Point de départ	Starting point
Point de montage (vid)	Edit point
Point flottant	Floating point
Point focal	Focus
Point de mesure d'audience	Rating point
Point mort	Dead spot, home position
Point par point	Stage-by-stage, step-by-step
Point de référence	Reference point
Point de repère	Checkpoint
Point de rupture	Cut-off point
Point de sortie	Exit point
Point de synchronisme	Sync point
Point de trame (tv)	Dot
Point de visée	Viewing point
Pointeur	Focusing operator, focus puller
Pointeur (inf)	Mouse pointer, arrow pointer, pointer
Pointu	Sharp
Polarisation	Polarization ; bias, magnetic bias
Polarisé	Polarized
Polarité	Polarity
Poli	Polished
Police de base (inf)	Base font
Police (de caractère) (imp)	Font
Polissage de copie	Print polishing
Polychromatique	Polychromatic
Polychrome	Polychrome
Polychromie	Polychromy
Polyester	Polyester
Polyphonie	Polyphony
Polyvision	Polyvision
Pompage	Breathing, pumping
Ponctuer- justifier	Hyphenation & justification (H&J)
Pondéré (élect)	Weighted
Pont	Bridge
Pont roulant	Overhead crane
Port parallèle (inf)	Parallel port
Port série	Serial port
Port de sortie	Output port
Portant de projecteurs (ciné)	Bank of lights
Portable	Portable
Portatif	Mobile, handheld
Porte	Gate
Porte-caches (ou) porte-accessoires	Matte box

Porte-film	Film-holder, film-rack, rack
Porte-filtre	Filter holder ; colour frame (écl)
Porte-fusible	Fuse holder
Porte-gélatine	Filter-frame
Portée	Range, span, reach
Porteuse	Carrier, carrier signal (or) wave, frequency carrier
Porteuse son	Sound carrier
Porteuse vidéo	Image carrier, video carrier
Porte-voix	Bullhorn
Pose (photo)	Exposure, time-shot, time exposure
Pose de câble	Cable laying
Pose de fils (mont)	Papering
Pose image-par-image	Single frame exposure
Posemètre	Exposure meter, lightmeter
Poser un écran (proj)	Lacing a screen
Positif	Positive
Positif combiné image et son (ciné)	Composite print, combined print, married print
Positif contretype (ciné)	Dupe positive
Positif couleur (ciné)	Colour print
Positif double bande	Unmarried print
Positif image	Picture print
Positif intermédiaire	Intermediate positive, interposi tive, fine grain master
Positif inversible	Reversal positive
Positif (lavande) pour contretype	Duping print, lavender print
Positif intermédiare pour trucage	Fine grain for opticals (or) for duping
Positif rayé	Scratch print
Positif de sélection	Separation positive
Positif son (ciné)	Sound positive
Positif son seul (ciné)	Sound print
Positif tramé (imp)	Screened positive
Position attente	Stand-by mode
Position de caméra	Camera set-up
Positionnement de visée	Viewing position
Poste d'animation	Animation stand
Poste d'écoute	Listening station
Poste émetteur	Transmitter
Poste intermédiaire	Way station
Poste récepteur	Radio, receiving set
Poste de télévision	Television set, TV set, TV receiver
Poste terminal	Terminal unit

Post-enquête (pub)	Post-testing, post-test
Postlumination	Post-exposure, flashing
Post-sonorisation (ciné,tv)	Post-scoring (mus), post-recording
Post-synchronisation	Post-sync, looping, dubbing
Post-test	Post-testing
Potentiel (élect)	Available voltage
Potentiomètre	Potentiometer, fader
Potentiomètre rotatif	Rotary potentiometer
Pouce	Inch
Pourcentage de perte	Waste percentage
Poussée	Thrust
Poussée d'antenne	Antenna thrust
Pousser le développement	To overdevelop
Pouvoir	Capacity, power
Pouvoir résolvant (photo)	Resolving power
Pouvoir séparateur (opt)	Resolving power
Praticable	Parallels (U.S.), rostrum (G.B.), riser
Préaccentuation	Pre-emphasis
Préamplificateur	Booster amplifier, preamplifier
Préamplification	Preamplification, pre-emphasis
Précensure	Pre-censorship
Précision	Accuracy, precision
Prédoublage (ciné)	Pre-dubbing
Préenquête (pub)	Pre-testing, pre-test
Préenregistré	Play-back, prerecorded
Préenregistrement	Prerecording
Prélecture	Pre-roll (vid) ; pre-reading
Prélumination	Flashing, pre-exposure
Prémélange	Pre-mixing
Premier montage (ciné, tv)	Rough cut
Premier plan	Foreground
Premier plan d'un film	Opening shot
Premier positif image (ciné)	Picture daily print
Premier rôle	Lead (actor), leading part
Premier tour de manivelle (ciné, tv)	First shooting day
Première	First screening, premiere
Première copie standard (copie zéro) (ciné)	First release print, first trial composite print
Première diffusion (tv)	First showing
Première exclusivité	First run
Première génération	First generation
Première lecture	Cold reading

Première mondiale	World premiere
Première projection (ciné)	First showing
Prémontage	Rough cut, pre-editing (ciné) ; off-line editing, assemble edit (vid)
Prémonté	Pre-edited
Preneur de son	Boom operator
Préparation des bandes à mixer (mont)	Track laying
Préparation électronique (mont)	Electronic editing
Prépositionnement	Presetting, pre-adjustment
Pré-réglage	Presetting
Pré-requis	Pre-requisites
Présélection d'arrêt	Preset timer shut-off
Présélection de diaphragme	Diaphragm presetting
Présentateur (tv, radio)	Announcer, host, speaker, introducer ; anchor, newscaster (tv)
Présentation (ciné,tv)	Performance, screening, showing ; anchoring (tv)
Présentation assistée par ordinateur (Pre-AO)	Desktop presentation
Présentation corporative (ciné)	Trade show, preview
Présentation officielle	Official presentation
Présentation privée	Private screening
Président du débat (tv)	Discussion leader, moderator
Pré-sonorisation musicale	Playback, pre-scoring
Pressage (imp)	Moulding
Presse	Press, pressing-machine
Presse à adhésif (ou) à scotch	(Guillotine) tape splicer
Presse à coller (ciné)	Splicer
Presse couleurs (imp)	Colour press
Presse écrite (pres)	Written press
Presse filmée (tv)	Newsreels, tv news
Presse parlée (radio)	Oral press
Presse professionnelle	Trade press, trade papers
Presse à sensation	Yellow press
Presseur	Pressure plate, tension roller
Presseur intermittent	Intermittent shoe
Presseur latéral	Edge guide
Pression sonore	Sound pressure
Prêt-à-diffuser (PAD)	Ready-to-distribute
Prêt-à-monter	Kit
Pré-test	Pre-testing
Preuve	Proof
Prévision	Forecast, schedule

Primaire	Primary
Principal	Main, major
Prise (ciné, tv)	Shot, take
Prise (élect)	Connector, plug, outlet, socket, jack
Prise (inf)	Port
Prise cerclée	Circled take
Prise choisie	Selected take
Prise d'écouteur	Earphone plug
Prise de haut-parleur	Loudspeaker plug
Prise multiple	Multiplug
Prise pick-up	Record player connector
Prise refusée	Out-take
Prise de son	Sound recording
Prise de son direct	Live take
Prise de son seul	Wild take
Prise de terre	Earth system, ground connection
Prise à tirer (ciné)	Keep take, print take
Prise de vues (cf. plan)(ciné, tv)	Shot, take
Prise de vues (faire une)	To film, to shoot
Prise de vues en accéléré	Fast motion shooting, undercranking
Prise de vues aérienne	Aerial shot
Prise de vues avec cache	Mask shot, mask shooting
Prise de vues à deux personnages	Two-shot
Prise de vues à distance	Long shot
Prise de vues en extérieur	Location shooting, exterior filming, exterior shot
Prise de vues avec film inversible	Direct positive shooting
Prise de vues sur grue	Crane shot
Prise de vues à haute fréquence	High-speed cinematography
Prise de vues image par image	Stop-motion (or) time lapse cinematography, frame-by-frame exposure
Prise de vues en intérieur	Interior shot, interior filming
Prise de vues sur maquette	Miniature shot
Prise de vues en mouvement	Dolly shot, follow shot, tracking shot, travelling shot
Prise de vues en nuit américaine	Day-for-night shooting
Prise de vues panoramique	Pan shot
Prise de vues en panoramique diagonal	Pan-and-tilt shot
Prise de vues au ralenti	Slow motion shooting

Prise de vues en son direct	Live shooting, sound take
Prise de vues sonore sur piste couchée synchrone	Single system sound shooting
Prise de vues sonore synchrone en double bande	Double system sound shooting
Prise de vues sous-marine	Underwater shooting
Prise de vues en studio	Studio shooting, studio shot
Prise de vues synchrone (sans câble de liaison)	(Cableless) sync sound shooting, crystal sync shooting
Prise de vues à temps échelonné	Time shot, time lapse shooting
Prise de vues en travelling	Dolly shot, follow shot, tracking shot, travelling shot
Prise de vues avec transparence	Process shot
Prisme	Prism
Prisme polygonal	Polygon
Prix	Cost, price
Prix d'entrée	Admission fee
Problème	Problem
Procédé	Method, procedure, process, system
Procédé de cinéma en couleurs	Colour film system
Procédé de couleurs par synthèse additive	Additive colour process
Procédé de couleurs par synthèse soustractive	Subtractive colour processs
Procédé fond bleu	Blue-screen process
Procédé inversible	Reversal process
Procédé négatif-positif	Negative-positive process, reversal process
Procédé sonore	Sound system
Procédé stéréoscopique	Three-dimensional system, stereoscopic system
Procédé de tirage	Printing process
Procédé trichrome	Three-colour process
Procédure (inf)	Procedure
Processeur	Processor
Processeur graphique	Raster image processor (RIP)
Producteur	Producer
Producteur délégué	Associate producer, line producer
Producteur exécutif	Executive producer
Production	Production, output
Produire	To produce
Produit	Product

Produit final	End product
Professionnel	Professional
Profondeur	Depth
Profondeur de champ	Depth of field
Profondeur de foyer	Depth of focus, focal depth
Programmateur (inf)	Programmer, timer
Programmation	Programming, planning
Programmation avant vision (ciné)	Blind booking
Programmation de canaux (tv)	Channel scheduling
Programme	Program, schedule ; software (inf)
Programme crypté	Scrambled program
Programme de divertissement	Entertainment program
Programme enfant (inf)	Child program
Programme enregistré	Recorded program, stored program
Programme d'essai (ou) pilote	Test program, experimental program
Programme étape	Program step
Programme exécutable	Application file (or) software (or) program
Programme graphique	Drawing software
Programme local	Local program
Programme parent (inf)	Parent program
Programme de perforation (inf)	Punch program
Programme pré-enregistré	Recorded program
Programme régional	Regional program
Programme de sécurité	Back-up schedule
Programme des supports (pub)	Media-planning
Programme de télévision	Telecast
Programme test (inf)	Benchmark
Programme de tournage (ciné)	Shooting schedule
Programmer	To program
Programmeur	Programmer ; application developer (inf)
Progressif	Progressive
Projecteur (proj)	Projector
Projecteur (écl)	Sunlight, studio light
Projecteur d'ambiance (écl)	Broad-light
Projecteur à arc (écl)	Arc lamp
Projecteur sur batterie	Battery light
Projecteur à boucle sans fin	Continuous loop projector
Projecteur convergent (écl)	Focusing lamp
Projecteur de décrochement	Kicker light

Projecteur à défilement continu	Continuous motion projector
Projecteur de diapositives	Slide projector
Projecteur double-bande	Double-band projector, interlock projector
Projecteur d'effets (écl)	Modeling lamp, effects projector
Projecteur à faisceau concentré (écl)	Spotlight
Projecteur fixe (proj)	Film strip projector
Projecteur focalisable	Multibeam light, variable beam projector
Projecteur à lampe xénon	Xenon projector
Projecteur parabolique	Beam projector
Projecteur ponctuel (écl)	Spotlight
Projecteur portable	Sun gun
Projecteur de poursuite (écl)	Long range (or) follow spotlight
Projecteur pour transparence	Background projector
Projecteur video	Video projector
Projecteur pour les yeux	Eyelight
Projection	Projection, screening
Projection à images multiples	Multiscreen projection
Projection anamorphosée	Anamorphic projection
Projection frontale	Front projection
Projection en plein jour	Daylight projection
Projection privée	Private screening, private showing
Projection publique	Public showing
Projection sur surface réfléchissante	Reflex projection
Projection par transparence	Back projection, background projection, rear projection
Projection de travail	Screening of the dailies
Projection unique	Single showing
Projection de vues fixes	Slide projection
Projectionniste	Projectionist
Projet	Draft, project, scheme
Projeter	To plan
Prolongateur de ligne	Extension cord, line extender
Prolongement	Extension
Propagation	Propagation
Propriété artistique	Copyright
Proportion	Ratio
Propulsion	Propulsion
Protecteur de boucle	Film loop protector
Protection	Protection, shielding

Protégé	Protected, shielded
Protocole	Protocol
Public	Audience, public
Publication	Publication
Publication assistée par ordinateur (PAO)	Desk-top publishing (DTP)
Publiciste	Publicist
Publicitaire	Advertising agent, publicity agent
Publicité	Advertising, publicity
Publicité collective	Horizontal advertising
Publicité comparative	Comparative advertising
Publicité institutionnelle	Corporate advertising
Publicité presse	Newspaper advertising
Publi-information	Advertorial, documercial, infomercial
Publipostage (pub)	Direct mail, mailing
Publirédactionnel, publireportage	Advertorial, documercial, infomercial
Puce	Chip
Puissance	Power
Puissance d'antenne	Antenna power
Puissance sur câble	Cable powering
Puissance consommée	Power consumption
Puissance disponible	Available power
Puissance d'émission	Effective radiated power, transmission power
Puissance d'entrée	Input
Puissance de pointe	Peak power
Puissance de sortie	Output ; (amplifier) output
Pulsation	Pulse, angular frequency
Pulsation de synchronisation	Synchronization pulse
Pulsé	Pulsed
Pupitre	Console, desk ; floorstand
Pupitre de commande	Control console, control desk
Pupitre de commutation	Switch desk
Pupitre d'éclairage	Lighting console
Pupitre de mélange, de mixage	Mixing console (or) desk, sound (or) audio-mixer
Pupitre de mélange vidéo	Switcher
Pupitre de réenregistrement	Rerecording console
Pupitre de régie (vid)	Control console
Pylône	Tower

Q

Quadrichromie	Four-colour process
Quadrillage	Grid, squaring
Quadriphonique	Quadriphonic
Quadruplex	Quadruplex
Qualificateur	Qualifier
Qualité	Quality
Qualité d'image	Picture quality
Qualité musicale	Tone quality
Quantité	Quantity
Quantité de lumière	Luminous energy
Quart	Quarter
Quart de brie	Fox wedge, tilt plate
Quart de piste (magnétique)	Quarter-track
Quartz	Crystal, quartz
Quartz-iode	Quartz-iodine, tungsten halogen
Queue (par la)	Tails out
Queue d'aronde	Dovetail
Quota de distribution (ciné)	Distribution quota
Quota d'exploitation (ciné)	Exhibition quota
Quotidien (pres)	Daily

R

Raccord (élect)	Connector
Raccord (image)	Cut-in, insert, intercut, continuity shot ; re-take ; match action
Raccord de montage	Continuity shot
Raccord de mouvement	Matching action
Raccord sonore	Bloop, sound cut
Raccordement	Connection, linking up, link up
Raccordement à broches multiples	Multipin connector
Raccorder	To connect, to join, to link
Raccourcir	To shorten
Radar	Radar (Radio detection and ranging)
Radiation	Radiation, ray
Radio-cassette	Radio recorder
Radiodiffusion	Radio broadcasting, radiocasting
Radiodiffusion numérique	Digital audio broadcasting (DAB)
Radiodistribution	Radiodistribution
Radio-émission	Radio-transmission
Radiofréquence	Radio frequency
Radiographie	X-ray
Radio locale	Local station
Radio-messagerie	Radio paging
Raie	Streak
Rail	Track
Rails de travelling	Guide tracks, dolly tracks
Rainure	Groove, slot
Ralenti	Slow motion ; low speed
Ralentir	To go slow, to slow down
Ralentissement	Slow-down
Rallonge	Extension

Rame (de papier) (imp)	Ream (of paper)
Rampe (lumineuse) (ciné)	Footlights, limelights
Rampe à pluie	Rain cluster
Rangée	Bank, row
Rapide	Fast, quick, rapid
Rapidité	Fastness, quickness, rapidity, velocity
Rapport	Ratio, report
Rapport d'agrandissement	Magnification ratio
Rapport d'aspect (image)	Aspect ratio, screen ratio
Rapport de brillance	Brightness ratio
Rapport de contraste	Contrast ratio
Rapport image (ciné)	Camera log
Rapport journalier	Daily report
Rapport des luminances	Brightness ratio
Rapport de métrage utilisé	Shooting ratio
Rapport script	Log sheet, report sheet, continuity sheet
Rapport signal-sur-bruit	Signal-to-noise ratio, dynamic range
Rapport signal-sur-bruit vidéo	Video signal-to-noise ratio
Rapport signal-image	Signal-image ratio
Rapport surcharge-bruit	Overload-to-noise ratio
Rapport de tournage	Production report
Rapporter	To record, to relate, to report
Rassembler	To collect
Rayer	To erase, to scratch
Rayon	Beam, radiation, ray
Rayon cathodique	Cathode ray
Rayon infrarouge	Infrared ray
Rayon lumineux	Light ray, luminous ray
Rayonnant	Beaming
Rayonnement	Radiation
Rayonnement omnidirectionnel	Circular coverage
Rayonner	To emit, to radiate
Rayure	Scratch
Rayure blanche horizontale (vid)	Drop-out
Rayures (effets de pluie) (ciné)	Rain effect
Réaction	Feedback, interaction, reaction, retroaction
Réaction acoustique	Acoustic feedback
Réaction en chaîne	Chain reaction
Réalisateur	Director, film-maker
Réalisation	Direction, film-making
Réaliser	To direct
Réalité virtuelle	Virtual reality

Rebobinage	Rewinding
Rebobinage automatique	Automatic rewinding
Rebobineuse	Rewinder
Rebondissement	Bounce
Recadrage	Crop, cropping
Recadrage automatique (tv)	Pan-&-scan
Récapitulatif	Summarized (adj) ; summary (subst)
Récapitulation	Summary
Récapituler	To summarize
Récepteur	Receiving unit, TV set, receiver
Recepteur de contrôle	Monitor receiver
Récepteur de contrôle de plateau	Studio monitor
Récepteur de contrôle vidéo	Video monitor
Récepteur à cristal	Crystal set
Récepteur directionnel	Directional receiver
Récepteur moniteur	Monitor receiver
Récepteur de poche	Miniradio, minireceiver
Récepteur TV couleur	TV colour receiver (or) set
Récepteur témoin	Monitor receiver, test receiver
Réceptif	Receptive
Réception	Reception
Réception collective	Community viewing (or) listening
Réception de signal (satellite)	Downlink
Recettes (ciné)	Box office
Recharger	To recharge, to reload
Rechargement	Reloading
Recherche	Research, search
Recherche image par image	Frame scrub
Recherche lente (vid)	Jog
Recherche rapide (vid)	Shuttle search
Recherche sonore (par échantillon)	Scrub shuttle, audio scrub
Réciprocité	Reciprocity
Reclassement	Regrouping
Reconnaissance de caractères	Character recognition
Reconnaissance de forme	Pattern recognition
Reconnaissance vocale (ou) de la parole	Speech recognition
Recordeur	Recording technician
Recoupement	Crosscheck
Recouvert	Coated, covered
Recouvrement	Overlapping ; overwriting (vid)
Recouvrement acoustique	Bounce
Recouvrir	To overwrite

Rectification	Adjustment, correction
Rectifieuse (imp)	Routing machine
Récupération	Recovery
Rédacteur (pres)	Feature editor
Rédacteur en chef	Editor (pres), news editor (tv)
Rédacteur en chef adjoint	Assistant managing editor
Rédacteur en chef technique	Executive editor
Rédacteur gérant (pres)	Managing editor
Rédacteur aux informations	News editor
Rédacteur parlementaire (pres)	Parliamentary correspondent
Rédacteur réécrivant la copie	Rewriter
Rédacteur spécialisé (pres)	Desk editor
Rédaction (pres)	Editorial staff, news room, desk
Redevance	Dues, tax
Rediffusion (tv, radio)	Multiple broadcast, rediffusion, re-broadcast, rerun
Redimensionner	To resize
Rédiger	To draft, to edit
Redondance	Redundancy
Redressement (de l'image)	Rectification (of the picture)
Redresseur	Rectifier
Réducteur	Reductor
Réduction	Reduction
Réduction optique	Optical reduction
Réduire	To reduce
Réduit (format)	Substandard
Rééditer	Re-edit
Réédition	Reissue, reprint
Réécrire	Rewrite
Réembobinage	Rewinding
Réembobiner	To rewind
Réembobineuse	Rewinder
Réémetteur	Transponder
Réémission (tv)	Rebroadcasting
Réenregistrement	Rerecording
Réenregistrer	To rerecord, to duplicate
Réenroulement	Rewinding
Réenroulement automatique	Automatic rewinding
Refendeur	Slitter
Refendre	To slit
Référence	Reference
Refilmer (une scène)	To reshoot
Réfléchi	Reflected
Réfléchir	To reflect

Réflecteur	Reflector (lamp)
Réflecteur à deux lampes	Double can
Réflecteur diffuseur	Broadside (lamp)
Reflet	Glare
Reflex (appareil)	Reflex (camera)
Réflexion	Reflection
Réflexion diffuse	Diffuse reflection
Réflexion directe	Direct reflection
Réflexion élargie	Spread reflection
Réflexion de surface	Surface reflection
Refroidissement	Cooling
Refroidissement par air	Air cooling
Refroidissement par eau	Water cooling
Régénérateur	Regenerator, replenisher
Régénérer	To regenerate, to replenish
Régie (ciné)	Production management, studio management
Régie (tv)	Control room, control center
Régie finale (tv)	Master control room
Régie de mélange	Switcher
Régie mobile (tv)	Mobile control room
Régie publicitaire	Station representative, sales house
Régie de studio	Studio control room
Région	District, region, zone
Région active (inf)	Active region
Région de ligne de visée	Line-of-sight region
Régisseur (de distribution)	Casting director
Régisseur (d'extérieurs)	Location production manager
Régisseur (de plateau)	Assistant production manager, coordinator (tv), floor manager, stage manager, studio manager, unit manager
Registre	Register
Registre de commande	Control instruction register
Registre d'opération	Operation register
Réglable	Adjustable, variable
Réglage	Adjustment, control, regulation, tuning, setting
Réglage automatique	Automatic control
Réglage automatique d'exposition	Automatic exposure setting
Réglage automatique de puissance	Automatic volume control
Réglage de brillance	Brightness control

Réglage du contraste	Contrast control
Réglage des convergences (vid)	Registration
Réglage à deux paliers	Two-position action
Réglage dioptrique	Diopter adjustment
Réglage à distance	Distance control ; remote tuning (radio, tv)
Réglage fin	Fine tune
Réglage flottant (opt)	Floating action
Réglage de hauteur (d'image)	Height control
Réglage d'inclinaison	Tilt control
Réglage intégral	Integral action
Réglage de lecture (de bande)	Tracking control
Réglage de luminosité	Brightness control
Réglage de niveau	Gain control
Réglage du niveau de bruit	Noise control, shading control
Réglage normal d'exposition	Normal exposure setting
Réglage de l'obturateur	Shutter setting
Réglage d'ouverture d'objectif	Diaphragm adjustment
Réglage de puissance (son)	Gain control, volume control
Réglage de tension (vid)	Skewing
Réglage de tonalité	Tone control
Règle	Rule
Réglé	Controlled, adjusted
Règlement	Regulations, ruling
Règlement d'installation (élect)	Wiring regulations
Règlement de sécurité	Safety regulations
Réglementation	Law, regulation
Régler	To adjust, to regulate, to set, to tune
Régulateur	Controller
Régulateur à action directe	Self-operated controller
Régulateur automatique	Automatic controller
Régulateur de fréquence	Frequency regulator
Régulateur de phase	Phase regulator
Régulateur de phase sous-porteuse	Subcarrier phase shifter
Régulateur de tension	Voltage regulator
Régulateur de vitesse	Speed regulator
Régulation	Regulation
Régulier	Normal, regular
Réimpression	Reprint
Réimprimer	To reprint
Réinitialiser (inf)	To reboot
Relâchement	Slackening, loosening
Relais (radio, tv)	Relay, radio relay, repeater station, relay station

Relais d'accouplement	Interlocking regulator
Relais herzien	Microwave link
Relais à retardement	Slow-release relay
Relais sélecteur	Discriminating relay
Relatif	Relative
Relation	Relation, relationship
Relations publiques	Public relations
Relayer (radio, tv)	To rebroadcast, to relay
Relecture (vid)	Replay, review
Relecture immédiate	Instant replay
Relié (imp)	Bound (copy)
Relief (image en)	Three-dimensional picture (3-D)
Relief sonore	Stereophonic sound
Relier (imp)	To bind
Relieur (imp)	Book binder
Reliure (imp)	Binding
Rémanence (vid)	Lag ; remanence
Remise à zéro	Zero reset
Remplacer	To replace, to substitute
Remplissage de zone (inf)	Area fill
Remue-méninges (néol)	Brain-storming
Rendement	Gain factor, output
Rendement des couleurs	Colour rendition
Rendement lumineux	Light output
Rendement sonore	Tone reproduction
Rendu (image) (inf)	Rendering
Rendu amélioré (inf)	Enhanced mode
Rendu des couleurs	Colour rendition
Rendu sonore	Sound rendition
Renforcement	Intensifying, strengthening
Rénovation	Renovation
Renouvellement	Renewal
Renversement de l'image	Inversion of image, flap-over
Renvoi	Cross-reference
Répartir	To distribute, to dispatch
Répartiteur H.F.	Splitter
Répartition	Distribution, sharing, dispatching
Répartition des fréquences (radio)	Frequency division
Repas de fin de film	Wrap party
Repérage	Remote survey ; scouting, reckoning (ciné) ; lining-up, marking
Repère	Benchmark, mark, spot, cue, tab
Repère défini	Mark tab

Repère de départ	Start mark
Repère de piste	Track-mark
Repère sonore	Cue tone
Repère visuel	Cue dot
Repérer	To mark, to cue
Repérer (des extérieurs) (ciné)	To locate, to reckon
Repères face à face (ciné)	Synchronization marks
Répertoire	Directory ; repertory (theat)
Répéter (ciné, théât)	To rehearse, to repeat
Répéteur	Repeater, amplifier, transponder
Répétiteur	Chorus master (mus), acting coach (théat, ciné)
Répétition	Dry run, rehearsal, run-through, walk-through
Répétition générale	Dress rehearsal (théât)
Répétition (mouvements sans technique)	Blocking rehearsal, dry run
Répétition (mouvements avec technique)	Camera rehearsal
Repiquage	Over-printing (imp), re-recording (son)
Réplique	Cue line , cue
Réponse	Answer, reply, response
Réponse amplitude-fréquence	Frequency response
Réponse uniforme (son)	Flat response
Report	Transfer
Report audio	Audio layback
Report en colonnes (inf)	Column report
Report multipistes	Multiple track transfer
Report optique	Optical transfer
Reportage (actualités)	News coverage, reporting
Reportage en direct	Live coverage
Reportage électronique	Electronic news gathering (ENG)
Reportage exclusif (pres, tv)	Scoop
Reportage en extérieurs	Field broadcast (tv, radio)
Reportage factuel	Straight news
Reportage par satellite	Satellite news gathering (SNG)
Reporteur	Reporter
Reporteur d'images	Reporter-cameraman
Reporteur itinérant	Roving reporter
Reporteur opérateur	Reporter-cameraman
Reporteur photographe	Photoreporter
Reporteur de télévision	Telecaster, television reporter
Représentation	Exhibition, performance, show
Reprise (d'un film)	Reissue

Reprise (d'un plan)	Retake
Reproducteur	Reproducer
Reproduction	Copy, duplication, reproduction
Reproduction sonore	Playback, sound reproduction, sound restitution
Reproduire	To copy, to reproduce
Reprogrammer (ciné, tv)	To rerun
Reprographie	Reprography, duplication
Réseau	Network ,web
Réseau d'antenne	Aerial network, antenna array
Réseau automatique	Dial exchange
Réseau câblé	Cabled network
Réseau collectif	Community network
Réseau communautaire	Community antenna television (CATV)
Réseau de commutation	Switching network
Réseau de distribution	Distribution network
Réseau (généraliste) de communication	Common carrier (tv)
Réseau hertzien	Terrestrial network
Réseau interurbain	Intercity network
Réseau large bande	Broadband network
Réseau local	Local area network (LAN)
Réseau numérique à intégration de services (RNIS)	Integrated services digital network (ISDN)
Réseau public	Public broadcasting network
Réseau privé	Private distribution system
Réseau régional	Wide-area network (WAN)
Réseau sauvage	Pirate network
Réseau de télédistribution	Cablecasting network
Réseau à valeur ajoutée	Value- added network (VAN)
Réserve	Stock
Résistance	Resistance, resistor
Résistance d'antenne	Antenna resistor
Résistance anti-parasite	Suppressor
Résistance horizontale	Horizontal resolution
Résistance pure	Effective resistance
Résistance variable	Dimmer, variable resistance
Résistant aux acides	Acid-proof
Résolution	Resolution, definition
Résolution graphique (inf)	Graphic display resolution
Résolution verticale	Vertical resolution
Résolution vidéo	Video resolution
Résonance	Echo, resonance

Résonance grave	Boominess
Résonateur	Resonator
Ressort	Spring
Restauration (lab)	Film restauration (or) regeneration
Restituer	To restore
Restitution d'image	Image restitution
Résultat	Result
Résumé	Synopsis, summary
Résumer	To summarize
Rétablir	To restore
Rétablissement	Recovery
Retard	Delay, time-delay, time lag
Retarder	To delay
Réticulation	Reticulation
Réticule	Cross threads, crosshair, reticle
Rétine	Retina
Retirage	Reprint
Retouche	Spotting, retouching, trim
Retoucher	To retouch, to touch up, to trim
Retour (comédien)	Comeback
Retour en arrière	Flashback
Retour d'information	Feedback
Retour à la ligne (inf)	Horizontal wraparound
Retour rapide (vid)	Fast rewind
Retour rapide visualisé	Rewind scan
Retour du spot (tv)	Flyback, retrace
Retour vidéo	Video feedback
Retourner une scène	To reshoot
Retourner un plan	To retake
Retrait (film)	Shrinkage
Retransmettre (tv, radio)	To rebroadcast, to retransmit
Retransmission (tv, radio)	Rebroadcasting, retransmission
Rétrécissement	Shrinkage
Rétroactif	Retroactive
Rétroaction	Feedback, reaction
Rétrodiffusion	Back diffusion
Rétroprojecteur	Overhead projector, rear projector
Rétroprojection	Back projection, rear-screen projection, rear projection
Rétrospective	Retrospective
Rétrospectivement	In retrospect
Réunion de production	Planning meeting, production meeting
Révélateur (lab)	Developer

Révélateur chromogène	Colour developer
Réverbération	Reverberation
Réverbération artificielle	Electronic echo
Réversion	Reversion
Revêtement	Coating
Revêtement phosphorescent	Phosphor coating
Réviser	To revise, to tune up
Révision (appareils)	Overhaul
Revue	Magazine, periodical
Revue cinématographique	Film magazine
Revue corporative	Trade paper
Revue de presse	Press review
Ride (vid)	Crease
Rideau	Curtain, drape
Rideau d'antenne	Aerial curtain
Rideau dipolaire	Dipoles curtain
Rideau noir	Black drop
Rinçage	Flushing, rinsing, washing
Robotique	Robotics
Rodage	Running-in
Rognure	Clipping
Rognures blanches (imp)	Blank news
Rôle (ciné, tv)	Part
Rôle de complément	Bit player
Rôle de composition (ciné, tv)	Character part
Rôle principal	Lead part
Rôle secondaire	Supporting part
Roman-feuilleton	Serial story, serial novel
Ronflement	Rumble, ripple
Ronfleur	Buzzer
Ronronnement, "ronflette"	Hum
Rotatif	Rotary, rotating
Rotative (imp)	Rotary press
Rotule (écl)	Knuckle
Roue	Wheel
Roue chromatique	Colour wheel
Roue dentée	Gear wheel, sprocket wheel
Roue d'entraînement	Driving wheel
Roue hélicoïdale	Screw wheel
Roue à vis sans fin	Worm wheel
Rouge	Red
Rougeâtre	Reddish
Rouleau	Reel, roll ; roller
Roulement à billes	Ball bearing

Roulement à coussin d'air	Air bearing
Roulement à galets	Roller bearing
Routage (pres)	Dispatching
Ruban	Band, ribbon, tape
Ruban adhésif	Adhesive tape
Ruban isolant	Insulating tape
Ruban magnétique	Magnetic tape
Rubrique (pres)	Column, heading
Rupture de blanc (vid)	Highlight tearing
Rupture du film	Film break
Rushes (ciné)	Dailies, rushes
Rushes étalonnés	Corrected dailies, timed dailies
Rushes à lumière unique	One-light dailies
Rushes synchronisés image et son	Composite dailies
Rythme	Pace, rhythm

S

Sac de chargement, sac noir (ciné)	Changing bag, charging bag
Saisie (de données)	Data entry, data capture
Salaire	Salary, wages
Salle de cinéma	Cinema, hall, theatre
Salle des correcteurs (pres)	Reading room
Salle d'exclusivité (ciné)	First-run house
Salle de mixage	Mixing room, mixing studio, recording room
Salle de montage	Cutting room, editing room
Salle de projection	Projection room, screening theatre (or) room
Salle de rédaction (pres, tv)	Editorial room, news room
Salle de régie (tv)	Control room
Salle de répétition	Rehearsal room
Salle de vision	Projection room, viewing theatre
Salve	Burst
Sans relief	Flat
Saphir	Saphire
Sas	Light-trap
Satellite	Satellite
Satellite de distribution	Broadcasting satellite
Satellite à faisceau étroit	Spotbeam satellite
Satellite météorologique	Weather satellite
Satellite de télécommunication	Telecommunication satellite
Satinage	Smooth finish
Satiné	Glazed, satined
Saturation	Saturation, blooming
Saturé	Saturated
Saut, saute (d'image)	Jump

Saute (de montage)	Jump cut
Saut de projection (ciné)	Projection jump
Sautillement	Flutter
Sauvegarder (inf)	To back up, to save
Scanner	To scan
Scanneur	Scanner
Scanneur à plat	Flat-bed scanner
Sceau	Seal
Scénarimage (néol)	Storyboard
Scénario (ciné, tv)	Script, screenplay
Scénario définitif	Shooting script
Scénario dialogué	Continuity script
Scénariste	Scriptwriter, screenwriter
Scène	Scene ; stage (théât)
Scène de foule	Mob scene
Scène de liaison	Connecting scene
Schéma	Diagram, layout, sketch
Schéma animé	Animated diagram
Schéma de câblage	Communication chart ; wiring diagram
Schéma de mémoire (inf)	Storage layout
Scintillement	Flicker, flutter, flickering
Scintillement (sans)	Flicker-free
Scintillomètre	Flicker meter, scintillation counter
Scripte (ciné, tv)	Continuity assistant, script clerk
Scripteur (Canada)	Script-editor
Séance	Session
Sec	Dry
Séchage	Drying, drying-out
Séchage par jets d'air	Air-spout drying system
Sécher	To dry
Séchoir	Dryer, drying rack
Second plan (ciné)	Background
Secondaire	Auxiliary, secondary
Seconde équipe	Second unit
Secours (de)	Stand-by, back-up (adj)
Secrétaire de plateau (ciné, tv)	Continuity (or) script assistant
Secrétaire de production (ciné, tv)	Production secretary
Secrétaire de rédaction (pres)	Sub-editor
Secrétariat de rédaction (pres)	Desk
Secteur	Mains, power-line, sector, AC Power
Section	Section
Section de circuit	Circuit section
Sécurité	Safety, security, protection

Sécurité de fonctionnement	Reliability
Segment de montage (vid)	Edit
Segment vidéo	Video segment
Sélecteur	Channel selector, selector, switch ; router (vid)
Sélecteur d'antenne	R.F. adapter
Sélecteur de canaux	Channel selector
Sélecteur de fréquence audible	Selector of audible frequencies
Sélecteur manuel	Dial
Sélecteur de modulation	Modulation selector
Sélecteur de vitesses	Speed selector
Sélection	Selection, choice ; batch (inf) ; breakdown
Sélection de couleurs (ciné)	Colour separation
Sélection d'indicateur	Meter selector
Sélection trichrome	Tri-colour separation
Sélectionné	Selected
Sélectionner	To extract, to select ; to break down
Sélectivité	Image response (vid), selectivity, selectivity factor
Semi-conducteur	Semi-conductor
Sens	Direction
Sens normal	Normal direction
Sensation	Feeling, sensation
Sensibilisateur (photo)	Photosensitizer
Sensibilisé	Sensitized
Sensibiliser	To sensitize
Sensibilité	Emulsion speed, sensitivity, responsiveness, film speed
Sensibilité chromatique	Colour response, colour sensitivity
Sensible	Sensitive
Sensible à la lumière	Photosensitive
Sensitogramme	Sensitogram
Sensitomètre	Sensitometer
Sensitométrie	Sensitometry
Séparateur	Amplitude separator (vid) ; argument separator (inf)
Séparateur de couleurs (tv)	Colour splitter
Séparer	Divide, separate
Sépia	Sepia
Séquençage	Sequencing
Séquenceur	Sequencer
Séquence	Sequence ; program (inf)
Séquence dramatisée (ciné, tv)	Dramatic insert (or) sequence

Séquence filmée	Film sequence
Séquence d'inserts	Insertion footage
Série (tv)	Series
Série de diapositives	Series of slides.
Sérigraphie	Silkscreen process
Serrage	Clamping, locking, tightening
Serré	Tight
Serre-joint	Clamp
Serveur (inf)	Server, on-line data service
Serveur de base (tv)	Basic cable
Service cinéma	Film service
Service de distribution	Distribution service
Service d'indice d'écoute	.Rating service
Service de presse	Press department, free copies (édit)
Service public	Public system
Seuil	Limit, threshold
Seuil d'audibilité	Threshold of acoustical perception
Seuil de démodulation	Demodulation threshold
Seuil différentiel	Differential threshold
Seuil d'éblouissement	Threshold of dazzling
Seuil d'intensité	Threshold level
Seuil de perception	Threshold of perception
Seuil de sensibilité	Threshold of feeling
Seuil de suppression	Blanking threshold
Seuil de visibilité	Threshold of vision
Siège	Seat
Siège social	Head office
Sifflement	Hissing, whistle, whistling
Sigle	Logo
Signal	Cue, signal
Signal analogique	Analog signal
Signal d'appel	Call sign
Signal d'asservissement	Tracking control signal
Signal d'asservissement des pistes	Control track signal
Signal audio	Audio signal
Signal brouilleur	Jamming signal
Signal carré	Square wave
Signal de chromaticité	Colour signal
Signal de chrominance de bande passante	Chroma signal bandwidth
Signal de commande	Control signal
Signal compensateur	Shading signal
Signal compressé	Compressed signal

Son et lumière (spectacle)	Sound-and-light show
Son magnétique	Magnetic sound
Son noyé	Drowned sound
Son optique	Optical sound
Son pilote	Guide track
Son plein	Round tone
Son pré-enregistré (pour tournage)	Playback sound (track)
Son pur	Clean tone
Son réel	Actual sound
Son réfléchi	Reflected sound
Son seul	Sound only, wild track, wild sound
Son sourd	All bottom sound, boomy sound, dull sound
Son stéréophonique	Stereophonic sound
Son surmodulé	Overshooting sound
Son synchrone (prise de)	Direct sound
Son témoin	Guide track, guide tape
Sonal (néol, pub)	Jingle
Sondage	Poll, sounding, survey
Sondage par écho	Echo sounding
Sondage ultrason	Reflection sounding
Sonder	To probe, to survey, to test
Sondeur acoustique	Sonic depth-finder
Sonnerie	Ringing, ring
Sonomètre	Sound level meter
Sonore	Audio, aural, tonal
Sonorisation	Dubbing, sound recording ; public address system
Sonoriser	To dub
Sonothèque	Sound library
Sortie	Exit, outlet
Sortie d'un film	Release
Sortie de ligne	Line output

Sortie pupitre	Console output
Sortie de secours	Emergency exit
Sortie du signal vidéo	Video signal output
Soudure	Welding
Souffle (bruit de fond)	Background noise, humming, hiss
Souffle d'antenne	Antenna noise
Souffle parasite (son)	Blasting
Souffle du signal	Modulation noise
Soufflerie	Blast, blower
Soufflet	Bellows
Souffleur (théat, tv)	Prompter, teleprompter
Soulager (les lumières)	To kill (the lights)
Souligner	Underscore, underline
Soupape	Valve
Source	Origin, source
Source d'alimentation	Power supply, supply
Source d'énergie	Power supply
Source lumineuse	Light source, luminant source
Source ponctuelle	Point source (of light)
Source primaire	Primary source
Source secondaire	Secondary source
Sourd	Deaf ; bassy (son)
Sourdine (son)	Damper, mute
Souris	Mouse
Sous-canal	Subchannel
Souscripteur	Subscriber
Sous-échantillonneur	Sub-sampler
Sous-exposé	Underexposed
Sous-exposition	Underexposure
Sous presse (imp)	Now printing
Sous-produit	By-product
Sous tension	Under voltage
Sous-titrage (ciné)	Subtitling

Signal couleur composé	Composite colour signal
Signal courant de télévision	Standard TV signal
Signal décimal (téléphone)	Pulse
Signal de départ	Cue, starting cue
Signal électrique	Electrical signal
Signal électronique	Electronic signal
Signal d'émission	Broadcasting signal
Signal d'entrée	Input signal
Signal d'image (tv)	Picture signal
Signal d'interruption	Breakdown signal
Signal de ligne libre	Free-line signal
Signal de ligne occupée	Audible-busy signal
Signal de luminance	Y signal, luminance signal
Signal de modulation	Modulating signal
Signal modulé	Modulated signal
Signal numérique	Digital signal
Signal de reproduction	Playback signal
Signal sonore	Audible signal
Signal de suppression	Blanking signal
Signal de synchronisation	Sync signal, sync pulse
Signal de synchronisme (1000 périodes)	Beep sync tone
Signal vidéo	Picture signal, video signal
Signature	Signature ; base line (pub)
Signe	Sign
Silencieux	Silencer (subst.) ; noiseless (adj)
Silhouettage (écl)	Silhouette effect
Silhouette (acteur)	Extra bit player
Sillon (profil de)	Groove shape
Sillon (vitesse linéaire dans)	Groove speed
Sillon fermé	Locked groove
Sillon final	Locked groove
Sillon initial	Lead-in groove

Sillon intermédiaire	Lead-over groove
Sillon non modulé	Blank groove
Sillon optique	Optical groove
Sillon sonore	Sound groove
Sillon de sortie	Lead-out groove
Simili gravure (imp)	Half-tone process, process engraving
Simple gravure (son)	Single track
Simplifié	Elementary, simplified
Simulation	Simulation
Simulation de lecture (inf)	Pre-scan simulation
Simulation de montage (vid)	Preview
Simultané	Concurrent, full duplex, simultaneous
Simultanéité	Concurrency, overlapping, simultaneity
Sinusoïdal	Sinusoidal, sine (wave), sine-shaped (élect)
Site d'essai (inf)	Beta site
Slogan	Catch line, slogan, tagline
Société de production	Production company
Socle	Socket
Soirée (théât, ciné)	Evening performance
Solarisation	Flashing, solarization
Soluble	Soluble
Solution accélératrice	Accelerator solution
Solution d'entretien	Replenisher solution
Solvant	Solvent
Sombre	Dark
Sommaire (subst)	Summary, table of contents
Sommaire de base (inf)	Root directory
Somme	Sum
Sommet	Summit, top
Sommet noir	Black peak
Son	Audio, tone, sound
Son aigu	All-top sound
Son d'ambiance	Ambient sound
Son ambiophonique	Ambiophonic sound
Son de bande	White sound
Son composé	Complex sound
Son diffus	Diffuse sound
Son direct	Live sound
Son dominant	Overtone sound
Son grave	Deep tone
Son international	M-&-E Track

Sous-titre	Caption, subtitle (ciné), subheading (pres)
Sortie de champ	Out of frame
Spatial	Spatial
Speaker, speakerine	Announcer, speaker
Spécial	Special
Spécialisé (vid, inf)	Dedicated
Spectacle	Entertainment, performance, show
Spectacle audiovisuel	Sound slide show
Spectacle d'effets lumineux	Light show
Spectacle multi-écrans	Multi-image show
Spectacle solo	One-man show
Spectacle son et lumière	Sound and light show
Spectacle télévisé	Televised show
Spectacle de variétés	Musical show
Spectateur	Spectator, picture-goer, viewer
Spectateurs	Audience
Spectral	Spectral
Spectre	Spectrum
Spectre d'absorption	Absorption spectrum
Spectre audible	Audible spectrum
Spectre de bande	Band spectrum
Spectre continu	Continuous spectrum
Spectre de diffraction	Diffraction spectrum
Spectre électromagnétique	Electromagnetic spectrum
Spire	Thread (of a screw)
Spot	Spot light
Spot publicitaire (pub)	Commercial, advertising film
Stabiliseur	Stabilizer
Stabiliseur de fréquence	Frequency control
Stabilisateur de niveau	Sync-stretcher
Stabilisateur de tension	Voltage stabilizer

Stabilisation	Fixation, stabilization
Stabilisation de bande (vid)	Preroll
Stabilité	Steadiness, stability
Stabilité de l'image	Image steadiness
Stable	Firm, stable, steady
Staffeur	Plasterer
Stagiaire	Trainee
Standard	Standard
Standardisation	Standardization
Standardiser	To standardize
Station	Station, terminal
Station affiliée	Affiliate station
Station de captage	TV pickup station
Station émettrice	Broadcasting station, radiotransmitter, transmitter, transmitting station
Station indépendante	Independant station
Station mobile	Mobile station
Station orbitale	Orbital station
Station pirate	Pirate station
Station principale	Dominant station
Station de radiodiffusion	Radio station
Station-relais	Radio relay, relay point, relay station
Station de réseau	Owned-&-operated station
Station semi-automatique	Semi-automatic station
Station spatiale	Space station
Station de télévision	Television station, TV station
Station terrestre	Land station
Station terrienne	Earth station
Station de travail	Workstation
Stationnaire	Standing, stationary
Statique	Static
Statistique	Statistics
Stéréogramme	Stereogram
Stéréophonie	Stereo, binaural effect (or) sound
Stéréophonique	Stereophonic
Stéréoscopie	Stereoscopy
Stéréoscopique	Stéréoscopic, three-dimensional, 3-D
Stéréotype	Stereotype
Stock	Stock
Stockage	Storage
Strident	High pitched
Stroboscopie	Stroboscopy
Structure	Framework, structure

Style	Style
Stylique	Design
Styliste	Stylist
Studio	Studio
Studio d'enregistrement	Dubbing studio, recording studio
Studio de télévision	TV studio
Subsidiaire	Subsidiary
Substituer	To substitute
Subvention	Subsidy, grant
Succès	Hit
Succession	Succession
Succursale	Branch office
Suite	Sequel
Suite de montage	Edit suite
Suivre le point (ciné, tv)	To follow focus
Sujet	Story, subject matter
Sujet de couverture (pres)	Cover story
Superficiel	Superficial
Supérieur	Superior
Superposé	Superimposed
Superposer	To overlay
Superposition	Overlay
Supersonique	Supersonic
Superstructure	Superstructure
Superviseur	Supervisor
Supplémentaire	Additional, complementary
Support	Base, carrier, mount
Support adaptateur	Socket adapter
Support anti-vibratoire	Cushioned socket, rubber mounting, shock absorber
Support de bande	Tape base
Support de caméra	Camera mount
Support élastique	Rubber mounting
Support élastique isolant	Elastic sound-isolation support, silent block
Support de film	Filmbase
Support d'objectif	Lens support, lens holder
Support de sécurité	Safety base
Support publicitaire	Advertising medium
Suppresseur	Eliminator, suppressor
Suppresseur d'écho	Echo killer
Suppression	Elimination, erasement, erasure, suppression
Suppression de faisceau (ou) de trame (vid)	Blanking

Suppression de lignes	Horizontal blanking
Suramplificateur	Booster
Surbalayage	Overscan
Surcharge	Overload, overcharge, over-run
Surchargé	Overloaded, overcharged
Surchauffé	Overheated
Surdévelopper (ciné)	To overdevelop
Surexposé (ciné)	Over-exposed
Surexposition	Over-exposure
Surface	Surface, area
Surface de balayage (vid)	Scan area
Surface d'ondes	Wave front
Surface sensible (ciné)	Emulsion
Surimpression	Double exposure, multiple exposure (film), incrust (video), overprint (photo), superimposition
Surimpression parasite (vid)	Print through
Surimpressionné	Superimposed
Surintensité	Excess current, overcurrent
Surjeu	Playback
Surmodulation	Overmodulation, upward modulation
Surtension	Overvoltage
Surtitre (inf)	Caption
Surveillance	Control, survey, watching
Survolté	Boosted, overrun
Survolteur	Booster
Suspendre	To hang, to suspend
Suspension	Hanging, suspension
Suspension à ressorts	Spring suspension
Symbole	Symbol
Symétrie	Symmetry
Symétrique	Balanced, matched, push-pull, symmetrical
Symétriseur (inf)	Balun
Synchrone	Sync, synchronous
Synchronisation	Phasing, synchronization
Synchronisation automatique (à)	Self-synchronizing
Synchronisation de la parole (ciné)	Lip-sync
Synchronisation des tournages (ciné)	Daily assembly, syncing dailies
Synchronisation par le secteur	Mains synchronizing
Synchronisation visualisée	Pulse cross
Synchronisé	In sync, synchronized

Synchroniser	To synchronize
Synchroniseuse	Synchronizer
Synchronisme	Syncing, synchronism
Syndication (pres)	Syndication
Synopsis	Outline, synopsis
Synoptique	Synoptic
Synthèse	Synthesis
Synthèse additive trichrome	Additive colour synthesis, additive process
Synthèse des couleurs	Colour synthesis
Synthèse de l'image	Image synthesis
Synthèse soustractive trichrome	Subtractive colour synthesis
Synthèse vocale (ou) de la parole	Digital speech, speech synthesis
Synthétique	Synthetic
Synthétiseur audio	Audio synthesizer
Synthétiseur d'écriture	Character generator
Synthétiseur de parole	Speech synthetizer
Synthétiseur vidéo	Video synthesizer
Synthétiseur de voix	Voice code translator
Syntoniser	To syntonise, to tune
Syntoniseur	Tuning device, channel selector, tuner, receiver, demodulator
Système	System
Système accélérateur	Speed-up device
Système à accès conditionnel	Conditional access system
Système accroché	Locked system
Système d'analyse	Scanning system
Système d'analyse en hélice	Helical scan system
Système anamorphoseur	Anamorphic system
Système antiparasites	Suppressor
Système d'appel	Calling device

Système asservi	Servo system
Système automatique de fondu	Automatic fading device
Système de balayage entrelacé	Interlace scanning system
Système de balayage optique couleurs	Colour dissector optical system
Système binaire (inf)	Base 2
Système bidirectionnel	Bidirectional system
Système de blocage	Locking system
Système à boucle fermée	Closed-loop system
Système de circuits	Circuitry
Système de commande	Control system
Système de contrôle de caméra	Camera control unit
Système couleur RVB	RGB colour system
Système décimal (inf)	Base 10
Système double-bande	Double-band system, double-system
Système d'éclairage	Lighting system
Système électronique d'insertion	Inlay
Système d'enregistrement (son)	(Sound) recording system
Système expert	Expert system
Système de génération d'images	Imaging system
Système hexadécimal (inf)	Base 16
Système intégré	Integrated system, built-in system
Système à mémoire	Storage system
Système multimédia	Multimedia system
Système octal (inf)	Base 8
Système optique	Lens, optical system
Système de pilotage par quartz	Crystal sync system
Système de programmation	Programming system
Système sonore	Sound system
Système de verrouillage	Interlock device
Système de visée	Viewing system
Système de visée reflex	Reflex mirror system

T

Table	Desk, table
Table d'animation	Animation bench
Table de collage (mont)	Splicing table
Table de détection	Detection table, synchronizing table
Table d'écoute	Monitor desk, switchboard
Table d'effacement	Bulk eraser, degausser
Table à encocher	Notching table
Table de lecture	Playback deck
Table de mixage	Sound (or) audio-mixer, mixing desk (or) console
Table de montage (ciné, tv)	Cutting table, editing bench (or) console, editing table, flatbed viewer
Table ronde (débat)	Round-table discussion
Tableau	Board, chart, panel ; array (inf)
Tableau de bord	Dashboard, instrument panel
Tableau cinétique	Kinetic painting
Tableau de commande	Control panel, key board
Tableau de connexions	Wiring panel
Tableau de distribution	Distribution board
Tableau d'étalonnage (lab)	Calibration chart
Tableau noir	Blackboard
Tableaux (mettre en)	Tabulate
Tache	Spot, spotting, stain
Tâche	Job, task
Tache cathodique	Cathode spot
Tache de lumière	Hot spot, light spot
Tache lumineuse parasite	Flare spot
Tache magnétique	Magnetic spot
Tache solaire	Sunspot
Tacher	To mar, to stain

Tacheté	Spotted, stained
Tachymètre	Tachometer, tape roller (vid)
Taille	Size
Tambour	Drum, roller, sprocket
Tambour débiteur	Feed sprocket
Tambour denté	Sprocket
Tambour d'enregistrement	Recording drum
Tambour d'enroulement	Take-up sprocket, wind-up drum
Tambour d'entraînement	Drive sprocket, sprocket drive drum
Tambour-guide	Guide roller
Tambour intermittent	Intermittent sprocket
Tambour magnétique	Magnetic drum
Tambour presseur	Pressure roller
Tambour de séchage	Film drying drum
Tambour de têtes	Head drum
Tampon	Buffer, pad
Tarif	Price list, rate
Tarif agréé	Agreed rate
Tarif double (studio)	Double time
Tarif de forte écoute	Premium rate
Tarification par paliers (cab)	Tiering
Tarlatane (ciné, photo)	Cheese cloth, scrim
Taux	Degree, rate, ratio, factor
Taux d'audience	Audience share
Taux de compression	Compression ratio
Taux de diffusion	Circulation rate
Taux de distorsion	Distortion factor
Taux d'écoute (tv, radio)	Listener rating
Taux d'erreur	Error level
Taux de fluctuation (son)	Flutter factor
Taux d'ondulation	Smoothing factor
Taux de pleurage (son)	Flutter rate
Taux de rafraîchissement (vid)	Refresh rate
Taxe	Tax
Technicien	Technician
Technicien indépendant	Free-lance technician
Technique	Procedure, technique
Technique audiovisuelle	Audiovisual technique
Technique de participation du public	Audience participation methods
Technique de pointe	Advanced technology
Technique du son	Sound technique
Technologie	Technology
Technologie de rendu (des couleurs)	(Colour) rendering technology

Teindre	To dye
Teinte	Hue, shade, tone
Teinté	Tinted, toned
Teinte claire	Light tone
Teinte sombre	Dark tone
Teinture	Dye, toning
Téléachat	Teleshopping
Téléaste	Broadcaster, TV person
Téléchargement	Remote loading
Télécinéma	Film scanner, motion-picture pick-up (US) ; telecine, film-to-tape transfer
Télécommande	Remote control, telecontrol ; remote control unit
Télécommandé	Remote-controlled
Télécommunication	Communication, telecommuncation
Téléconférence	Teleconference, televised meeting
Télécopie	Fac-simile, fax
Tel-écran-tel-écrit (ou) tel-tel (inf)	What-you-see-is-what you get (or) wysiwyg
Télédiffusion directe	Direct broadcasting
Télédistributeur	Cablecaster
Télédistribution	Cablecasting, cablecast, wired broadcasting
Télédynamique	Teledynamic
Télé-enregistrement	Telerecording
Télé-enseignement	Distance learning
Télé-enseignement universitaire	Open university
Téléfilm	TV film
Télégénique	Telegenic
Télégramme	Cable, telegram
Télégraphe	Telegraph
Téléimprimeur	Tape printer
Téléinformatique	Tele-data-processing
Télélecteur	TV reader
Télématique (subst)	Information technology, computer-communication
Télémégascope	Video projector
Télémesure	Telemetering
Télémètre	Rangefinder
Télémètre couplé	Coupled rangefinder

Téléobjectif	Telephoto lens, long focus lens, narrow angle lens
Télépaiement	Electronic payment
Téléphile	TV fan
Téléphoto (pres)	Wire photo
Téléport	Teleport
Téléprojecteur	TV projector
Téléprompteur	Teleprompter
Téléreportage	Television reporting
Télescope	Telescope
Télescopique	Telescopic
Téléscripteur	Teleprinter, teletype
Télésouffleur (tv)	Teleprompter
Téléspectateur	Televiewer, viewer
Télétexte	Teletext
Téléthèque	TV library
Télétraitement	Teleprocessing
Télétransmission (inf)	Data transmission
Télétype	Teleprinter, teletype
Télé-vérité	Reality show
Télévidéothèque	Video-on-demand
Téléviser	To televise, to telecast
Téléviseur	Television set
Téléviseur portable	Portable TV set
Télévision	Television
Télévision par abonnement	Subscription TV (STV)
Télévison par antenne collective	Community-antenna television, (C.A.T.V.)
Télévision par câble	Cablecasting
Télévision à la carte	Pay-per-view (PPV)
Télévision en circuit fermé	Closed-circuit television, (C.C.T.V.)
Télévision commerciale	Commercial television
Télévision communautaire	Communal TV
Télévision en couleurs	Colour television
Télévision à définition améliorée	Extended definition TV (EDTV)
Télévision en direct	Live transmission
Télévision éducative	Educational television (E.T.V.)
Télévision par film intermédiaire	Intermediate-film system
Télévision sur grand écran	Theater television
Télévision haute définition (TVHD)	High definition television (HDTV)
Télévision institutionnelle	Corporate (or) Institutional TV

Télévision interactive par câble	Two-way cable TV
Télévision interactive	Interactive TV
Télévision locale	Local television
Télévision en noir et blanc	Black-and-white television
Télévision numérique	Digital TV
Télévision à péage	Pay-TV
Télévision payante (par câble)	Pay-cable
Télévision privée	Private TV
Télévision publique	Public service TV, Institutional TV
Télévision en relief	Three-dimensional (or) stereoscopic television
Télévision 16/9 èmes	Wide-screen TV
Télévision scolaire	Educational television
Télévoltmètre	Televoltmeter
Témoignage (pub)	Testimonial
Témoin	Pilot, reference, witness
Témoin lumineux	Luminous witness
Température	Temperature
Température ambiante	Air temperature
Température de bruit	Noise temperature
Température de couleur	Colour temperature
Température de stockage	Storage temperature
Temps	Beat, time
Temps d'accès	Access time
Temps d'antenne (tv)	Broadcast time, on-air time
Temps de battement	Float time
Temps de démarrage	Run-up time
Temps différé	Batch
Temps écoulé	Lap time
Temps de fonctionnement	Running time
Temps de lecture	Read-in time
Temps de montage (installation)	Installation time
Temps de montée (vid)	Attack time, rise time
Temps mort	Dead time, idle time, downtime
Temps de parcours	Transit time
Temps partagé (inf)	Shared time, time sharing
Temps de pose (photo)	Exposure time
Temps de pose automatique	Automatic time-exposure
Temps de projection	Film run, projection time
Temps de recherche (inf)	Seek time
Temps de récupération	Recovery time
Temps réel	Real time
Temps réel (en)	On-line
Temps de réponse	Response time

Temps de réverbération	Reverberation period
Temps de transit	Signal delay
Temps utile	Effective time, productive time
Tendeur	Tension roller, tightener
Tension	Tension ; voltage
Tension d'arc	Arc voltage
Tension de bruit	Noise voltage
Tension de commande	Control voltage
Tension de coupure	Cutoff voltage, restraint voltage
Tension continue	DC voltage
Tension efficace	Effective voltage
Tension électrique	Voltage, power
Tension de faisceau	Beam voltage
Tension de film	Film tension
Tension de régime	Operating voltage
Tension de souffle	Noise voltage
Terme	Term
Terminaison	End, termination
Terminal nomade	Mobile terminal
Terminateur de ligne	Line terminator
Terminé	Ended, finished, over-and-out (radio)
Terne	Lackluster
Ternissement	Tarnishing
Terrain d'extérieurs (ciné)	Back lot
Terre	Earth, ground
Terre (mettre à)	Earthing, grounding
Test alpha	Alpha test
Test beta	Beta test
Test d'évaluation (pub)	Copy testing
Test du lendemain (pub)	Day-after recall (DAR)
Test de mémorisation (pub)	Recall test
Tête	Head
Tête (par la)	Head out
Tête d'affiche	Top billing
Tête annulaire	Ring head
Tête artificielle	Artificial head
Tête d'asservissement	Control track head
Tête de câble	Cable terminal
Tête compensée	Balanced head
Tête de disjoncteur	Cross head
Tête d'écriture	Write head
Tête d'effacement	Erasing head, wiping head, erase head

Tête enfichable	Plug-in head
Tête d'enregistrement	Recording head, dubbing head
Tête d'enregistrement/lecture	Record-&-playback head
Tête d'enregistrement et lecture vidéo	Video head record-&-playback
Tête enregistreuse optique	Optical sound head, optical recording head
Tête ferrite	Ferrite head
Tête fluide	Fluid head
Tête à friction	Friction head, free head
Tête gyroscopique	Gyro head
Tête de lecture	. Playback head, reading head, reproducing head, tape reader
Tête magnétique	Magnetic head
Tête magnétique bipolaire	Bipole magnetic head
Tête de magnétophone	Tape-recorder head
Tête à manivelle	Geared head
Tête panoramique (ciné)	Pan head
Tête de projecteur	Picture head
Tête de reproduction	Reproducing head
Tête de réseau (tv)	Head end
Tête sonore	Sound head
Tête tournante	Rotary head
Tête de trépied	Tripod head
Tête de vis	Screw head
Tétraphonique	Tetraphonic, quadriphonic
Texte	Script, text, lines
Texte des dialogues	Dialogue list
Texte original	Original version
Texteur (inf)	Word processor
Texture	Texture
Thermographie	Thermography
Thermique	Thermic (or) thermal
Thermocolorimètre	Colour temperature meter
Thermocopie	Thermocopy
Thermostat	Thermostat
Timbrage	Stamping
Timbre (son)	Tone, colour, timber
Tirage (d'un appareil)	Extension
Tirage (d'une copie)	Duplication, printing
Tirage (d'un journal)	Circulation
Tirage par A et B	A-and-B printing
Tirage en accéléré	Skip-frame printing
Tirage additif	Additive printing

Tirage par agrandissement	Blow-up printing
Tirage par contact	Contact printing
Tirage direct	Direct printing
Tirage par extraction	Colour separation printing
Tirage humide	Wet printing, fluid gate printing
Tirage à lumière unique	One-light printing
Tirage par imbibition	Dye transfer
Tirage par immersion	Wet-gate printing, fluid gate printing
Tirage indirect	Reverse printing
Tirage offset	Offset printing
Tirage optique	Optical printing
Tirage optique normal	One-to-one printing
Tirage à part (imp)	Off print
Tirage par réduction	Reduction printing
Tirage de série	Bulk printing, release printing
Tirage soustractif	Subtractive printing
Tirage par surimpression	Overprinting
Tirage total (imp)	Press run
Tirer	To print
Tirer une copie	To make a print, to print, to strike a print
Tireur (d'épreuves) (imp)	Proofing hand
Tireuse	Printing machine, printer, reproducing machine (imp)
Tireuse par contact	Contact printer
Tireuse continue	Continuous (film) printer
Tireuse continue par contact	Continuous contact printer
Tireuse image-par-image	Step printer
Tireuse par immersion	Liquid gate printer
Tireuse intermittente	Intermittent printer
Tireuse multiple	Cascade printer, multirank printer
Tireuse optique	Optical printer
Tireuse optique pour effets spéciaux	Step printer
Tireuse optique à voies multiples	Multirank reduction printer
Tireuse réduction à une voie	Single rank reduction printer
Tireuse rotative	Rotary printer
Tireuse pour textes	Titler
Titane	Titanium
Titrage (ciné)	Titling
Titre	Heading, title
Titre (gros) (pres)	Headline
Titre en déroulant	Rolling title

Titre de fin	End title
Titre sur fond	Background title
Titre générique	Main title
Titre principal	Main title
Titre provisoire	Working title
Titreuse	Titler
Titreuse automatique	Automatic title printer
Toile de fond (théât)	Drop, backdrop
Tolérance	Tolerance
Ton	Note, tone
Tonneau	Barrel
Tonalité	Tone
Top	Pulse, start
Top de claquette (ciné, tv)	Clapper mark
Top de départ	Start mark
Top de synchronisation	Sync pulse
Top de synchronisme	Sync beep
Torche	Torch ; sungun (écl)
Torche électrique	Flashlight
Touche	Button, key, selection button
Touche de commande lumineuse	Luminous control button
Touche d'édition	Edit key
Touche flèche (inf)	Arrow key
Touche de fonction	Function key
Touche de raccourci (inf)	Action code
Touche de tabulation (inf)	Tab key
Tourelle d'objectifs	Lens turret
Tournage (ciné, tv)	Shooting, filming
Tournage en extérieurs	Location shooting
Tournage de maquette	Miniature shooting
Tournage en studio	Studio shooting
Tournant (adj)	Rotary, rotating
"Tourne !" (ça)	"Speed "!
Tourne-disques	Record player, turntable
Tourner (un film)	To shoot, to film
Tourner (machine)	To run
Tournevis	Screwdriver
Traçage	Tracing
Trace	Trace
Trace blanche (sur magnétique)	Drop-out (on tape), drop
Tracé (subst)	Drawing, graphic, lay-out, tracing
Tracer	To draw, to mark, to trace, to plot
Traceur	Tracer, plotter

Traction	Pull
Tract	Flyer
Traducteur	Translator
Traduction	Translation
Traduire	To interpret, to translate
Traînage (vid)	Streaking, bleeding, smear
Traînées blanches	Flowing white
Trait	Dash, line
Trait (photo)	Line positive, line negative
Traitement	Process, processing, treatment
Traitement des données (inf)	Data processing
Traitement de l'information	Information processing
Traitement des informations	Data processing
Traitement par lot	Batch processing
Traitement de texte	Word processing
Traiter	To process ; to coat (a lens)
Traiteur	Caterer
Trajectoire	Path, run, track, trajectory
Trajectoire de griffe	Run of the claw
Trajet	Course, path, track
Trame	Gauze (camera) ; field, raster (tv) ; plot, argument (action) ; pattern ; screen (imp)
Trame d'image (vid)	Picture frame
Trames entrelacées	Interlaced fields
Tranche horaire	Time segment, day part
Transcoder	To translate, to transcode
Transcodeur	Transcoder
Transcription	Transfer, transcription, transcribing
Transducteur	Transducer, transductor
Transducteur asymétrique	Asymetrical transducer
Transférer	To shift, to switch over
Transfert	Shift, transfer

Transfert de blocs en mode bit (inf)	Bit block transfer (bitblt)
Transfert de modulation	Modulation transfer
Transformateur	Converter, transformer
Transformateur d'alimentation	Mains transformer
Transformateur d'antenne	Antenna coupler
Transformateur-dévolteur	Step-down transformer
Transformateur d'énergie	Transducer
Transformateur de fréquence	Frequency transformer
Transformateur-survolteur	Step-up transformer
Transformer	To process, to transform
Transistor	Transistor
Transistorisé	Solid-state, transistorized
Transition	Transition
Translucide	Translucent
Transmetteur	Transducer, transmitter
Transmettre	To transmit
Transmettre sur tube (tv)	To telecast
Transmission	Communication, transmission; transmittance
Transmission optique	Optical transmittance
Transmission série	Serial transmission
Transmodulation	Cross modulation
Transparence	Transparency
Transparence (trucage) (ciné)	Background plate, matte, process shot
Transparent	Transparent
Travail de terrain	Field work
Travaux de laboratoire	Laboratory work
Travelling (chariot) (ciné, tv)	Dolly
Travelling (mouvement) (ciné, tv)	Dolly shot, follow shot, tracking shot, travelling shot
Travelling avant	Dolly in, push in, track in
Travelling arrière	Dolly out, pull out, track out
Travelling matte	Optical composite, travelling matte
Travelling optique	Zoom
Travelling optique arrière	Zoom out
Travelling optique avant	Zoom in
Travelliste (néol)	Dolly pusher
Tremblement	Jitter
Trépied	Tripod, legs
Trépied gyroscopique	Gyro-tripod
Très basse fréquence	Very low frequency
Très grand angulaire	Fish eye

Très gros plan	Big close-up
Très haute fréquence	VHF, very high frequency
Triade	Triad
Triangle (caméra)	Spreader, spider
Triangle de couleurs	Chromaticity diagram
Triaxial	Triax
Tribune libre (pres)	Forum
Trichromatique	Trichromatic
Trichromie	Three-colour process
Tridimensionnel	3-D, ambisonic (sound)
Trimestriel (pres)	Quarterly
Triplet de couleurs	Colour triad
Trop contrasté	Too contrasty
Trop peu contrasté	Too slight contrast, flat (image)
Trop plein	Overflow
Truca (ciné)	Optical printer
Trucage (ciné)	Process shot, special effect, effect
Trucage (vid)	Keying
Trucage optique	Optical, optical effect
Trucage vitesse variable	Motion effect
Truqueur	Special effects generator
Truquiste	Special effects technician
Tube	Tube
Tube analyseur	Camera tube, pick-up tube
Tube de caméra	Camera tube
Tube cathodique	Cathode-ray tube
Tube émetteur	Transmitting tube
Tube image	Picture tube
Tube à faisceau mobile	Flying-spot tube
Tube à masque	Shadow mask tube
Tube à vide	Vacuum tube
Tube vidicon	Vidicon tube
Tubulaire	Tubular
Tuilage	Cupping
Tulle	Gauze
Tuner-amplificateur	Tuner amplifier
Turbine	Turbine
Type	Model, type
Typographe	Type-setter, typographer
Typographie	Letter-press printing, typography

U

Ultra-haut	Ultra-high
Ultra-rapide	Ultra-fast
Ultra-sensible	Supersensitive
Ultrason	Ultrasound
Ultrason (à)	Ultrasonic
Ultraviolet	Ultraviolet
U-matic	Low-band U-matic
Uni	Even, smooth
Unidirectionnel	One-way, unidirectional, simplex
Uniforme	Uniform
Uniformité	Evenness
Unilatéral	Unilateral
Unique	Single
Unité	Unit
Unité d'affichage	Display unit
Unité de calcul (inf)	Processing unit
Unité centrale (inf)	Central processing unit
Unité mobile	Mobile unit
Unité de télécommande	Transmission control unit
Unité de transfert	Transfer unit
Universel	All-purpose, universal
Usage	Use
Usage combiné	Joint use
Usager	Customer, user
Usages multiples (à)	Multipurpose
Usine	Factory
Usure	Wear-&-tear
Usure de film	Film wear
Utile	Useful
Utilisateur	User

Utilisateur de film	Film user
Utilisateur final	End user
Utilisateur important (inf)	Power user
Utilisation	Use, utilization
Utiliser	To use, to utilize

V

Vagabond (adj)	Stray
Valable	Valid
Valeur	Value
Valeur chromatique	Colour value
Valeur de correction	Correction value
Valeur par défaut (inf)	Default option
Valeur de pointe	Peak value
Valeur de réglage	Desired value
Valeur de tirage	Printer step, printing light
Valider	To validate
Validité	Validity
Valise de transport	Carrying case
Valve	Valve
Vanne	Gate
Variateur de timbre (son)	Pitch waver
Variateur (sur tireuse)	Timer (of printer light)
Variation	Shift
Variation de fréquence	Frequency fluctuation
Variation de hauteur de son	Pitch variation
Varipole	Polecat
Vecteur (vid)	Raster
Vecteurscope	Vestorscope
Vedettariat	Star system
Vedette	Star
Veille (inf)	Sleep
Vent	Wind ; blasting (son)
Ventilateur (ciné,tv)	Wind
Verdâtre	Greenish
Vérificateur	Examiner, film inspector
Vérification	Control, check, examination, inspection

Vérifier	To check, to control, to test, to verify
Verni	Glazed, lacquered, varnished
Vernis	Varnish
Vernissage	Lacquering, varnishing
Verre	Glass
Verre de contraste	Contrast glass, viewing filter
Verre dépoli	Frosted glass, ground glass
Verre dépoli gravé	Ground glass with etched format
Verre optique	Optical glass
Verre teinté	Stained glass
Verrouillage	Interlocking, locking
Verrouillage couleur	Colour lock
Verrouillage du niveau de noir (vid)	Black level clamp
Verrouiller	To lock, to shut
Verrouilleur de synchro	Gen-lock
Version de démonstration	Evaluation copy
Version (en langue) étrangère	Foreign version
Version doublée	Dubbed version
Version internationale (V.I.)	Music-and-effects track (M & E track)
Version originale	Original version
Vert	Green
Vibration	Beat, vibration
Vide	Blank, empty, vacuum, void
Vide (à)	No-load, off-circuit
Vidé	Cleaned-up, emptied ; exhausted
Vider	To evacuate ; to empty, to clean up
Vidéaste	Video-maker
Vidéo	Video
Vidéo animée (plein écran)	Full-motion video
Vidéocarte magnétique	Magnetic video-card
Vidéocassette	Videocassette
Vidéocommunication	Video communication
Vidéo en composante	Component video
Vidéo en composite	Composite video
Vidéo compressée	Compressed video
Vidéoconférence	Videoconference
Vidéodisque	Videodisc
Vidéodiffusion	Videocasting
Vidéo inversée	Inverse video
Vidéographie	Videotex, graphical video, teletext
Vidéo entrelacée	Interlaced video
Vidéo interactive	Interactive video

Vidéo légère	Light video equipment
Vidéo-musique	Music video
Vidéotexte	Teletext, videotext
Vidéotex	Videotex
Vidéothèque	Video library
Vidéotransmission	Video-transmission
Vider (une mémoire) (inf)	To clear
Vie	Life
Vieillissement	Ageing
Vient de paraître (édit)	Just published
Vierge	Blank, raw, unexposed
Vif	Fast, quick, rapid
Vignettage	Vignetting
Ville câblée	Wired city
Virage	Toning
Virement de couleur	Colour shifting
Virtualité	Virtuality
Virtuel	Virtual ; non-linear (vid)
Vis	Screw
Visa de censure	Censor's certificate
Viseur	Finder, viewfinder ; iconoscope (tv)
Viseur de champ	Field angle viewfinder
Viseur coudé	Angular viewfinder
Viseur couplé	Follow focus finder
Viseur électronique	Camera monitor, electronic viewfinder
Viseur d'image divisée	Split image viewfinder
Viseur latéral	Side finder
Viseur multifocal	Director's viewfinder
Viseur optique	Optical viewfinder
Viseur orientable	Periscopic finder
Viseur-redresseur	Reversal finder
Viseur réflexe	Reflex finder
Viseur télémétrique	Telemetric finder
Viseur télescopique	Telescopic finder
Visibilité	Visibllity
Visible	Visible
Visiocasque	Head-monitored display
Visioconférence	Videoconference
Vision	Vision
Visionnage (avant montage)	Preview
Visionnement (ciné)	Screening, viewing
Visionnement en différé (tv)	Time shifting
Visionner	To screen, to monitor

Visionneuse	(Film) viewer
Visionneuse horizontale	Flat-bed viewer
Visiophone	Videophone
Vissé	Clockwise ; screwed
Visser	To screw
Visualisation	Display
Visualiser	To scan, to display
Visuel	Visual
Vitesse	Rate, speed, velocity
Vitesse angulaire	Angular speed
Vitesse angulaire constante	Constant angular velocity (CAV)
Vitesse de balayage	Scan rate
Vitesse (de défilement) de bande	Tape speed
Vitesse de défilement (film) (ou) vitesse de déroulement	Unwinding speed
Vitesse d'enregistrement	Recording speed
Vitesse d'inscription (vid)	Head-to-tape speed
Vitesse de lecture	Play rate
Vitesse longitudinale constante	Constant linear velocity (CLV)
Vitesse de manipulation	Working speed
Vitesse normalisée	Standard speed
Vitesse d'obturateur	Shutter speed
Vitesse de prise de vues	Camera speed
Vitesse de propagation	Wave velocity
Vitesse de rotation	Rotary speed
Voie	Channel, band
Voie bidirectionnelle	Duplex channel
Voie commune	Common channel
Voie de contrôle	Control track
Voie d'intercommunication	Communication line
Voie de transmission	Transmission channel, transmission line
Voile	Fogging
Voile atmosphérique	Haze
Voile chimique	Chemical fog
Voile de développement	Development fog
Voile dichroïque	Dichroic fog
Voile latéral	Edge fogging, edge flare
Voile de lointain	Distance fog
Voile noir	Focusing cloth
Voilé	Fogged ; low contrast
Voiture émettrice (tv, radio)	Transmitter car unit
Voiture de reportage	Newscar
Voiture travelling	Camera car, camera truck

Voix artificielle	Artificial voice
Voix dans le champ	Voice-in
Voix hors champ	Voice-off
Voix de commentaire	Voice-over
Voix radiogénique	Good broadcasting voice
Voix de synthèse	Synthesized voice
Voix de tête	Head voice
Volet (écl)	Cutter, flag
Volet découpé	Cookie
Volet (effet)	Wipe
Volet flou	Soft wipe
Volet pare-feu	(Lamphouse) dowser
Volet protège-tube	Cap
Volets réglables (écl)	Barndoors
Volt	Volt
Volume	Volume
Voyant	Control light, pilot light
Voyant d'insertion (vid)	Insert lamp
Vue	View, vision
Vue aérienne	Aerial perspective (3D) ; air shot (cine)
Vue arrière	Back view
Vue avant	Front view
Vue de côté	Side view
Vue d'ensemble	General view
Vue fixe	Slide
Vue par vue (ciné)	Single-frame, stop motion
Vumètre	V.U.-meter

W

Watt	Watt
Watt-heure	Watthour
Wattmètre	Wattmeter
Western	Horse opera, western

X

Xenon	Xenon

Z

Zapon	Blooping ink
Zaponner	To bloop
Zapper	To cruise, to flip, to graze
Zapping	Channel surfing, cruising, flipping, grazing
Zénith	Zenith
Zéro	Null, zero
Zéro (copie)	Answer print
Zone	Area, field, zone
Zone d'audibilité	Auditory area, aural zone

Zone de balayage	Raster
Zone de brouillage	Interference area
Zone de contrôle	Control area
Zone de couverture	Blanket area, coverage area
Zone de diffusion	Reception area, broadcasting area, viewing area
Zone de distorsion	Range of distortion
Zone d'enregistrement	Pick-up distance
Zone libre	Clear area
Zone limite de propagation	Fringe area
Zone de liste (inf)	List box
Zone neutre	Neutral zone
Zone d'ombre	White area, dead spot
Zone de sécurité	Safe area
Zone de silence	Blind spot
Zoom	Zoom lens
Zoom à commande électrique	Electrical zoom lens, motorized zoom lens, power zoom

English / French

ABREVIATIONS / ABBREVIATIONS

	English	French
Adj	Adjective	Adjectif
Cab	Cable	Câble
Ciné	Cinematography	Cinématographie
Diap	Slide	Diapositive
Ecl	Lighting	Eclairage
Edit	Publishing	Edition
Elect	Electricity	Electricité
Imp	Printing	Imprimerie
Inf	Data-processing	Informatique
Lab	Laboratory	Laboratoire
Mont	Editing	Montage
Mus	Music	Musique
Neol	Neologism	Néologisme
Opt	Optics	Optique
Photo	Photography	Photographie
Plur	Plural	Pluriel
Pres	Press	Presse
Proj	Projection	Projection
Pub	Advertising	Publicité
Radio	Radio	Radio
Sing	Singular	Singulier
Son	Sound	Son
Subst	Substantive	Substantif
Théât	Theatre	Théâtre
TV	Television	Télévision
Vid	Video	Vidéo

Ce lexique technique s'adresse plus particulièrement à un public professionnel : c'est la raison pour laquelle les abréviations ne sont utilisées que lorsqu'un mot peut avoir plusieurs significations.

This technical glossary, aimed at a professionnal readership, makes use of abbreviations when a word may possess several meanings.

A

A and B editing (or) cutting	Montage par A et B
A and B print (ciné)	Copie par A et B
A and B printing (ciné)	Tirage par A et B
A wind	Enroulement intérieur
Aberration	Aberration
Abnormal	Anormal
Abortive sweep (vid)	Balayage défectueux
Above-the-line costs	Frais de création et personnel non-technique
Abrasion	Abrasion
Abrasion mark	Eraflure, rayure
Abridge	Abréger
Absolute sharpness	Netteté maximale
Absorption band	Bande d'absorption
Absorption factor	Coefficient d'absorption
Absorption spectrum	Spectre d'absorption
Abstract	Abréger; abrégé (subst)
Academy aperture (USA)	Fenêtre standard (1,33)
Academy leader (USA)	Amorce de départ
A.C. power	Courant alternatif, secteur
A.C. supply	Alimentation
Acceleration	Accélération
Acceleration bath	Bain accélérateur
Accelerator solution	Solution accélératrice
Acceptance angle	Angle de champs
Acceptance test	Essai de réception
Access code	Code d'accès
Access rights	Droits d'accès
Access time	Temps d'accès
Accessory	Accessoire (d'un appareil)

Account (pub)	Budget du client
Account executive (pub)	Chef de publicité
Accumulation	Accumulation
Accumulator	Accumulateur, batterie
Accuracy	Degré de précision, exactitude, fidélité
A.C.-D.C. powered	Alimenté par secteur
Acetate film	Film acétate, pellicule acétate
Achromatic	Achromatique, blanc
Achromatic colour	Plage de gris
Achromatic image	Image noir et blanc
Achromatic lens	Objectif achromatique
Acid	Acide
Acid fixing bath	Fixateur acide
Acid-proof	Inattaquable aux acides, résistant aux acides
Acoustic	Phonique
Acoustic capacitance	Elasticité acoustique
Acoustic clarifier	Filtre acoustique
Acoustic coupler	Coupleur acoustique
Acoustic feedback	Effet Larsen, réaction acoustique
Acoustic flat	Panneau acoustique
Acoustic lens	Lentille acoustique
Acoustic panel	Panneau acoustique
Acoustic pick-up	Capteur acoustique
Acoustic treatment	Insonorisation
Acoustical	Acoustique
Acoustical absorption	Absorption acoustique
Acoustical field	Champ acoustique
Acoustical impedance	Impédance acoustique
Acoustical isolation	Isolement acoustique
Acoustical scattering	Dispersion acoustique
Acoustics	Acoustique (subst)
Acquisition	Acquisition
Act	Interpréter, jouer
Acting	Interprétation, jeu
Acting coach	Répétiteur
Actinic	Actinique
Actinisme	Actinisme
Action code (inf)	Touche de raccourci
Action cycle (inf)	Enchaînement des tâches
Action	Jeu (de comédien), "Action !", "partez !"

Action (background)	Action secondaire
Action (main)	Action principale
Activate	Activer
Active storage (inf)	Mémoire active
Active window (inf)	Fenêtre active
Active region	Région active
Actor	Acteur, interprète (comédien)
Actual size	Grandeur réelle
Actual sound	Son réel
Acutance	Acutance
Adapt	Adapter
Adaptator (ou) adapter	Adaptateur
Adapter card	Carte d'extension
Adapter ring	Bague intermédiaire
Adaptation	Adaptation
Addition	Addition
Additional	Additionnel, supplémentaire
Additional lens	Bonnette dioptrique, lentille additionnelle
Additive	Additif
Additive colour process	Procédé(de couleurs) par synthèse additive
Additive colour synthesis	Synthèse additive trichrome
Additive lamp house	Lanterne additive (de tireuse)
Additive printing	Tirage additif
Additive process	Synthèse additive
Address	Adresse ; adresser
Adhesive	Colle
Adhesive tape	Ruban adhésif
Adjust	Régler
Adjustable	Réglable
Adjustable pressure (pick-up) arm	Bras à force d'appui réglable
Adjusted	Réglé
Adjusting	Ajustement
Adjusting ring	Bague d'arrêt
Adjustment	Ajustement, rectification, réglage
Adjustment knob	Bouton de réglage
Ad lib	Improvisation ; improviser (une réplique)
Adult training	Formation permanente
Administration	Gestion
Admission	Entrée du public
Admission fee	Prix d'entrée

Advance	Décalage son/image (ciné)
Advance lay-out	Maquette (pub)
Advance story (pres)	Avant-papier
Advanced technology	Technique de pointe
Advertiser (pub)	Annonceur
Advertising	Annonce publicitaire, publicité
Advertising agency	Agence de publicité
Advertising block	Ecran publicitaire
Advertising agent	Agent de publicité, publicitaire
Advertising break	Coupure publicitaire
Advertising campaign	Campagne publicitaire
Advertising film	Film publicitaire
Advertising manager	Chef de publicité, directeur de la communication
Advertising medium	Support publicitaire
Advertising spot	Bande (ou) spot publicitaire
Advertisement, ad	Annonce publicitaire, placard
Advertisement (classified)	Petite annonce, annonce classée
Advertorial (pub)	Publireportage, publi-rédactionnel, publi-information
Aerial	Antenne
Aerial camera	Caméra pour prises de vues aériennes
Aerial curtain	Rideau d'antenne
Aerial director	Antenne directrice
Aerial image	Image aérienne
Aerial perspective	Vue aérienne (3D)
Aerial photography	Photographie aérienne
Aerial shot	Prise de vues aérienne
Aesthetics	Esthétique (subst)
Affiliate (station)	Station affiliée
Afterglow	Phosphorescence
Ageing	Vieillissement
Agency	Agence
Agent	Agent, impresario
Agreed rate	Tarif agréé
Air (to)	Emettre
Air bearing	Roulement à coussin d'air
Air blast	Jet d'air
Air brush	Aérographe
Air cooling	Refroidissement par air
Air cushion	Isolement par air
Air date	Date d'émission (radio, tv)
Air print	Copie d'antenne
Air shot	Vue aérienne

Air-spout drying system	Séchage par jets d'air
Air temperature	Température ambiante
Air time (tv, radio)	Créneau horaire
Alarm	Avertissement, alerte
Algorithm	Algorithme
Alignment	Alignement
Align (to grid)	Aligner
Aliasing	Crénelage
All-bottom sound	Son sourd
Alligator clamp	Pince crocodile
Allocate	Affecter
All-purpose	Universel
All-purpose controller	Contrôleur universel
All-top sound	Son aigu
Alphanumeric	Alphanumérique
Alpha test	Test alpha
Alpha-wrap	Enroulement alpha (vid)
Alter	Changer, modifier
Alteration	Changement, modification
Alternate scene	Plan de couverture (ciné, tv)
Alternating	Alternatif
Alternating current	Courant alternatif
Alternating field	Champ alternatif
Alternating shutter	Obturateur alternatif
Alternative	Alternatif
Alternator	Alternateur
A.M. (Amplitude modulation)	Modulation d'amplitude
Amateur film-maker	Cinéaste amateur
Amateur wavelength	Onde d'amateur
Ambient light	Lumière d'ambiance
Ambient noise	Bruit d'ambiance
Ambient sound	Son d'ambiance
Ambiophonic sound	Son ambiophonique
Ambiophony (son)	Ambiophonie
Ambisonic	Tridimensionnel (son)
Ammeter, ampmeter	Ampèremètre
Amp, ampere	Ampère
Ampere-hour	Ampère-heure
Amplification	Amplification, gain
Amplifier	Amplificateur ; répéteur (câble)
Amplifier output	Puissance de sortie (d'amplificateur)
Amplifier tube	Lampe d'amplification
Amplifier-tuner	Ampli-synthoniseur
Amplifying factor	Facteur d'amplification

Amplitude	Amplitude
Amplitude factor	Facteur de crête
Amplitude modulation, A.M.	Modulation d'amplitude
Amplitude quantization	Numérisation d'amplitude
Amplitude separator	Séparateur
Anaglyph process	Anaglyphes
Analog (or) analogue	Analogique
Analog data	Donnée analogique
Analog display	Affichage analogique
Analog recording (ADC)	Enregistrement analogique
Analog-to-digital converter	Convertisseur analogique/numérique
Analog signal	Signal analogique
Analog TV	Télévision analogique
Analyse	Analyser
Analysis	Analyse
Analytical entry	Notice de dépouillement
Analyzer	Analyseur, explorateur
Anamorphic	Anamorphosé
Anamorphic image	Image anamorphosée
Anamorphic lens	Anamorphoseur, objectif anamorphoseur
Anamorphic print	Copie anamorphosée
Anamorphic projection	Projection anamorphosée
Anamorphic squeeze	Coefficient d'anamorphose
Anamorphic system	Système anamorphoseur
Anamorphosis	Anamorphose
Anamorphotic	Anamorphosé
Anastigmat lens	Objectif anastigmatique
Anchoring	Ancrage (d'un cliché) ; présentation (émission TV)
Anchor (tv)	Présentateur, commentateur(-trice), journaliste
Ancillary market	Marché secondaire (ciné)
Ancillary rights	Droits dérivés
Anechoic chamber	Chambre anéchoïque
Angle	Angle
Angle of cut-off	Angle d'obturation
Angle of deflection	Angle de déviation
Angle of incidence	Angle d'incidence
Angle of reflection	Angle de réflexion
Angle/reverse angle	Champ/contre-champ
Angle shot (ciné, TV)	Plan cassé
Angular	Angulaire

Angular aperture	Ouverture relative
Angular displacement	Décalage angulaire
Angular frequency	Pulsation
Angular speed	Vitesse angulaire
Angular viewfinder	Viseur coudé
Animate	Animer
Animated cartoon	Dessin animé
Animated diagram	Schéma animé
Animated film	Film d'animation
Animated graphics	Images animées
Animation	Animation
Animation artist	Animateur (dessin animé)
Animation bench	Banc d'animation
Animation camera	Caméra d'animation
Animation designer	Créateur d'animation
Animation stand	Banc d'animation, banc-titre
Animator	Animateur (dessin animé) ; meneur de jeu (débat)
Announcement	Annonce
Announcer	Annonceur (pub), présentateur (trice) ; (speaker, speakerine)
Anode	Anode
Anode glow	Lueur anodique
Answer	Réponse
Answer print (ciné)	Copie d'étalonnage, copie zéro
Answering wave	Onde de réponse
Antenna	Antenne
Antenna array	Réseau d'antenne
Antenna booster	Amplificateur d'antenne
Antenna coupler	Transformateur d'antenne
Antenna network	Réseau d'antenne
Antenna noise	Souffle d'antenne
Antenna pattern	Diagramme d'antenne
Antenna power	Puissance d'antenne
Antenna resistor	Résistance d'antenne
Antenna run	Parcours d'antenne
Antenna thrust	Poussée d'antenne
Antenna tuning	Accord d'antenne
Anti-abrasion	Anti-abrasif
Anti-alias (or) anti-aliasing	Anti crénelage
Antiblocking	Antibourrage
Antiflare	Antireflet
Antiflicker blade	Pale de scintillement
Anti-halation	Antihalo

Anti-halation backing	Enduit antihalo, couche antihalo
Anti-interference	Antiparasites
Anti-jamming	Antibrouillage
Antimagnetic scissors	Ciseaux antimagnétiques
Antinoise microphone	Microphone antibruits
Apertural effect (opt)	Cercle de confusion
Aperture	Ouverture
Aperture correction	Correction de contours
Aperture mask	Masque d'écran (vid)
Aperture plate	Fenêtre de caméra, platine de fenêtre
Aperture ratio	Ouverture relative
Aperture scale	Echelle de diaphragmes
Apex	Crête
Apochromatic lens	Objectif apochromatique
Apparatus	Appareillage,dspositif
Apparent brightness	Luminosité apparente
Appearance	Aspect
Apple box (ciné)	Cube (d'opérateur)
Application developer (inf)	Développeur
Application icon	Icône
Application file (or) program (inf)	Programme exécutable
Application software	Logiciel d'application
Appraise	Expertiser
Appreciation card	Fiche critique
Approval print	Copie d'étalonnage définitif
Apron (theat)	Avancée (de la scène)
Apron tank	Cuve
Arc lamp	Lampe à arc, projecteur à arc
Arc lamphouse	Lanterne à arc
Arc light	Lampe à arc
Arc lighting	Eclairage à arc
Arc voltage	Tension d'arc
Arcade game	Jeu d'arcade
Architecture	Architecture
Archive (to)	Archiver
Area	Surface, zone
Area code	Indicatif régional
Area fill	Remplissage de zone
Area graph (inf)	Camembert, tableau graphique
Argument	Trame
Argument separator (inf)	Séparateur
Arm	Bras
Arm-lifter	Lève-bras

apprendre
chaque jour
un nouveau
procédé
de découverte

Creative design

BELL X-1

sound studio

Un catalogue unique de sons, les meilleurs logiciels de traitement au service de votre créativité.
Une méthode originale : fragmenter les sons pour mieux les restituer à l'image.

- **Cinéma**
- **Téléfilm**
- **Animation**
- **Publicité**

Dance Machine - Le Film

Le Chant de l'Homme Mort

Dragon Flyz

Orangina Rouge

BELL X-1
12 bis av. des Gobelins
75005 PARIS - France
TÉL : 01 45 35 22 00
FAX : 01 45 35 55 45

PARANNONCES

Armoured	Blindé
Armoured cable	Câble blindé
Arrangement	Arrangement
Arranger (mus)	Arrangeur
Array (inf)	Tableau
Arrow pointer (inf)	Curseur, pointeur
Art critic	Critique d'art
Art director	Chef décorateur, décorateur
Art film	Film d'art
Art house (or) theatre (ciné)	Cinéma d'art et d'essai
Art work	Document d'artiste ; oeuvre d'art
Arrow key (inf)	Touche flêche
Article	Article
Artificial head	Tête artificielle
Artificial intelligence (inf)	Intelligence artificielle
Artificial language (inf)	Langage artificiel
Artificial light	Lumière artificielle
Artificial voice	Voix artificielle
Aside	A la cantonade
Aspect	Aspect
Aspect ratio	Format de l'image, rapport d'aspect (image)
Aspherical	Asphérique
Aspherical lens	Objectif asphérique
Assemble	Assembler; monter (ciné)
Assemble edit (or) editing	Assemblage (pré-montage)
Assemble list	Ordre du montage
Assembler	Assembleur, monteur (ciné)
Assembly	Assemblage, montage
Assembly language (inf)	Assembleur
Assign	Affecter, assigner
Assignment (on)	En reportage (pres), en mission (radio, tv)
Assignment pay	Avance
Assignment of property	Apport en propriété
Assistant cameraman	Assistant opérateur
Assistant director	Assistant réalisateur, assistant metteur en scène, régisseur
Assistant editor	Assistant de rédaction (pres); assistant monteur, colleur (ciné)
Assistant managing editor	Rédacteur en chef adjoint (pres)
Assistant production manager	Régisseur (de plateau)
Associate producer (ciné)	Producteur délégué
Astatic	Astatique

Astigmatic lens	Objectif astigmatique
Asymetrical	Asymétrique
Asymetrical lens	Objectif asymétrique
Asymetrical transducer	Transducteur asymétrique
Asynchronous	Asynchrone
Asynchronous generator	Générateur asynchrone
Asynchronous transfer mode (ATM)	Mode de transfert asynchrone
Atmosphere noise	Bruits d'ambiance
Atonal	Atonal
Attachment	Accessoire (d'un appareil)
Attack time (vid)	Temps de montée (du signal)
Attendance (ciné, théât)	Fréquentation
Attenuation	Affaiblissement
Attenuation factor	Coefficient d'affaiblissement, facteur d'affaiblissement
Attenuator	Atténuateur
Attune	Accorder
Audibility	Audibilité
Audible	Audible
Audible busy signal	Signal de ligne occupée
Audible range	Gamme audible
Audible signal	Signal sonore
Audible spectrum	Spectre audible
Audience	Audience, public, spectateurs
Audience participation methods	Technique de participation du public
Audience program	Emission publique
Audience rating	Cote d'écoute, indice d'écoute
Audience share	Taux d'audience
Audio	Acoustique, sonore, son
Audio amplifier	Amplificateur basse fréquence
Audio cassette	Cassette audio
Audio deck	Magnétophone
Audio disc	Disque phonographique
Audiodrama (radio)	Dramatique radio (subst)
Audio dub	Doublage audio (ou) son
Audio engineer	Ingénieur du son
Audio file	Fichier audio
Audio frequency	Basse fréquence, fréquence acoustique
Audio layback	Report audio
Audiometer	Audiomètre
Audiomixer	Mélangeur du son (tv); table de mixage, console (ou) pupitre de mélange

Audiomonitoring	Contrôle d'écoute
Audio-oscillator	Générateur à basse fréquence
Audio perspective	Perspective sonore
Audio response	Réponse de basse fréquence
Audio-scripto-visual	Audio-scripto-visuel
Audio scrub (vid)	Recherche sonore
Audio signal	Signal audio
Audio-synthetizer	Synthétiseur audio
Audiotape	Bande son
Audiotape recorder	Magnétophone
Audiotex	Audiotex
Audio track	Piste son
Audio-video split	Désynchronisation ponctuelle
Audiovisual	Audiovisuel
Audiovisual aids	Moyens audiovisuels
Audiovisual communication	Communication audiovisuelle
Audiovisual method	Méthode audiovisuelle
Audiovisual teaching	Enseignement audiovisuel
Audiovisual technique	Technique audiovisuelle
Audiovisual work	Oeuvre audiovisuelle
Audio wave	Onde acoustique
Audition	Audition
Auditory area	Zone d'audibilité
Aural	Auditif, sonore
Aural capability factor	Indice de capacité auditive
Aural flutter	Papillotement auditif
Aural (or) audio reception	Lecture du son
Aural (or) audio transmitter	Emetteur son
Aural zone	Zone d'audibilité
Author	Auteur ; développer (inf)
Author level (inf)	Niveau développeur
Author's rights	Droits d'auteur (droit moral)
Author's copyright	Droits d'auteur (droits pécuniaires)
Author of the script	Auteur du scénario
Authoring language (inf)	Langage auteur
Authorization	Autorisation, permis
Auto-assemble (or) assembly (vid)	Conformation (ou) montage automatique
Autographic	Autographique
Autolock	Fermeture automatique
Automatic	Automatique
Automatic arm	Bras automatique
Automatic brightness control	Contrôle automatique de luminance

Automatic changer	Changeur automatique
Automatic change-over	Permutation automatique (proj)
Automatic check	Contrôle automatique
Automatic control	Commande automatique, réglage automatique
Automatic controller	Régulateur automatique
Automatic control system	Circuit de réglage
Automatic dissolve	Fondu automatique
Automatic exposure setting	Réglage automatique d'exposition
Automatic fading device	Système automatique de fondu
Automatic film threading	Chargement automatique
Automatic focusing	Autofocus
Automatic gain control	Contrôle automatique de volume, contrôle automatique de gain, antifading
Automatic release	Déclenchement automatique
Automatic rewinding	Rebobinage automatique, réenroulement automatique
Automatic sensitivity control	Contrôle automatique de sensibilité
Automatic shutter	Obturateur automatique
Automatic start mark (or) slate	Claquette automatique
Automatic striking arc	Arc à amorçage automatique
Automatic switch	Interrupteur automatique
Automatic switching	Commutation automatique
Automatic time-exposure	Temps de pose automatique (photo)
Automatic title printer (ciné)	Titreuse automatique
Automatic turntable	Platine automatique
Automatic volume control	Réglage automatique de puissance
Automation	Automatisation
Auto-scan	Balayage automatique
Auto shut-off	Arrêt automatique
Auxiliary	Secondaire, auxiliaire
Auxiliary close-up lens	Bonnette dioptrique
Auxiliary lens	Lentille additionnelle
Availability	Disponibilité
Available light	Lumière ambiante
Available line	Ligne disponible
Available power	Puissance disponible
Available voltage	Potentiel électrique
Avant-garde film	Film d'avant-garde
Average picture level	Niveau moyen d'image
Axis	Axe
Azimuth	Azimut
Azimuth adjustable head	Bloc azimutable
Azimuth distortion	Distortion azimutale

B

B-wind (ciné)	Enroulement extérieur
Babble	Parasites, bruits
Baby tripod (or) legs	Pied bas de caméra
Back	Arrière
Back-diffusion	Rétrodiffusion
Back coating	Couche dorsale
Backdrop	Cyclorama, toile de fond, découverte
Back-drive	Marche arrière
Background	Arrière-plan, fond
B-action	Action secondaire
Background film (ciné)	Film pour transparence
Background light	Eclairage de découverte, éclairage des fonds
Background menu (vid)	Menu du fond
Background music	Musique de fond
Background noise	Bruit de fond, souffle
Background plate	Transparence, plaque photographique pour transparence
Background projection	Projection par transparence
Background projector	Projecteur pour transparence
Background set	Découverte (studio)
Background sound	Fond sonore
Background title	Titre sur fond
Backing	Cyclorama, cyclo, découverte
Backing layer	Couche dorsale
Back light	Décoller (éclairage) ; contre-jour
Backlighting	Eclairage en contre-jour, décrochage

Back copy	Copie de sauvegarde
Backlit display (inf)	Ecran rétro-éclairé
Back lot	Terrain d'extérieurs
Back-motion	Marche arrière
Back plate	Contre-plaque
Back porch (inf)	Palier arrière
Back projection (ciné)	Projection par transparence, rétroprojection
Back-up	Sauvegarder (inf) ; secours (matériel de)
Back-up schedule	Programme de sécurité
Back view	Vue arrière
Backwards	En arrière, marche arrière
Backwards reading	Lecture à rebours, lecture arrière
Baffle	Enceinte acoustique, écran sonore, écran acoustique, déflecteur, paroi
Baffle board	Panneau absorbeur
Balance	Balance; balancer, compenser, équilibrer
Balance stripe	Piste (ou) bande de compensation
Balanced	Equilibré, symétrique
Balanced amplifier	Amplificateur compensé
Balanced antenna	Antenne compensée
Balanced head	Tête compensée
Balanced line	Ligne symétrique
Balanced peak	Crête pondérée
Balancing	Equilibrage
Balancing network	Circuit compensateur
Ballbearing	Roulement à bille
Ball-and-socket joint	Joint à rotule
Balun (inf)	Symétriseur, balun
Banana pin	Fiche banane
Banana plug	Fiche banane
Band	Bande, gamme de fréquences ; ruban ; voie ; orchestre
Banding (vid)	Effet de torsion de bande (horizontal)
Band-pass	Passe-bande
Band-pass filter	Filtre passe-bande
Band selector	Commutateur de programmes
Band spectrum	Spectre de bande
Bandspread	Etalement de bande
Bandwidth	Largeur de bande
Bank	Rangée, rampe, herse

Bank of lights	Batterie de projecteurs
Banned film	Film interdit
Bar chart (or) graph	Histogramme
Bar code (or) graphics	Code-barres
Barndoors	Volets réglables
Barney (ciné)	Housse de protection (caméra)
Barrel	Barre de fixation (écl.) ; tonneau
Barrel mount	Monture à barillet
Barrier (vid)	Ligne de séparation verticale
Bars & tone	Mire de barres + 1000 Hz
Bars generator	Générateur de mire de barres
Base	Base, support
Base 2	Système binaire
Base 8	Système octal
Base 10	Système décimal
Base 16	Système hexadécimal
Baseband	Bande de base
Base font	Police de base
Base hardware	Equipement de base
Base light	Eclairage de base
Base line	Signature (pub) ; ligne de base (inf)
Base side	Côté support
Basher	Lampe sur pince (ou) sur presse
Basic cable	Service de base
Basic operation	Opération fondamentale
Basic wiring	Connexion de base
Basis	Base
Bass boost	Amplification de basses fréquences
Bass control	Correction des graves
Bass loudspeaker	Haut-parleur des graves
Bassy (son)	Sourd
Batch (inf)	Sélection ; lot
Batch number (ciné)	Numéro de fabrication, lot d'émulsion
Batch processing	Traitement par lot
Bath	Bain
Batten (écl)	Herse
Battery	Batterie, pile
Battery belt	Batterie en ceinture
Battery cable	Câble de batterie
Battery lead	Câble de batterie
Battery light	Projecteur sur batterie
Battery load	Charge de batterie
Battery pack	Bloc de batteries

Battery-powered	Alimenté par batterie
Battery-powered motor	Moteur sur batterie
Baud	Baud
Bay	Baie
Bayonet	Baïonnette
Bayonet mount	Monture à baïonnette
Beaded screen	Ecran perlé (ou) nacré
Beam	Faisceau, rayon
Beam angle	Ángle de faisceau
Beam antenna	Antenne directionnelle
Beam current	Courant de faisceau
Beam deflection	Déviation de faisceau
Beam hole	Fenêtre de sortie
Beam pattern	Diagramme de radiation
Beam projector	Projecteur parabolique
Beam splitter	Diviseur optique (en R.V.B.)
Beam splitting	Décomposition de faisceau
Beam spread	Etendue du faisceau
Beam transmission	Onde dirigée
Beam voltage	Tension de faisceau
Beaming	Concentration; rayonnant
Bearing (vid)	Défaut de contour
Bearing point	Point d'appui
Beat	Battement, temps, vibration
Beavertail	Faisceau étalé
Beep	Bip
Beep sync tone (or) beeper	Mille périodes, 1000 Hz, signal de synchronisme
Bellows	Soufflet
Below-the-line cost	Frais de personnels et moyens techniques
Belt	Courroie
Belt drive	Entraînement par courroie
Bench	Banc
Benchmark	Repère ; programme-test (inf)
Bend	Pliure
Bending	Courbe, courbure,
Best boy (ciné)	Electricien (second)
Beta site	Site d'essai
Beta sofware (inf)	Logiciel en essais
Between-the-lens shutter	Obturateur central
Bias	Polarisation
Bid	Appel d'offres
Bi-directional	Bidirectionnel

Bi-directional antenna	Antenne bidirectionnelle
Bi-directional flow	Passage reversible
Bi-directional microphone	Microphone bidirectionnel
Bi-directional system	Système bidirectionnel
Big close-up	Très gros plan
Bilateral sound track	Piste sonore à densité fixe
Billing (ciné)	Générique
Bi-monthly (pres)	Bimensuel
Bin	Bac
Bin monitor (vid)	Ecran des chutiers
Bin window (mont)	Fenêtre du chutier
Binary	Binaire
Binary digit	Bit
Binaural effect (or) sound	Stéréophonie
Bind (imp)	Relier
Binder	Liant (subst)
Binder line (imp)	Chaîne de brochage
Binding	Couplage, reliure
Bipack	Châssis double (photo), double bande (film)
Bipack film	Film à deux couches
Biphase	Biphasé
Bipolar	Bipolaire
Bipole magnetic head	Tête magnétique bipolaire
Bit	Bit
Bit block transfer (bitblt)	Transfert de blocs en mode bit
Bitmap graphics	Image matricielle
Bit-per-second	Bit-par-seconde, baud
Bit player	Rôle (ou) artiste de complément
Bi-weekly (pres)	Bi-hebdomadaire
Black	Noir
Black-and-white	Noir et blanc
Black-and-white film	Film noir et blanc
Black-and-white television	Télévision en noir et blanc
Black balance	Niveau de noir
Blackboard	Tableau noir
Black burst (vid)	Noir codé
Black body	Corps noir
Black drop	Rideau noir
Black lead	Graphite
Black leader	Amorce noire
Black level	Niveau de noir
Black-level clamp	Verrouillage du niveau du noir
Black light	Lumière noire

Bloop	Bruit de collure au son, raccord sonore; zaponner
Blooper	Lapsus
Blooping ink	Zapon
Blooping notch	Encoche de son
Blotter	Buvard
Blotting paper	Buvard, papier buvard
Blower	Soufflerie
Blow-up	Agrandissement ; gonfler
Blue backing	Fond bleu (peint)
Blow-up printing	Tirage par agrandissement
Blow-up process	Gonflage (de l'image)
Blown-up	Agrandi
Blue-key (vid)	Fond bleu
Blue-screen process (ciné)	Procédé fond bleu
Blur (vid)	Effet de focalisation
Blurred	Flou, brouillé
Board	Panneau, tableau ; carte (inf)
Board of censors	Censure (commission de contrôle)
Body	Boîtier (d'appareil de photo), chambre (appareil), corps
Body brace, frame, pod (or) mount (ciné, vid)	Harnais (de caméra)
Bold face (imp)	Mi-gras
Bolt	Boulon
Bond	Lien
Book	Livre, livret (opérette) ; engager (un comédien)
Book binder	Relieur
Book designer	Metteur en pages
Book designing	Mise en pages
Booking (ciné)	Distribution (commerciale), location (de film)
Booking charges (ciné)	Frais de location
Booking office	Guichet de location
Booklet	Brochure, livret, plaquette
Book mark	Marque-page
Book palette (inf)	Palette de couleurs
Boom (ciné)	Girafe, grue, perche
Boom operator (ciné)	Perchiste, preneur de son
Boom shot	Plan de girafe
Boomer	Haut-parleur de graves
Boominess	Résonance grave
Boomy sound	Son sourd

Black peak	Sommet noir
Blackening	Noircissement
Blackout	Occultation ; coupure (électrique)
Blade	Lame, pale
Blade shutter	Obturateur à pales
Blank	Blanc, inutilisé, vierge, vide
Blank band	Plage blanche
Blank groove	Sillon non modulé
Blank news (imp)	Rognures blanches
Blank tape	Bande vierge
Blanket area	Zone de couverture
Blanking	Effacement ; suppression de faisceau (ou) de trames
Blanking level	Niveau de suppression
Blanking pulse	Impulsion de suppression du faisceau
Blanking signal	Signal de suppression
Blanking threshold	Seuil de suppression
Blast	Soufflerie
Blast filter (son)	Boule anti-vent (micro)
Blasting (son)	Vent (ou) souffle parasite
Bleaching	Blanchiment, décoloration
Bleed (vid)	Baver
Bleeding	Effilochage, frange ; traînage (vid)
Blimp (ciné)	Caisson insonore
Blink	Clignotement
Blind booking (ciné)	Location sans projection préalable, programmation avant vision
Blind spot	Zone de silence
Block	Bloquer, arrêter; bloc, cliché
Block booking (ciné)	Location d'un ensemble de films
Block circuit	Circuit élémentaire
Blocking-out (imp)	Détourage
Blocking rehearsal	Répétition des mouvements (sans technique)
Block maker (imp)	Clicheur, photograveur
Block making (imp)	Clichage, photogravure
Block type (imp)	Caractère
Bloomed lens	Objectif à revêtement antiréfléchissant, objectif traité
Blooming	Antireflet ; épanouissement (tv), saturation (vid), flou (d'image)
Blooming layer	Couche antiréfléchissante

Boosted	Survolté, amplifié
Booster	Amplificateur, autorégulateur survolteur, suramplificateur
Booster amplifier	Amplificateur de tension, préamplificateur
Booster light	Lumière d'appoint
Boot (up)	Initialiser, démarrer
Booting (inf)	Démarrage
Booth	Cabine
Booth porthole	Fenêtre (ou) hublot de cabine
Border	Marge ; bordurage (vid)
Bottom loop	Boucle réceptrice
Bounce	Recouvrement acoustique; rebondissement ; manque de fixité verti cale
Bounce light	Lumière réfléchie
Bound (imp)	Relié
Box	Boîte, boîtier, caisse, encadré(pres)
Box office	Caisse (de cinéma), recettes
Box-office success (ciné)	Film à recette
Brainstorming	Emulation d'idées, remue méninges
Branch	Connecter ; branche
Branch circuit	Circuit de distribution (électrique)
Branch office	Succursale
Branching	Bifurcation, branchement, connexion, embranchement
Branchpoint	Branchement, embranchement
Brand image	Image de marque
Brand-name recall	Mémomarque
Breadth	Largeur
Break	Cassure, coupure ; pause
Breakaway (prop)	(Accessoire) cassable
Breakpoint	Point de coupure
Breakdown	Dépouillement (scénario) ; panne ; sélection (dérushage)
Breakdown signal	Signal d'interruption
Breaker	Disjoncteur
Breakup (vid)	Brouillage (d'image)
Breathing	Pompage
Bridge	Passerelle (écl) ; interlude (tv) ; pont
Bridge plate	Plaque de décentrement
Bridging (son)	Coupe-circuit
Brief (pub) **(or) briefing**	Exposé
Bright	Brillant, lumineux
Brighten	Eclaircir

Brightness	Luminosité, brillance
Brightness control	Réglage de luminosité, réglage de brillance
Brightness meter	Brillance-mètre
Brightness (of the image)	Brillance (ou) luminosité (de l'image)
Brightness ratio	Contraste des luminances, rapport des luminances, rapport de brillance
Brilliancy	Brillance, intensité d'image
Brilliant	Brillant, lustré
Broad	Luminaire d'ambiance, ambiance ; large (adj)
Broadband	(A) large bande
Broadband amplifier	Amplificateur à large bande
Broadcast network	Réseau large bande
Broadcast (tv, radio)	Diffuser, émettre; émission, diffusion
Broadcast design	Habillage (de station)
Broadcast right	Droit à l'antenne
Broadcast time	Heure d'antenne, temps d'antenne
Broadcaster	Chroniqueur, diffuseur, journaliste (tv, radio), téléaste
Broadcasting	Passage à l'antenne ; radiodiffusion, télédiffusion
Broadcasting area	Zone de diffusion
Broadcasting print (tv)	Copie antenne
Broadcasting satellite	Satellite de distribution
Broadcasting signal	Signal d'émission
Broadcasting station	Station émettrice
Broadlight	Lumière diffuse, projecteur d'ambiance
Broadside directionnal antenna	Antenne directionnelle à grande ouverture
Broadside (lamp)	Réflecteur diffuseur
Brochure	Brochure
Browse (inf)	Feuilleter, naviguer
Browser	Outil de navigation
Browsing (inf)	Navigation
Brush	Balai, brosse ; charbon (elect)
Buckle	Boucle
Buckle switch	Palpeur de boucle (ciné), pédale (proj)
Buckling	Bourrage ; gaufrage, gondolage

Budget	Devis
Buffer (inf)	Mémoire tampon
Buffer amplifier	Amplificateur intermédiaire
Buffer circuit	Circuit tampon
Bug (inf)	Bogue (néol)
Built-in	Incorporé, intégré
Built-in cell (or) meter	Cellule incorporée
Built-in check	Contrôle interne
Built-in coder	Codeur incorporé
Built-in filter	Ecran incorporé
Built-in microphone	Microphone incorporé
Built-in system	Système intégré
Bulb	Ampoule, lampe
Bulk eraser	Démagnétiseur, table d'effacement, effaceur
Bulk printing	Tirage de série
Bulletin	Communiqué
Bullhorn	Porte-voix
Bunch (tv)	Bouquet
Bunched cables	Câbles groupés
Burn correction	Correction de brûlure
Burned-in code	Code incrusté
Burn-in (vid)	Incruster
Burnishing	Brunissage
Burst	Eclater; impulsion de synchronisation (vid), salve d'identification
Bus (inf)	Faisceau de lignes
Busbar (élect)	Barre omnibus
Busmailing	Multipostage
Busmaster (inf)	Commande de faisceau
Bushing	Douille
Butt splice	Collure bord-à-bord
Button	Touche
Buzz track (test film)	Piste vibratoire (film d'essai)
Buzzer	Avertisseur sonore, ronfleur
B & W	Noir et blanc
B & W dupe positive (ciné)	Marron
Bypass	Découplage, contournement, dérivation
By-product	Sous-produit
Byte (inf)	Octet

C

Cable	Câble ; dépêche ; ligne ; télégramme
Cablecast	Câblodiffusion, télédistribution
Cablecaster	Câblodiffuseur, câblodistributeur, télédistributeur
Cablecasting	Câblodiffusion, câblovision, diffusion par câble, télé (ou) câblodistribution
Cablecasting network	Réseau de télédistribution
Cabled home	Foyer raccordé
Cabled network	Réseau câblé
Cable laying	Pose de câble
Cableman	Câbleur (élect), câbliste (caméra tv)
Cable operator	Opérateur de réseau câble
Cable powering	Puissance sur câble
Cable release (photo)	Déclencheur souple
Cable ring	Anneau de câble
Cable television	Télévision câblée (ou) par câble
Cable terminal	Tête de câble
Cable trunk line	Ligne principale du câble
Cabling	Câblage
Cache memory (inf)	Mémoire-cache
Calculate	Calculer
Calculator	Calculateur, machine à calculer
Calender (imp)	Calandre
Calibrate	Etalonner, calibrer
Calibrating curve	Courbe d'étalonnage
Calibration	Etalonnage
Calibration chart	Tableau d'étalonnage
Calibration tape	Bande étalon (son)

Call	Appel
Call sheet	Feuille de service
Call sign	Signal d'appel
Calling code	Code d'appel
Calling device	Système d'appel
Calling wave	Onde d'appel
Camcorder	Çaméscope
Cameo lighting	Eclairage en halo
Camera	Appareil de prise de vues, caméra
"Camera ! "	"Moteur !"
Camera angle	Angle de prise de vues
Camera body	Caisson, boîtier
Camera boom	Grue de caméra
Camera buckle	Boucle de caméra ; bourrage
Camera cableman (tv)	Câbliste
Camera car	Voiture travelling
Camera card	Charte de couleur, lily
Camera control unit	Boîte de contrôle de caméra, système de contrôle de caméra
Camera coverage	Champ de prise de vues
Camera crane	Grue (de caméra)
Camera crew	Equipe de prises de vues
Camera front	Platine d'objectif
Camera equipment	Matériel de prises de vues
Camera hood	Parasoleil
Camera line-up	Mise en place caméra
Camera log	Rapport image
Cameraman	Cadreur, opérateur de prises de vues
Camera monitor (tv)	Moniteur de caméra (tv), viseur électronique
Camera mount	Support de caméra
Camera operator	Cadreur, opérateur de prises de vues

Camera rehearsal	Répétion (avec technique)
Camera report	Feuille de rapport image
Camera set-up	Position de caméra
Camera speed	Vitesse de prise de vues
Camera truck	Voiture travelling
Camera tube (tv)	Tube de caméra, tube analyseur
Cancel	Annuler
Cancellation	Annulation
Candle	Bougie
Can	Boîte (de film)
"Can !" (in the)	"C'est en boîte !"
Can number	Numéro de boîte de film
Canned music	Musique préfabriquée (ou) pré-enregistrée
Canted angle	Cadrage cassé (oblique)
Cap	Bonnet, volet protège-tube
Capacitance	Capacité
Capacitor	Condensateur
Capacitor loudspeaker	Haut-parleur électrostatique
Capacitor microphone	Microphone électrostatique
Capacitor pick-up	Pick-up électrostatique
Capacitor plate	Plaque de condensateur
Capacity	Capacité, débit, pouvoir
Capital letter (imp)	Capitale, majuscule
Capstan	Cabestan, axe d'entraînement
Capstan pressure roller	Galet presseur du cabestan
Caption	Légende (pres) ; sous-titre (ciné, tv) sur-titre (inf)
Caption camera (or) scanner (vid)	Caméra de banc-titre
Caption generator	Générateur de titres
Caption stand	Banc-titre
Capture mode (inf)	Mode de saisie
Capture rate	Fréquence de saisie
Capture set-up	Paramètre de saisie
Carbon	Carbone
Carbon arc	Arc à charbon
Carbon microphone	Microphone au charbon
Card	Carte, fiche
Cardboard	Carton
Card index	Fichier
Cardioid	Cardioïde
Cardioid microphone	Microphone cardioïde
Carrier	Onde porteuse ; support

Carrier current	Courant porteur
Carrier deviation	Décalage de fréquence
Carrier frequency	Fréquence porteuse
Carrier signal (or) wave	Onde porteuse, porteuse
Carrying case	Valise de transport
Cartoon	Dessin animé, film d'animation
Cartoonist	Animateur (dessin animé), dessinateur
Cartridge	Cartouche
Cartridge recorder	Enregistreur à cartouche, magnétophone à cassette
Cascade printer	Tireuse multiple
Cascading menu	Menu en cascade
Cascading windows (inf)	Fenêtres en cascade
Case	Boîtier
Case hardening	Cémentation
Cassette	Cassette
Cassette recorder	Enregistreur à cassette, magnétophone à cassette
Cassette recording	Enregistrement sur cassette
Cassette tapedeck	Platine-cassette
Cast (ciné, tv, inf)	Distribution
Cast-based animation (inf)	Animation par objets
Cast credits	Générique
Cast list (ciné, tv)	Liste des interprètes
Cast member (inf)	Membre de classe
Casting	Distribution (artistique) ; audition
Casting director	Régisseur de distribution
Casting off (imp)	Calibrage
Catalyst	Catalyseur
Catch line	Slogan
Catchword	Mot clef
Category	Catégorie
Caterer	Traiteur
Catadioptric lens	Filtre catadioptrique
Cathode	Cathode
Cathode beam	Faisceau cathodique
Cathode current	Courant cathodique, intensité cathodique
Cathode glow	Lueur cathodique
Cathode load	Charge cathodique
Cathode modulation	Modulation par la cathode
Cathode ray	Rayon cathodique
Cathode-ray oscillograph	Oscillographe à rayons cathodiques

Cathode-ray trace	Oscillogramme
Cathode-ray tube (tv)	Ecran cathodique,
Cathode screen	Ecran cathodique
Cathode spot	Tache cathodique
CD-Rom	Cédérom Disque compact optique (DOC)
CD-I	Disque compact optique interactif (DOC-I)
Catwalk	Passerelle
Cel (or) cello	Cellulo (d'animation), cello (ciné) ; image d'animation (inf)
Cell	Cellule, pile
Cellular	Cellulaire
Cellulose nitrate	Nitrate de cellulose
Cementation	Cémentation
Cement	Colle (à film)
Censor's certificate	Visa de censure
Censorship	Censure
Center	Centre
Center spread (pres)	Double page
Centering	Centrage
Central	Central
Central unit	Organe central
Chain link	Maillon
Chain of newspapers (pres)	Groupe de presse
Chain reaction	Réaction en chaîne
Change	Changer ; changement
Change list	Liste de modifications
Changeover	Permuter, commuter ; passage (d'un projecteur à l'autre)
Changeover cue	Marque de fin de bobine
Changeover switch	Inverseur
Changer	Changeur
Changing bag (ciné)	Manchon de chargement, sac de chargement, sac noir
Channel	Chaîne (tv) ; canal, voie ; circuit (vid)
Channel combiner	Combinateur de chaîne
Channel scheduling	Programmation de canaux
Channel selector	Syntoniseur, sélecteur de canaux, sélecteur
Channel surfing	Zapper (action de)
Channeling switch	Commutateur de direction
Character generator (vid)	Synthétiseur d'écriture, générateur de caractères

Character part	Personnage (ou) rôle de composition
Character recognition (inf)	Reconnaissance de caractères
Characteristic curve	Courbe sensitométrique, courbe caractéristique
Charge-coupled device (CCD)	Dispositif à transfert de charge
Charged	Chargé
Charger	Chargeur (de batterie)
Charges	Frais
Charging bag	Sac de chargement, sac noir
Chart	Tableau
Chart scale	Echelle, graduation
Chatter	Murmure
Chatter effect	Broutage
Chatterton	Adhésif (toilé)
Check	Comparer, contrôler, vérifier; contrôle, vérification
Check box	Case à cocher
Check chart	Mire d'essai
Check information	Information de contrôle
Check list	Liste de contrôles
Check mark	Cocher ; croix (pour cocher)
Check point	Point de contrôle, point de repère
Check print	Copie de contrôle, copie d'essai
Checked	Contrôlé
Checkerboard editing	Montage par A et B, montage en damier
Cheese cloth (ciné, photo)	Tarlatane
Chemical	Chimique
Chemical fog	Voile chimique
Chemical printing (imp)	Offset
Chest microphone	Microcravate
Chief cameraman	Chef opérateur, directeur de la photographie
Chief electrician	Chef électricien, chef éclairagiste
Child program (inf)	Programme enfant
Children's film	Film pour enfants
Child window (inf)	Fenêtre enfant
China marker	Crayon gras
Chip (inf)	Puce
Chipchart	Charte de gris
Choice	Sélection
Chord keying	Combinaison de touches
Choreographer	Chorégraphe

Chorus master	Répétiteur
Chroma	Chroma, chrominance, couleur
Chroma flutter	Fluctuation de chrominance
Chromacity	Chromacité
Chroma key (vid)	Incrustation en chrominance
Chroma key window	Cache bleu
Chroma noise	Bruit de chrominance
Chroma signal bandwidth	Signal de chrominance de bande passante
Chromatic	Chromatique
Chromatic aberration	Aberration chromatique
Chromatic balance	Equilibre chromatique
Chromatic flicker	Papillotement chromatique
Chromaticity diagram	Triangle de couleurs
Chrome	Chrome
Chrominance	Chrominance, chroma
Chromium dioxide	Bioxyde de chrome
Chromogenic	Chromogène
Chronicle (pres)	Chronique
Chronological	Chronologique
Chronophotography	Chronophotographie
Cinching (inf)	Plissage
Cinema	Salle de cinéma
Cinemagazine	Ciné-journal
Cinema manager	Directeur de salle
Cinematographer	Chef opérateur, directeur de la photographie (cine)
Cinematography	Cinématographie
Cine-novel	Ciné-roman
Cinex strip (cine)	Bande d'étalonnage (N & B)
Circled take (cine)	Prise cerclée
Circle-in	Ouverture en iris
Circle of confusion (opt)	Cercle de confusion
Circle out	Fermeture en iris
Circuit	Circuit
Circuit breaker	Coupe-circuit, disjoncteur, interrupteur, interrupteur de circuit
Circuit closer	Conjoncteur
Circuit noise	Bruit de ligne
Circuit section	Section de circuit
Circuit switching	Commutation
Circuitry	Système de circuits
Circular	Circulaire
Circular coverage	Rayonnement omnidirectionnel

Circular wave guide	Guide d'onde circulaire
Circulation (pres)	Tirage (d'un journal)
Circulation manager (pres)	Chef de vente du journal
Circulation rate	Taux de diffusion
City editor (pres)	Chef de rubrique locale
Clamp	Attache, pince, serre-joint
Clamper (inf)	Limiteur
Clamping	Serrage
Clamping jaw	Dispositif de blocage
Clamping lug	Ergot de fixation
Clamping pin	Ergot de fixation
Clapper board	Claquette, clap
Clapper-boy	Clapman
Clapper mark	Marque de synchronisation, top de claquette
Clapstick	Claquette, clap
Classification	Classification, classement
Classified advertisement (pub)	Petite annonce classée
Claw	Griffe
Claw movement	Entraînement par griffe
Cleaned-up	Vidé
Cleaning	Nettoyage
Clean list (inf)	Liste propre (de montage)
Clean up (inf)	Vider
Clean tone	Son pur
Clear	Vider (mémoire), effacer ; clair
Clearance	Espace libre (cadrage) ; autorisation (pres)
Clear area	Zone libre
Clear broadcast	Diffusion en clair
Clear leader	Amorce transparente
Click	Cliquer ; clic
Click track	Bande rythmo

Clicker (imp)	Metteur en pages
Client application (inf)	Application client
Client-server architecture (inf)	Architecture client-serveur
Clip	Bouton de réglage ; film court, extrait ; compression (signal vidéo)
Clipboard (inf)	Mémoire tampon
Clipper (vid)	Limiteur
Clipping	Coupure de presse ; détourage
Clock	Horloge
Clock track	Piste de code temporel
Clockwise movement	Mouvement vissé (dans le sens des aiguilles d'une montre)
Clogging	Dépôt
Close	Fermer
Closed circuit	Circuit fermé
Closed circuit Television (C.C.T.V.)	Télévision en circuit fermé
Closed control loop	Circuit fermé de réglage
Closed-loop system	Système à boucle fermée
Closed shop (tv)	Accès restreint
Close shot (ciné, tv)	Demi-gros plan, plan rapproché
Close-talking microphone	Microphone de proximité
Close-up	Gros plan, plan serré
Closing credits	Générique de fin
Closing date	Date limite
Cluster	Ensemble (subst)
Cluster bar (or) mount	Banc de luminaires
Clutch	Embrayage
Coach	Répétiteur (des dialogues)
Coarse grain	Gros grain
Coarse grain image	Image granuleuse
Coated	Recouvert, traité
Coated film	Film à piste couchée
Coated lens	Lentille traitée, objectif traité
Coated paper	Papier couché
Coating	Couche, couchage, dépôt, revêtement
Coating machine	Coucheuse
Coaxial	Coaxial
Coaxial cable	Câble coaxial
Coaxial line	Ligne coaxiale
Co-channel	Canal commun
Code	Chiffrer; code, indicatif
Codec	Codeur - décodeur

Coder	Modulateur
Codification	Codification
Codify	Codifier
Coefficient	Coefficient
Coercivity	Force coercitive
Coherent light	Lumière cohérente
Coil	Bobinage
Coil-pack	Bloc de bobinage
Cold mirror	Miroir froid
Cold reading	Première lecture (dialogues)
Collaborator	Collaborateur
Collapsible take-up core	Noyau récepteur expansible
Collect	Rassembler
Collecting lens	Lentille collectrice
Collector plate	Plaque collectrice
Collimator	Collimateur
Colloidal	Colloïdal
Colorisation	Colorisation
Colorise (or) colorize	Coloriser
Coloriser	Colorieur
Colour (UK) **(or) color** (USA)	Couleur
Colour analysis	Analyse de couleurs (ou) trichrome
Colour balance	Gris équivalent
Colour bars	Mire de barres couleur
Colour burst	Impulsion de synchronisateur couleur
Colour cartridge video recorder-reproducer	Enregistreur-lecteur à vidéocassette couleur
Colour cast	Dominante de couleur
Colour chart	Charte de couleurs
Colour cinex test strip (ciné)	Bande de réglage couleur
Colour coder (vid)	Générateur de signaux
Colour coding	Codage couleur
Colour compensating filter	Filtre de compensation couleurs
Colour contamination	Distorsion chromatique
Colour contrast	Contraste des couleurs
Colour control	Contrôle des couleurs
Colour coupler	Copulant
Colour correction	Correction des couleurs, étalonnage
Colour crosstalk	Interférence des couleurs
Colour cycling	Cyclage de couleurs
Colour decoder	Intégrateur
Colour developer	Révélateur chromogène

Colour dissector optical system (tv)	Système de balayage optique couleur
Colour effects	Effets de couleurs
Colour encoder	Générateur de signaux
Colour etcher	Chromiste
Colour film	Film en couleur, pellicule couleur
Colour film system	Procédé de cinéma en couleurs
Colour flickering	Papillotement des couleurs
Colour forming	Chromogène
Colour frame (écl)	Porte filtre
Colour framing (vid)	Parité couleur
Colour fringing	Frangeage de couleur
Colour grading	Etalonnage couleur
Colour intermediate positive (ciné)	Copie master, master, positif intermédiaire couleur
Colour key	Incrustation couleur
Colour lily	Charte de couleurs
Colour lock	Verrouillage couleur
Colour masking	Masque chromatique
Colour matte	Cache contre-cache couleur
Colour negative	Négatif couleur
Colour palette	Palette de couleurs
Colour pilot	Bande courte couleur, deux-en-deux, chenille
Colour press (imp)	Presse couleurs
Colour print (ciné)	Positif couleur
Colour Reversal Internegative (C.R.I.)	Internégatif inversible couleurs
Colour registration test pattern	Mire d'enregistrement couleur
Colour rendition	Rendu des couleurs
Colour response	Sensibilité chromatique
Colour sensibiliy	Sensibilité chromatique
Colour separation	Extraction (lab), sélection des couleurs
Colour separation circuitry	Circuit de sélection des couleurs
Colour separation filter	Filtre de sélection des couleurs
Colour separation negative	Négatif de sélection
Colour separation printing	Tirage par extraction
Colour shifting	Virement de couleur
Colour signal	Signal de chromaticité
Colour space	Espace des couleurs
Colour splitter (tv)	Séparateur de couleurs
Colour subcarrier	(Onde) sous-porteuse couleur
Colour subcarrier frequency	Fréquence sous-porteuse couleur

Colour switching	Commutation des couleurs
Colour synthesis	Synthèse des couleurs
Colour system	Codage couleur
Colour television	Télévision en couleurs
Colour temperature	Température de couleur
Colour temperature meter	Thermocolorimètre
Colour triad	Triplet de couleurs
Colour value	Valeur chromatique
Colour wedge	Gamme de densités
Colour wheel (vid)	Roue chromatique
Coloured lamp	Lampe à verre coloré
Coloured screen	Ecran coloré
Colouring (inf)	Gouachage (anim), mise en couleur (inf)
Colourless	Incolore
Colourproof	Couleur stable (à)
Colour-space conversion (inf)	Conversion dans l'espace des couleurs
Column (pres)	Chronique, colonne, rubrique
Columnist	Chroniqueur
Column report (inf)	Report en colonnes
Comb filter	Filtre en peigne
Combined	Combiné
Combined dupe negative	Contretype (négatif) combiné
Combined film (lab)	Eléments combinés
Combined magnetic recording	Enregistrement magnétique image et son
Combined magnetic sound print (ciné) **(or) commag**	Copie à piste magnétique couchée
Combined negative	Négatif combiné image et son.
Combined optical sound print (ciné) **(or) comopt**	Copie standard (à piste optique)
Combined print	Copie standard, positif combiné image et son
Combined read-write head	Lecteur-scripteur
Combo (tv)	Combinaison de programmes
Comeback	Retour
Comics	Bandes dessinées
Comics book	Livre de bandes dessinées
Comic-strip	Bande dessinée, feuilleton en images
Command	Instruction
Command window (inf)	Fenêtre de commande
Commentary	Commentaire

Commentator (tv)	Chroniqueur, commentateur
Comments	Commentaires
Commercial (pub)	Annonce (ou) bande (ou) message (ou) spot publicitaire
Commercial announcement	Communiqué publicitaire
Commercial break (or) slot	Ecran (ou) coupure publicitaire
Commercial distribution	Exploitation commerciale
Commercial load	Charge publicitaire
Commercial television	Télévision commerciale
Commissioned work	Oeuvre de commande
Common carrier	Réseau (généraliste) de communication
Common channel	Voie commune
Common frequency	Onde commune
Common language	Langage commun
Communal television	Télévision communautaire
Communicate	Communiquer
Communication	Communication, transmission, télécommunication
Communication center	Centre de communication
Communication chart (cab)	Schéma de câblage
Communication highway	Infoduc (néol), autoroute de communication
Communication line	Voie d'intercommunication
Communication link	Liaison par réseau
Communicator	Informateur
Community antenna	Antenne collective (ou) communautaire
Community-antenna television(CATV)	Réseau communautaire (ou) télévision par antenne collective
Community network	Réseau collectif (ou) communautaire
Community viewing (or) listening	Réception collective
Commutator	Inverseur
Compact disc	Disque compact (ou) audionumérique
Compact disc interactive (CDI)	Disque compact interactif
Compact disc read only memory (CD Rom)	Disque compact à mémoire morte
Compander	Compresseur -expanseur
Compare	Comparer, collationner
Comparative advertising	Publicité comparative

Comparison	Comparaison
Comparison lamp	Lampe-étalon
Compatibility	Compatibilité
Compensating filter	Filtre compensateur
Compensation	Compensation
Competition	Concurrence
Compile	Compiler
Compiler	Compilateur
Complement	Complément
Complementary	Complémentaire, supplémentaire
Complementary colour	Couleur complémentaire, couleur secondaire
Complex sound	Son composé
Complimiter	Compresseur-limiteur
Component	Composant, organe, pièce détachée
Component video	Vidéo en composante
Compose	Composer
Composer	Compositeur (musique)
Composing	Composition
Composite	Composite, combiné (image et son), composé
Composite colour signal (tv)	Signal couleur composé
Composite dailies (ciné)	Rushes synchronisés image et son
Composite dupe negative	Négatif contretype combiné image et son
Composite master	Bande mère
Composite print	Copie standard, positif combiné image et son
Composite shot	Image composite
Composition room (imp)	Atelier de composition
Compound	Composé
Compress	Compresser
Compressed signal (inf)	Signal compressé
Compressed video	Vidéo compressée
Compression	Compression
Compression chamber	Chambre de compression
Compressor	Compresseur
Compute	Calculer
Computer (inf)	Ordinateur
Computer-aided design (CAD)	Conception assistée par ordinateur (CAO)
Computer-aided learning (CAL)	Enseignement assisté par ordinateur (EAO)

Computer-aided manufacturing (CAM)	Fabrication assistée par ordinateur (FAO)
Computer-aided teaching (CAT)	Enseignement assisté par ordinateur (EAO)
Computer animation	Animation par ordinateur
Computer artist	Infographiste
Computer communications	Télématique
Computer-controlled camera	Caméra commandée par ordinateur
Computer editing	Montage assisté par ordinateur
Computer-generated art	Infographie
Computer-generated image	Image de synthèse
Computer graphics	Imagerie informatique, infographie
Computer image	Image de synthèse
Computer industry	Industrie informatique
Computer language	Langage ordinateur
Computer science	Informatique
Computer scientist	Informaticien
Computing center	Centre de calcul
Concave lens	Lentille concave
Concatenate (inf)	Enchaîner
Concentrate	Concentrer, localiser
Concentrated	Concentré, localisé
Concentrated beam	Faisceau concentré
Concentration	Concentration, localisation
Concentric wiring system	Câblage coaxial
Concept	Concept
Concurrent	Simultané
Concurrency	Simultanéïté
Condensation	Condensation
Condensed	Condensé
Condenser	Condensateur, condenseur
Condensing lens	Lentille condensatrice
Condition	Condition
Conditional access channel	Canal à code d'accès
Conditional access system	Système à accès conditionnel
Conditional grant	Autorisation provisoire
Conduct (élect)	Conduire
Conductibility	Conductibilité
Conductive coating	Couche antistatique
Conductive pencil (inf)	Crayon électrographique
Conductivity	Conductibilité
Conductor	Câble, fil ; chef d'orchestre
Cone	Cône

Cone loudspeaker	Haut-parleur à membrane conique
Configuration	Configuration
Conforming	Conformation
Connect	Brancher, connecter, raccorder
Connecting cable	Câble de connexion
Connecting scene	Scène de liaison
Connecting wire	Fil de connexion
Connection	Branchement, connexion, raccordement
Connection box	Boîte de raccordement
Connection plug	Fiche de raccordement
Connection unit	Module de connexion
Connector	Connecteur, raccord, prise (électrique)
Consistancy	Consistance
Console	Console, pupitre
Console input	Entrée de pupitre
Console output	Sortie de pupitre
Constant	Constant
Constant angular velocity (CAV)	Vitesse angulaire constante
Constant linear velocity (CLV)	Vitesse longitudinale constante
Construction manager	Chef constructeur
Consumables	Consommables
Constant-velocity recording	Enregistrement à vitesse constante
Constraint	Contrainte
Construction	Construction
Construction manager	Chef constructeur
Consultant	Conseil, conseiller
Consumables	Consommables
Consume	Consommer
Consumption	Consommation
Contact	Contact
Contact image sensor (CIS)	Capteur optique par contact
Contact microphone	Microphone de contact
Contact plug	Fiche de contact
Contact print	Copie par contact, épreuve contact, planche de contact
Contact printer	Tireuse par contact
Contact printing	Tirage par contact
Contactor	Conjoncteur
Contamination (vid)	Interférence d'images
Content analysis	Analyse de contenu
Contents	Contenu

Contiguous	Contigu
Continuity	Continuité
Continuity assistant (ciné, tv)	Scripte, secrétaire de plateau
Continuity log (tv)	Conducteur (d'émission)
Continuity script	Conducteur (d'émission) (tv), scénario dialogué (ciné)
Continuity sheet	Rapport script
Continuity shot (ciné, tv)	Plan raccord, raccord de montage
Continuity still	Photo de raccord (ciné)
Continuity style	Découpage classique
Continuous	Constant, continu
Continuous contact printer	Tireuse continue par contact
Continuous (film) printer	Tireuse continue
Continuous loop projector	Projecteur à boucle sans fin
Continuous motion projector	Projecteur à défilement continu
Continuous movement	Mouvement continu
Continuous performance (ciné)	Cinéma permanent, programme permanent
Continuous spectrum	Spectre continu
Continuous wave	Onde entretenue
Contour	Contour
Contract	Contrat
Contrast (range)	Contraste
Contrast control	Réglage du contraste
Contrast filter	Filtre de contraste
Contrast glass	Verre de contraste
Contrast ratio	Rapport de contraste
Contrastor	Contrasteur
Contrasty	Contrasté
Contributing editor (pres)	Conseiller de rédaction
Control	Commander, contrôler, piloter, vérifier; commande, contrôle, réglage, surveillance, vérification
Control area	Zone de contrôle
Control band strip	Bande étalon
Control center (tv)	Régie
Control circuit	Circuit de commande
Control console (or) desk	Pupitre de commande, pupitre de régie (tv)
Control deck	Module de commande
Control device	Dispositif de vérification
Control element	Organe de réglage
Control frequency	Fréquence pilote
Control instruction register	Registre de commande

Control knob	Bouton de réglage
Control lever	Levier de commande, manette de contrôle
Control light	Lampe témoin, lampe de signalisation, voyant
Control monitor	Moniteur de contrôle
Control panel	Ecran de régie ; console, pupitre (ou) tableau de commande
Control room	Salle de régie
Control signal	Signal de commande
Control strip	Bande témoin, bande gamme
Control switch	Interrupteur de commande
Control system	Système de commande
Control tape	Bande pilote
Control track	Piste de contrôle, piste pilote, piste d'asservissement, voie de contrôle
Control track head	Tête d'asservissement
Control track signal	Signal d'asservissement des pistes
Control unit	Bloc de commande, organe de commande
Control voltage	Tension de commande
Controlled	Commandé, contrôlé, piloté, réglé
Controlled stop	Arrêt programmé
Controller	Contrôleur, régulateur
Conventional	Classique
Convergence	Convergence
Converging	Convergent
Conversion	Conversion
Cover shot (ciné, tv)	Plan de sécurité
Convert	Convertir
Converter	Adaptateur, changeur, convertisseur, transformateur
Convertibility	Convertibilité
Convex	Convexe
Convex lens	Lentille convexe
Cookie (ecl)	Volet découpé
Cooling	Refroidissement
Cooling plate	Plaque de refroidissement
Coordinator	Coordinateur, régisseur
Coordinating	Coordonnateur (adj)
Coproduction	Coproduction
Copy	Copier, reproduire; copie, double, reproduction

Copy editor (pres)	Chef du secrétariat de rédaction
Copy platform (pub)	Base de campagne
Copy testing (pub)	Test d'évaluation
Copyright	Droits d'auteur, propriété artistique
Cord	Fil
Core	Noyau
Cored carbon	Charbon à mèche
Corner	Angle
Corner angle	Angle d'ouverture
Corporate advertising	Publicité institutionnelle
Corporate communication	Communication institutionnelle
Corporate image	Image de l'entreprise, image institutionnelle
Corporate image film (or) video	Film (ou) vidéo institutionnel(le)
Correct	Corriger
Corrected	Corrigé
Corrected dailies (ciné)	Rushes étalonnés
Corrected print	Copie rectifiée
Correcting lens	Lentille correctrice
Correction	Correction, rectification
Correction filter	Filtre correcteur
Correction value	Valeur de correction
Corrective action	Action correctrice
Corrugated (board)	Ondulé (carton)
Corrugated mirror	Miroir cannelé
Corrugated paper	Papier ondulé
Cost	Prix
Cost estimate	Budget, devis
Costs	Frais
Costume film	Film historique
Costume designer	Costumier-décorateur
Count down	Compte à rebours, décompte
Counter	Compteur
Counter-clockwise movement	Mouvement dévissé (en sens inverse des aiguilles d'une montre)
Counter-matte (ciné)	Contre-cache
Counter-move (ciné)	Mouvement contrarié
Counterpoint	Contrepoint
Counter proof	Contre-épreuve
Counter-shot (ciné)	Contre-champ
Couple	Coupler
Coupled rangefinder	Télémètre couplé
Coupler	Couplant ; coupleur, connecteur

Coupler plug	Fiche de connecteur
Coupling	Accouplement, couplage, jume lage
Coupling agent	Couplant
Course	Trajet
Courtesy lighting	Eclairage de service
Cover	Couvrir (un sujet)
Cover page	Couverture (livre)
Cover set	Décor de sécurité
Coverage	Couverture (sujet presse) ; couverture géographique (tv, radio)
Cover shot (ciné)	Plan de protection
Cover story (pres)	Sujet de couverture
Crab dolly	Chariot (à volant)
Crabbing	Déplacement latéral
Crackling	Crachement
Cradle	Berceau
Crane	Grue
Crane shot	Prise de vues sur grue
Crank	Manivelle
Crank-up stand	Pied à manivelle
Crash (inf)	Bloquer
Crawl title	Déroulant (horizontal)
Crease (vid)	Ride
Creative (pub)	Créatif (adj)
Creative media	Média créateur
Creativity workshop	Atelier de créativité
Credit titles (or) credits	Générique
Creeping titles	Déroulant vertical
Crew	Equipe, personnel
Crispening (tv)	Amélioration du rendu (image)
Critic (or) critical	Critique (adj)
Crop (or) cropping	Découpe (d'image), recadrage
Crosscheck	Recoupement
Crosscolour	·Intermodulation
Cross connection	Connexion croisée
Cross-cutting	Montage alterné
Cross dissolve	Fondu enchaîné (image)
Cross fade	Fondu enchaîné (son, vid)
Crosshair pointer	Réticule
Cross hatch	Mire de distortion
Cross head	Tête de disjoncteur
Cross lighting	Lumière transversale
Cross modulation	Modulation transversale, transmodulation

Cross-modulation test	Essai de transmodulation
Crossover	Passe volante
Crossover distortion	Distortion non-linéaire
Crossover frequency	Fréquence de raccordement
Cross-reference	Renvoi
Crosstalk	Intermodulation, interférence sonore, diaphonie (son), diaphotie (image)
Cross threads	Réticule
Cross wheel	Croix de Malte
Cruising	Zapper (action de)
Crystal	Cristal, quartz
Crystal black (vid)	Noir codé
Crystal-controlled	Piloté par quartz
Crystal-controlled sync generator	Générateur de synchronisation piloté par quartz
Crystal control oscillator	Oscillateur de commande par quartz
Crystal-driven	Piloté par quartz
Crystal filter	Filtre piézoélectrique
Crystal loudspeaker	Haut-parleur piézoélectrique
Crystal microphone	Microphone piézoélectrique
Crystal oscillator	Oscillateur à cristal
Crystal pick-up	Pick-up piézoélectrique
Crystal set	Récepteur à cristal
Crystal sync	Pilotage par quartz
Crystal-sync motor control	Générateur de régulation à quartz
Crystal-sync shooting	Prise de vues synchrone (sans câble de liaison)
Crystal-sync system	Système de pilotage par quartz
Cue	Indication, marque, signal de départ, repère
Cue (in dialogue)	Réplique
Cue dot	Marque (ou) repère visuel (fin de bobine de film)
Cue light	Lampe de signalisation
Cue line	Réplique
Cue mark	Marque de repère
Cue sheet	Conducteur d'émission (tv), feuille de mixage
Cue tone	Repère sonore
Cue track	Piste pilote, piste de synchronisation
Cult film	Film culte
Cultural	Culturel
Cultural film	Film culturel

Cupping (vid)	Tuilage
Current	Courant
Current balance	Balance de courant
Current density	Intensité de courant
Curriculum	Programme (scolaire)
Cursor	Curseur
Curtain	Rideau
Curvature	Courbure
Curve	Courbe
Curve tracer	Oscillographe à rayons cathodiques
Curved	Cintré
Cushioned socket	Support antivibratoire
Customer	Usager
Customization (or) customizing	Adaptation (sur mesure)
Cut	Coupe sèche ; couper, monter (un film)
"Cut ! "	"Coupez ! "
Cut & paste (inf)	Couper-coller
Cutaway shot	Plan de coupe
Cut in	Intercaler; insert, raccord
Cut-in shot (ciné, tv)	Incrustation
Cut list	Liste de conformation
Cut off	Déconnecter, interrompre ; bord cadre
Cut off (élect)	Coupure
Cut-off point	Point de coupe, point de rupture
Cut-off voltage	Tension de coupure
Cut-out	Découpe ; disjonction (élect)
Cutter	Découpeuse (imp), volet (écl)
Cutting	Montage film
Cutting blade	Lame d'obturation
Cutting continuity (ciné, tv)	Liste des dialogues
Cutting copy	Copie de travail
Cutting machine	Massicot, guillotine
Cutting room (ciné)	Salle de montage
Cutting sync	Synchronisme de montage
Cutting table	Table de montage
Cuts	Chutes
Cybernetics	Cybernétique
Cyan	Cyan
Cycle	Période, cycle
Cycle-per-second	Hertz
Cycle undulation	Oscillation
Cyclic	Cyclique

Cyclorama, cyc	Cyclorama, cyclo
Cyclorama lighting	Eclairage de cyclorama
Cylindrical lens	Objectif cylindrique

D

Dailies (ciné)	Epreuves (de tournage), (rushes)
Daily (pres)	Quotidien
Daily assembly	Synchronisation des tournages
Daily report	Rapport journalier
Daisy chain	Liaisons en cascade
Daisy wheel (imp)	Marguerite
Damage	Détérioration
Dampen	Amortir
Dampener	Humecteuse
Damper	Amortisseur, atténuateur
Damping	Amortissement
Damping device	Amortisseur
Dark	Obscure, sombre
Dark period (ciné)	Phase d'obturation
Dark room	Chambre noire
Dark room lamp	Lampe inactinique
Dark tone	Teinte sombre
Darken	Noircir, obscurcir
Dash	Trait, tiret
Dashboard	Tableau de bord
Data (inf)	Caractéristiques, données, informations
Data acquisition	Acquisition de données
Data bank	Banque de données
Database	Base de données
Data buffer	Mémoire tampon
Data capture	Saisie de données
Datachannel	Canal de transmission de données
Data entry	Saisie informatique
Data file	Fichier informatique

Dataglove (inf)	Gant de saisie
Data processing	Informatique, traitement des données, traitement des informations
Data processor	Ordinateur
Data scan wand	Crayon lumineux
Data sheet	Fiche
Data tablet	Palette graphique
Data transmission	Télétransmission
Date	Dater
Day-after recall (pub)	Test du lendemain
Day-for-night	Effet de nuit, nuit américaine
Day-for-night shooting (ciné)	Prise de vues en nuit américaine
Daylight	Lumière du jour
Daylight loading spool (ciné)	Bobine de chargement "plein jour"
Daylight magazine	Magasin "plein jour"
Daylight projection	Projection en plein jour
Daylight screen	Ecran plein jour
Day part (tv)	Tranche horaire
D.C. (direct current)	Courant continu
D.C. supply	Alimentation continue
D.C. voltage	Tension continue
Dead black	Noir absolu
Deadline	Date limite, échéance, heure limite
Dead room	Chambre sourde
Dead spot	Point mort ; zone d'ombre (tv, radio)
Dead stop	Arrêt brutal
Dead time	Temps mort
Dead zone	Angle mort
Deaden	Amortir, atténuer
Deadening	Amortissement
Deaf	Sourd
Debug (inf)	Mettre au point, déboguer (néol)
Deceleration	Décélération
Decibel	Décibel
Decipher	Déchiffrer
Deciphering	Décryptage
Deck	Platine, appareil, plateforme
Decode	Décoder, déchiffrer
Decoder	Décodeur
Decoding	Déchiffrement, décryptage, décodage
Decompression	Décompression
Dedicated	Dédié, spécialisé

Deep notes (son)	Graves
Deep tone	Son grave
Default	Par défaut
Default option (inf)	Valeur (ou) option par défaut
Defect	Défaut
Define	Définir, limiter
Definition	Définition, résolution
Definition chart (ciné, tv)	Mire de netteté (ou) de définition
Definition error (ciné, tv)	Défaut de définition
Deflection (tv)	Déflexion, déviation
Deflector	Déflecteur
Defocusing	Défocalisation, passage au flou
Degauss	Démagnétiser
Degausser	Démagnétiseur, effaceur
Degree	Degré, taux
Degree of acidity	Degré d'acidité
Delay	Retarder
Delay equalizer	Correcteur de phase
Delay line	Ligne à retard
Delay shutter-release	Déclencheur à retardement
Delayed action	Action différée
Delayed broadcast (or) program	Diffusion (ou) émission en différé
Delete	Annuler, effacer
Delivery	Livraison
Demagnetization	Démagnétisation
Demand (on)	A la carte
Demodulate	Démoduler
Demodulation	Démodulation
Demodulation threshold	Seuil de démodulation
Demodulator	Démodulateur, syntoniseur
Demo reel	Bande de démonstration
Densitometry	Densitométrie
Density	Densité
Department head	Chef de section
Dephase	Décaler
Depict	Dépeindre
Deposit	Dépôt
Depth	Profondeur
Depth of field	Profondeur de champ
Depth of field control	Contrôle de profondeur de champ
Depth of field range	Plage de profondeur de champ
Depth of focus	Profondeur de foyer
Depth shadow (inf)	Ombre 3-D

Design	Stylique
Designer (set)	Décorateur
Desired value	Valeur de réglage
Desk	Table, pupitre ; secrétariat de rédaction (ou) rédaction (presse)
Desk editor (pres)	Chef des informations, rédacteur spécialisé
Desk microphone	Micro de table
Desktop computer	Ordinateur de bureau
Desktop presentation	Présentation assistée par ordinateur (PréAO)
Desktop publishing (DTP)	Publication assisté par ordinateur (PAO)
Detachable	Amovible, démontable
Detail	Détail, finesse
Detection	Détection
Detection table (mont)	Table de détection
Detective film	Film policier
Deterioration	Détérioration
Develop	Développer
Developer	Révélateur
Developing	Développement
Developing tank	Cuve de développement
Development fog	Voile de développement
Deviation	Déviation, écart
Deviation shift	Derivation
Device	Appareillage, appareil, dispositif
Dew indicator	Indicateur d'humidité
Diagonal cut (mont)	Coupe en biais (ou) en biseau
Diagonal splice (mont)	Collure diagonale
Diagram	Schéma
Diagram film	Film de schémas
Dial	Cadran, sélecteur manuel
Dial exchange	Réseau automatique
Dialogue	Dialogue
Dialogue box (inf)	Boîte de dialogue
Dialogue continuity	Continuité dialoguée, continuité
Dialogue list	Texte (des dialogues)
Dialogue track	Bande de dialogues
Dialogue writer	Dialoguiste
Diamond	Diamant
Diaphragm	Diaphragme, iris, membrane
Diaphragm adjustment	Réglage d'ouverture d'objectif

Diaphragm adjustment grip	Oreille de réglage d'ouverture d'objectif
Diaphragm drive	Commande de diaphragme
Diaphragm presetting	Présélection de diaphragme
Diaprojector	Projecteur de diapositives
Diatonic	Diatonique
Dichroic	Dichroïque
Dichroic filter	Filtre dichroïque
Dichroic fog	Voile dichroïque
Dichroic mirror (or) reflector	Miroir dichroïque
Differential	Différentiel
Differential gain	Gain différentiel
Differential input	Entrée différentielle
Differential phase	Phase différentielle
Differential threshold	Seuil différentiel
Diffracted wave	Onde déviée
Diffraction spectrum	Spectre de diffraction
Diffuse	Diffuser; diffus
Diffuse lighting	Eclairage diffus
Diffuse reflection	Réflexion diffuse
Diffuse sound	Son diffus
Diffused light	Lumière diffuse
Diffuser	Diffuseur
Diffusing	Diffusant
Diffusing screen	Ecran diffuseur
Diffusion	Diffusion
Diffusion lens	Bonnette de flou
Digit (inf)	Chiffre, numéro
Digital (inf)	Numérique
Digital audio broadcasting (DAB)	Radiodiffusion numérique
Digital audiotape (DAT)	Cassette audio-numérique
Digital compact cassette (DCC)	Cassette compact numérique
Digital computer (inf)	Calculatrice numérique
Digital control (inf)	Commande numérique
Digital optical disc	Disque optique numérique (ou) opto-numérique
Digital optical recording (DOR)	Enregistrement opto-numérique
Digital signal	Signal numérique
Digital speech	Synthèse vocale (ou) de la parole
Digital-to-analog converter	Convertisseur numérique-analogique
Digitize	Numériser
Dimmer (écl)	Jeu d'orgue, résistance variable

Dioptre (or) diopter	Dioptrie ; bonnette (pour gros plan)
Diopter adjustment	Réglage dioptrique
Dioptric	Dioptrique
Dioptric lens	Bonnette dioptrique
Dioptrical	Dioptrique
Dioxide	Bioxyde
Dipoles curtain	Rideau dipolaire
Dipping bath	Bain en cuve verticale
Direct (ciné, tv)	Diriger, mettre en scène, réaliser
Direct access	Accès direct
Direct cinema	Cinéma direct, "cinéma vérité"
Direct camera editing (tv)	Montage à la prise de vues
Direct cut	Coupe sèche
Direct interview	Entretien face à face
Direct lighting	Eclairage direct
Direct mail (pub)	Publipostage, message publiposté
Directed	Dirigé, mis en scène, réalisé
Direction	Mise en scène, réalisation ; direction, sens
Direction inverter	Inverseur de sens
Direction receiver	Récepteur directionnel
Directional	Directionnel
Directional-beam transmitter	Emetteur dirigé
Directional gain	Indice de directivité
Directional lighting	Eclairage dirigé
Directional microphone	Microphone directionnel
Directional receiver	Récepteur directionnel
Directive	Directionnel
Directivity	Directivité
Directivity factor	Coefficient de directivité
Director (ciné, tv)	Metteur en scène, réalisateur
Director-cameraman (ciné, tv)	Opérateur-réalisateur
Director of photography (ciné)	Chef opérateur, directeur de la photographie
Director's viewfinder	Viseur multifocal
Directory	Annuaire, index, répertoire
Direct positive shooting (ciné)	Prise de vues avec film inversible
Direct printing	Tirage direct
Direct reflection	Réflexion directe
Direct sound	Prise de son synchrone
Direct teaching	Enseignement direct
Direct wave	Onde directe
Disc (or) disk	Disque
Disc jockey	Animateur (de programme de disques)

Disc shutter	Obturateur à disque
Dish antenna	Antenne parabolique
Dish microphone	Micro à réflecteur parabolique
Discharge	Décharger; décharge (électrique)
Discharge lamp	Lampe à décharge
Discharged	Déchargé
Disconnect	Couper, déconnecter, débrancher, interrompre
Discontinuity	Discontinuité
Discrepancy	Contradiction
Discriminating relay	Relais sélecteur
Discussion leader	Président du débat
Disengage	Débrayer, libérer
Diskette	Disquette
Dispatch	Répartir
Dispatching	Distribution (sur onde), répartition, routage (pres)
Dispersed	Dispersé
Dispersion	Dispersion
Displace	Décaler
Displaced	Décalé
Display	Visualisation, affichage (inf) ; carton publicitaire (pub) ; afficher (inf), visualiser
Display monitor	Ecran d'affichage
Display unit	Unité d'affichage
Disrupter	Disrupteur
Dissection (vid)	Exploration
Dissolve (ciné, tv)	Enchaîner, dissoudre; enchaîné, fondu, fondu enchaîné
Dissolving shutter	Obturateur pour fondu
Distance	Distance
Distance control	Réglage à distance, télécommande
Distance fog	Voile de lointain
Distance learning	Télé-enseignement
Distance shot	Plan éloigné
Distortion	Déformation, distorsion, distaxie
Distortion factor	Coefficient de distorsion, taux de distorsion
Distorting lens	Lentille déformante
Distribute	Répartir
Distributed data	Données distribuées
Distribution	Distribution, exploitation, répartition
Distribution amplifier	Distributeur (de signal)

Distribution board (élect)	Tableau de distribution
Distribution company (ciné)	Maison de distribution
Distribution contract (ciné)	Contrat d'exploitation
Distribution network	Réseau de distribution
Distribution quota	Quota de distribution
Distribution release	Autorisation de distribution
Distribution rights	Droits d'exploitation
Distribution service	Service de distribution
Distributor	Distributeur
District	Région
District transmitter	Emetteur régional
Disturbance	Interférence, panne, parasites, perturbation
Dither (inf)	Lisser
Divergence	Divergence
Divergence loss	Perte par divergence
Diverging lens	Lentille divergente
Diversification	Diversification
Diversity	Diversité
Divide	Diviser, séparer
Divider	Diviseur
Docudrama	Docudrame
Documentary film	Film documentaire, film d'information
Documercial	Publireportage, publi-information, publirédactionnel
Dolly (ciné, tv)	Travelling, chariot
Dolly in	Travelling avant
Dolly pusher	Machiniste de plateau, travelliste (néol)
Dolly shot	Plan (ou) prise de vues en chariot, plan (ou) prise de vues en mouvement, (travelling)
Dolly out	Travelling arrière
Domestic reach (tv)	Couverture nationale
Dominant station	Station principale
Dongle (inf)	Clé (de protection électronique)
Dope sheet (ciné, tv)	Fiche descriptive, fiche (ou) note de tournage, rapport script
Dot (vid)	Point de trame
Dot frequency	Fréquence d'analyse
Dot interlacing	Analyse par points successifs
Dot matrix	Matrice de pointes
Dot matrix printer	Imprimante à aiguilles (ou) matricielle

Double-band (ciné, tv)	Double bande
Double-band projector	Projecteur double bande
Double-band system	Système double bande
Double can	Réflecteur à deux lampes
Double-compartment magazine	Magasin coaxial double
Double-concave	Biconcave
Double-convex	Biconvexe
Double exposure	Double impression, surimpression
Double feature	Double programme
Double-headed	En double bande
Double-headed film	Film double bande
Double-headed recording	Enregistrement double bande
Double Maltese cross	Croix de Malte double
Double-perforated film	Film à deux rangées de perforations
Double perforation	Perforation deux côtés
Double perforation stock	Pellicule à double perforation
Double print (imp)	Doublage
Double punch	Double perforation
Double strand (mont)	Bandes A et B
Double-system	Double bande
Double-system sound shooting	Prise de vues sonore synchrone en double bande
Double time	Tarif double
Dovetail	Queue d'aronde
Down link	Liaison descendante (réception)
Down page (imp)	Pied de page
Downstage	Avant-scène (théât)
Downstream	En aval
Downtime	Temps mort
Dowser	Obturateur,volet pare-feu (ecl)
Draft	Rédiger; projet
Drag (subst)	Friction (tête caméra)
Drag	Déplacer
Drag & drop (inf)	Glisser-déposer
Drain (élect)	Consommation
Drama	Dramatique
Dramatic insert (or) sequence (mont)	Séquence dramatisée
Dramatic lighting (photo, ciné)	Eclairage (ou) lumière à effet
Dramatic program (tv)	Dramatique (subst)
Dramatized documentary	Docudrame
Drape	Rideau
Draw	Tracer

Drawing	Dessin, tracé (subst)
Drawing software	Logiciel (ou) programme graphique
Dress rehearsal	Répétition générale
Dress a set (studio)	Placer les accessoires
Dressing room	Loge
Drift (vid)	Décalage, déviation, glissement
Drive	Entraînement; piloter ; lecteur (inf)
Drive-in cinema (ciné)	Cinéparc
Driven	Commandé, piloté
Driver	Conducteur, excitateur
Drive sprocket	Tambour d'entraînement
Driving circuit	Circuit conducteur
Driving gear	Pignon
Driving pin	Griffe d'entraînement
Driving wheel	Roue d'entraînement
Drop	Baisse, chute ; toile de fond (théât)
Drop bar (imp)	Barre de retournement
Drop-down list box (inf)	Liste déroulant
Drop-out (or) drop (vid)	Perte de signal, perte de niveau (ou) d'information
Drop-down menu (inf)	Menu déroulant
Drop-out (on tape)	Rayure blanche horizontale trace blanche
Drop-out compensator	Compensateur de perte de niveau
Drop shadow	Ombre projetée (ou) portée
Drown	Couvrir (un son)
Drowned sound	Son noyé
Drum	Tambour
Drum shutter	Obturateur à barillet
Dry	Sécher, sec
Dry cell	Batterie sèche, élément de pile, pile sèche
Dry pressing (imp)	Mise sous presse
Dry run	Répétition (de mouvements)
Dry-storage battery	Accumulateur sec
Dryer	Séchoir
Drying	Séchage
Drying cabinet	Armoire de séchage
Drying-out	Séchage
Drying rack	Séchoir
Dual modulation	Modulation double
Dual network	Circuit double, circuit réciproque
Dual track	Double piste (sonore)
Dub	Enregistrer,doubler (un film); sonoriser ; copier (vid)

Dub down	Copier (en un format inférieur)
Dub up	Copier (en un format supérieur)
Dubbed film	Film doublé
Dubbed version	Version doublée
Dubber	Défileur, platine
Dubbing	Post-synchronisation,doublage, sonorisation, enregistrement (texte)
Dubbing director	Directeur de plateau
Dubbing editor	Monteur (doublage)
Dubbing head	Tête d'enregistrement
Dubbing print	Copie pour doublage
Dubbing stage	Plateau d'enregistrement
Dubbing studio	Studio d'enregistrement
Dues	Redevance
Dull finish paper	Papier mat
Dull sound	Son sourd
Dulling spray	Bombe à mater
Dupe (or) duplicate	Contretype, internégatif (ciné) ; copie (vid)
Dupe negative	Contretype négatif
Dupe positive	Positif pour contretype
Duping	Contretypage
Duping print	Positif (lavande) pour contretype
Duplex	Duplex
Duplex channel	Voie bidirectionnelle
Duplex line	Ligne bidirectionnelle
Duplicate	Réenregistrer, dupliquer, copier, contretyper; contretype, copie ; double, duplicata
Duplicate tape	Bande de seconde génération
Duplicating device	Duplicateur
Duplicating positive	Copie marron, positif intermédiaire
Duplication	Contretypage, reproduction, reprographie, tirage (d'une copie), duplication
Duplication bench	Banc de reproduction
Durability index	Index de durabilité
Duration	Durée
Dye	Teindre; colorant, couleur, teinture
Dye-toning	Virage
Dye transfer	Tirage par imbibition
Dying-out	Etouffement, évanouissement
Dynamic (adj)	Dynamique
Dynamic computer imaging	Animation par ordinateur en continu

Dynamic loudspeaker	Haut-parleur électrodynamique
Dynamic microphone	Microphone à bobine mobile
Dynamic pick-up	Pick-up électrodynamique
Dynamic range	Rapport signal-sur-bruit ; dynamique
Dynamic (adj.)	Dynamique

E

Earphone	Ecouteur
Earphone plug	Prise d'écouteur
Earth	Terre
Earth leak	Fuite à la terre
Earth station	Station terrienne
Earth system	Prise de terre
Earth wire	Fil de terre
Earthing	Mettre à terre
Echo	Echo, résonance
Echo chamber	Chambre d'échos
Echo image	Image fantôme
Echo killer	Suppresseur d'écho
Echo sounding	Sondage par écho
Echo suppressor	Correcteur d'écho
Edge	Bord, côté
Edge coding	Numération de bord
Edge damage	Détérioration du bord de film
Edge effect	Effet de bord
Edge filtering (vid)	Lissage des contours
Edge flare	Voile latéral
Edge fogging	Voile latéral
Edge guide	Presseur latéral, guide latéral
Edge lighting	Eclairage rasant
Edge marking	Marquage de marge
Edge notch	Encoche
Edge number	Numéro de bord
Edge numbering	Numération de bord, piétage
Edge-numbering machine	Machine à piéter
Edge track	Piste latéral

Edge wave	Distortion latérale (ciné)
Edit	Couper, monter (un film); rédiger; segment (montage vid.)
Edit code (vid)	Code de montage
Edit key (inf)	Touche d'édition
Edit list	Liste de montage
Edit mode	Mode montage
Edit point	Point de montage, collant (vid)
Edit pulse (mont)	Impulsion de montage
Edit suite	Suite de montage
Edit window (inf)	Fenêtre d'édition
Editing (ciné, tv)	Montage
Editing bench	Table de montage
Editing console	Table de montage
Editing decision list (EDL)	Décisions de montage
Editing rack	Chutier
Editing room	Salle de montage
Editing synchronization	Synchronisme de montage
Editing table	Table de montage
Edition	Edition
Editor	Rédacteur en chef (pres), chef monteur (ciné), directeur de collection (édit)
Editorial (pres)	Editorial, article de fond
Editorial conference (pres, tv)	Conférence de rédaction
Editorial management	Direction de la rédaction
Editorial room (pres, tv)	Salle de rédaction
Editorial staff (pres, tv)	Equipe rédactionnelle, rédaction
Editorial writer	Editorialiste
Educational adviser	Conseiller pédagogique
Educational broadcasting	Emission scolaire
Educational film	Film d'enseignement, film éducatif, film scolaire
Educational software	Didactitiel

Educational television, E.T.V.	Télévision éducative, télévision scolaire
Edutainment	Jeu éducatif
Effect	Effet, trucage, bruitage
Effect lighting	Eclairage à effet
Effect loudspeaker	Haut-parleur d'ambiance
Effects generator	Générateur de trucages
Effects projector	Projecteur d'effets
Effects track	Bande de bruits, bande d'effets sonores, piste d'effets sonores
Effective aperture (T-stop)	Ouverture photométrique
Effective field	Champ effectif
Effective radiated power	Puissance d'émission
Effective resistance	Résistance pure
Effective time	Temps utile
Effective voltage	Tension efficace
Either-or-operation (inf)	Opération logique "ou"
Elastic sound-isolation support	Support élastique isolant
Electric	Electrique
Electric field	Champ électrique
Electric wave	Onde hertzienne
Electrical engineer	Ingénieur électricien
Electrical motor	Moteur électrique
Electrical signal	Signal électrique
Electrical zoom lens	Zoom à commande électrique
Electrician	Electricien
Electricity	Electricité
Electroacoustic	Electroacoustique
Electroacoustical pick-up	Capteur électroacoustique
Electrode	Electrode
Electrodynamic	Electrodynamique
Electrokinetic	Electrocinétique
Electroluminescent display	Affichage à diode électroluminescente
Electromagnet	Electro-aimant
Electromagnetic	Electromagnétique
Electromagnetic spectrum	Spectre électromagnétique
Electromagnetic wave	Onde électromagnétique
Electron beam	Faisceau électronique
Electron beam recording	Enregistrement sur film par faisceau électronique
Electron gun	Canon à électrons
Electron lens	Lentille électronique
Electronic	Electronique

Electronic brain	Cerveau électronique
Electronic brush (vid)	Pinceau électronique
Electronic camera	Caméra électronique
Electronic computer	Calculatrice électronique
Electronic data processing	Informatique
Electronic echo	Réverbération artificielle
Electronic editing	Montage électronique
Electronic highway	Autoroute électronique
Electronic image	Image électronique
Electronic library	Bibliothèque électronique
Electronic mail	Message (ou) courrier électronique
Electronic masking	Masquage électronique
Electronic media	Médias électroniques
Electronic news gathering (ENG)	Reportage (ou) journalisme électronique
Electronic payment	Télépaiement
Electronic pen	Marqueur électronique (ou) électrographique
Electronic recording	Enregistrement électronique
Electronic signal	Signal électronique
Electronic videorecording	Enregistrement vidéo électronique
Electronic viewfinder	Viseur électronique
Electronical-regulated turntable	Platine à régulation électronique
Electronical test chart (tv)	Mire électronique
Electrostatic	Electrostatique
Electrostatic field	Champ électrostatique
Electrostatic storage (inf)	Mémoire électrostatique
Electrotype	Electrotype
Element	Elément
Elementary	Simplifié
Elevated aerial (or) antenna	Antenne extérieure
Elevator	Ascenseur
Eliminate	Eliminer
Elimination	Elimination, suppression
Eliminator	Filtre antiparasites, suppresseur
Elliptical horn	Conque acoustique
Elliptical mirror	Miroir elliptique
E-mail	Courrier électronique, message electronique
Embedded code	Code intégré
Embedded command (inf)	Contrôle intégré
Embedding	Intégration
Embossed	Gaufré
Embossing	Gaufrage

Emergency exit	Sortie de secours
Emergency light	Eclairage de sécurité
Emit	Emettre, rayonner
Emitter	Cathode, émetteur
Emitter pulse	Impulsion d'émetteur
Empirical	Empirique
Emptied	Vidé
Empty	Vide ; vider
Emulation	Emulation
Emulsion (ciné)	Emulsion, surface sensible
Emulsion in	Enroulement intérieur, émulsion vers l'intérieur
Emulsion number	Numéro d'émulsion
Emulsion out	Emulsion vers l'extérieur, enroulement extérieur
Emulsion side	Côté émulsion
Emulsion speed	Sensibilité
Emulsion speed standard	Norme de sensibilité
Emulsion stripping-off	Pelliculage
Enabled (inf)	Autorisé
Encapsulated	Encapsulé
Encoder	Codeur
Encoding (or) coding	Codage
Encrypt	Crypter
Encrypted broadcast	Diffusion cryptée
Encryption (or) encypherment	Cryptage
End	Extrémité, fin, terminaison
End board	Clap de fin
Ended	Terminé
End credits	Générique de fin
Endless loop	Boucle sans fin
End mark	Marque de fin
End product	Produit final
End slate	Claquette de fin
End title	Titre de fin
End title card	Carton de fin
End user	Utilisateur final
Energy	Energie
Engine	Machine, moteur
Engineer	Ingénieur
Engineering	Ingéniérie
Engrave	Graver
Engraved	Gravé
Engraver	Graveur

Engraving	Gravure
Enhanced mode (vid)	Rendu amélioré
Enhancement	Amélioration du rendu
Enlarged	Agrandi
Enlargement	Agrandissement, gonflage
Enlarger	Agrandisseur
Enlarging lens	Objectif pour agrandissement
Entertainment	Divertissement, spectacle
Entertainment film	Film récréatif, film de divertissement
Entertainment program	Programme de divertissement
Epidiascope	Epidiascope
Episcope	Episcope
Episode	Episode
Equalization	Egalisation
Equalizer	Atténuateur, compensateur, écrêteur, filtre correcteur
Equipment	Appareillage, équipement, matériel, outillage
Equivalent loudness	Egale force sonore
Erasable storage (inf)	Mémoire effaçable
Erase	Effacer, gommer, rayer
Erase head	Tête d'effacement
Erasement	Effacement, gommage, suppression
Eraser	Effaceur
Erasing (or) erasure	Effacement, gommage, suppression
Erasing head	Tête d'effacement
Ergonomics	Ergonomie
Erroneous	Incorrect
Error level	Taux d'erreur
Essential area (ciné, vid)	Image utile
Establish	Etablir
Establishing shot (ciné, tv)	Plan de situation
Estimate	Estimation ; estimer
Etcher (imp)	Graveur à l'eau-forte, graveur
Etching	Dessin, gravure
Evacuate	Vider
Evaluate	Evaluer
Evaluation copy (inf)	Version de démonstration
Even	Pair, uni
Evening performance (ciné,théâ)	Soirée
Evenness	Egalité, uniformité
Event	Evéne ment

Eyecup	Oeilleton de viseur
Eyepiece	Oeilleton
Eyelet	Oeillet métallique
Examination	Vérification
Examiner	Vérificateur
Excerpt	Extrait
Excess current	Surintensité
Exchangeable camera-back (photo)	Dos interchangeable
Exciter	Oscillateur
Exciter anode	Anode d'amorçage
Exciter lamp	Lampe excitatrice, lampe phonique
Exclusive rights	Droits d'exclusivité
Exclusivity	Exclusivité
Execute	Exécuter
Executive editor (pres)	Rédacteur en chef technique
Exemption of duties	Franchise de droits
Exhausted	Vidé
Exhaustion	Epuisement
Exhibit	Exploiter
Exhibition	Exploitation, représentation
Exhibition rights (ciné, tv)	Droits de projection
Exhibitor (ciné)	Exploitant
Exhibitor's quota (ciné)	Quota d'exploitation
Existing light	Lumière existante
Exit	Sortie
Exit point (inf)	Point de sortie
Expander	Expanseur
Expansion	Extension
Experiment	Essai
Experimental program (tv)	Emission expérimentale, programme d'essai
Expert	Expert
Expert system	Système expert
Expiration date	Echéance
Exploitation rights	Droits d'exploitation
Exploration (vid)	Balayage
Exposed negative	Négatif exposé, négatif impressionné
Exposure	Exposition, pose
Exposure index	Indice de pose
Exposure latitude	Latitude d'exposition (ou) de pose
Exposure meter	Posemètre
Exposure needle	Indicateur de cellule
Exposure test	Essai d'exposition

Exposure time	Temps de pose
Exposure value	Indice de lumination
Extended definition television (EDTV)	Télévision à définition améliorée
Extended memory	Mémoire renforcée
Extension	Complément, prolongement ; ligne directe ; rallonge ; tirage (d'un appareil)
Extension cord	Câble prolongateur, prolongateur de ligne
Extension ring	Bague - allonge
Extension tube	Bague rallonge
Exterior filming	Tournage en extérieur
Exterior shot	Extérieur, prise de vues en extérieurs
Extra (ciné, tv)	Figurant
Extra bit player	Silhouette
Extra bold (imp)	Gras (caractère)
Extract	Sélectionner; fragment, extrait
Extremely-high frequency (30 to 300 GHz)	Onde millimétrique (1 à10mm)
Eye level	Au niveau des yeux
Eyelight	Projecteur pour les yeux
Eyepiece	Oeilleton

F

Face	Côté ; face avant
Face-to-face	Face à face
Facet mirror	Miroir à facettes
Facilities	Moyens techniques
Facsimile	Fac-similé ; télécopie, télécopieur, fax
Factor	Coefficient, facteur, indice, multiplicateur, taux
Factory	Usine
Fade	Fondre ; fondu (image); jaunir (photo)
Fade down (vid)	Fermeture en fondu
Fade-in	Fondu ouvert, ouverture en fondu
Fade-out	Fermeture en fondu, fondu au noir, fondu fermé
Fade-over	Fondu enchaîné
Fade up (vid)	Ouverture en fondu
Fade to white	Fondu au blanc
Fader	Gradateur (écl) ; équilibreur, atténuateur ; potentiomètre
Fading	Affaiblissement, atténuation, décoloration, évanouissement
Fading of sound	Chute d'intensité sonore
Failure	Panne, défaut
Fall	Baisse
Fan antenna	Antenne en éventail
Fan mail	Courrier des admirateurs
Fast	Vif, rapide
Fast forward	Avance rapide
Fast lens	Objectif à grande ouverture

Fast motion shooting	Prise de vues en accéléré
Fast playback	Lecture accélérée
Fast rewind	Retour rapide
Fastness	Rapidité
Feature	Mettre en vedette
Feature article (pres)	Article de fond
Feature editor (pres)	Rédacteur
Feature film, feature	Grand film, film de long métrage
Features (inf)	Caractéristiques
Feature story (pres)	Article de fond
Fee	Cachet
Feed	Alimenter; alimentation, entraînement; faisceau de transmission
Feed magazine	Magasin débiteur
Feed reel (or) spool	Bobine débitrice
Feed sprocket	Débiteur, débiteur de magasin, débiteur denté, tambour débiteur
Feed stroke	Phase de mouvement
Feed wire	Câble d'alimentation
Feedback	Réaction, retour d'information, rétroaction
Feedback amplifier	Amplificateur à réaction
Feedback loop	Boucle de rétroaction
Feeder	Alimenteur, câble, ligne
Feeder cable	Conducteur
Feeder line	Ligne d'alimentation
Feeding	Alimentation
Feeding claw (camera)	Griffe d'entraînement
Feeding device	Dispositif d'alimentation
Feeling	Sensation
Fees	Honoraires
Ferrite	Ferrite
Ferrite head	Tête ferrite
Fibre (or) fiber	Fibre
Fibre optic	Fibre optique
Fibre optic cable	Câble en fibre optique
Fiction film	Film de fiction
Fidelity	Fidélité
Field	Champ, trame (vid), zone
Field angle	Angle de champ
Field angle viewfinder	Viseur de champ
Field broadcast (radio, tv)	Reportage en extérieurs
Field camera	Caméra de reportage
Field frequency	Fréquence de trame

Field of sharpness	Champ de netteté
Field strength meter	Compteur de force de champ
Field test	Essai pratique
Field of view	Champ d'ensemble
Field of vision	Champ visuel
Field work	Travail de terrain
Figure	Chiffre, nombre
Filament	Filament
File	Classer ; fichier
File a story (pres)	Câbler une information
Fill-in screen	Panneau réflecteur
Fill light (écl)	Lumière d'appoint
Fill-up, filler (ciné)	Complément (de programme)
Film	Film (de cinéma), pellicule; tourner, filmer
Film for adults	Film pour adultes
Film archive	Cinémathèque, archive cinématographique
Film base	Support de film
Film break	Rupture de film
Film cement	Colle à film
Film clip	Extrait de film
Film counter	Compteur, métreuse
Film deterioration	Déformation de la pellicule
Film dimensions	Format cinématographique
Film drying drum	Tambour de séchage
Film editor	Monteur
Film feed	Entraînement du film
Film festival	Festival de film
Film gauge	Format du film
Film gate	Couloir du film
Film holder	Porte-film
Film insert	Insert filmé
Film inspector	Vérificateur
Film jam	Bourrage
Film library	Cinémathèque, filmothèque, banque d'images
Film loading	Chargement de film
Film loop	Boucle
Film loop protector	Protecteur de boucle
Film magazine	Revue cinématographique
Film maker	Auteur de film, cinéaste, réalisateur
Film making	Réalisation

Film music	Musique de film
Film review	Critique de film (une)
Film run	Temps de projection
Filmic	Filmique
Filmic analysis	Analyse filmique
Filming	Prise de vues (faire une), toumage
Filmology	Filmologie
Filmpack (photo)	Plan-film
Film printing rights	Droits de reproduction cinématographique
Film rack	Cadre (lab), porte-film (ciné)
Film restauration (or) regeneration (lab)	Restauration
Film review	Revue cinématographique, critique de film (une)
Film rights	Droits d'adaptation cinématographique
Film scanner	Analyseur de films, télécinéma, multiplexeur d'images
Film sequence	Séquence filmée
Film service	Service cinéma
Film society	Ciné-club
Film speed	Sensibilité de la pellicule
Film storage	Conservation de films
Filmstrip	Bande de film fixe
Filmstrip projector	Projecteur fixe
Film supply indicator	Indicateur de métrage de film
Film tension	Tension de film
Film test	Bout d'essai
Film threading (or) loading	Chargement du film
Film-to-tape transfer	Télécinéma, kinescope
Film transmitter (tv)	Emetteur de télécinéma
Film trailer	Bande annonce
Film transport	Avancement de la pellicule
Film unit	Equipe de tournage
Film user	Utilisateur de film
Film viewer (mont)	Visionneuse
Film wear	Usure du film
Filter	Filtre, écran
Filter exposure factor	Coefficient de filtre
Filter frame	Porte-gélatine
Filter holder	Porte-filtre
Filtering	Filtrage

Filter mount	Cadre porte-filtre
Filter out	Eliminer
Final cut (ciné, tv)	Montage définitif
Final shooting script	Découpage définitif, découpage technique
Finder (opt)	Viseur
Find out	Découvrir
Fine cut (ciné, tv)	Montage fin
Fine focus	Mise au point précise
Fine grain	Grain fin
Fine-grain film	Film à grain fin
Fine grain for duping (or) for opticals	Positif intermédiaire pour trucage
Fine-grain master	Positif intermédiaire
Fine-grain print	Copie grain fin
Fine-grain raw stock	Pellicule grain fin vierge
Fine-tune	Réglage fin
Finished	Terminé
Fireproof	Incombustible
Fire-resistant	Ignifugé
Fire-trap	Etouffoir (ciné)
Firm	Stable
First answer print	Première copie standard, copie zéro
First assembly (mont)	Bout à bout
First generation film	Film de première génération
First generation tape	Bande de première génération, enregistrement original
First projectionist	Chef opérateur de cabine
First release (ciné)	Exclusivité
First release print (ciné)	Copie de présentation
First run	Première exclusivité
First-run house (ciné)	Salle d'exclusivité
First showing	Première diffusion (tv), première projection (ciné)
First screening (ciné)	Première
First shooting day (ciné)	Premier tour de manivelle
First trial composite print (ciné)	Copie zéro, première copie standard
First unit	Equipe principale
Fish-eye lens	Objectif très grand angulaire
Fishpole	Perche (micro)
Fix	Fixer
Fix the set	Planter le décor
Fixation	Stabilisation

Fixative	Fixateur
Fixed angle	Champ fixe
Fixed-field file	Ficher d'enregistrement de longueur fixe
Fixed-frequency monitor	Moniteur à fréquence fixe (ou) monofréquence
Fixed-focus lens	Focale fixe, objectif à focale fixe
Fixer	Fixateur
Fixing	Fixage
Fixing agent	Fixateur
Fixing bath	Bain de fixage
Fixture	Agencement
Flag	Volet, drapeau ; lever un drapeau (inf)
Flagging (vid)	Distorsion de l'image, flottement
Flam film	Film inflammable, pellicule nitrate
Flammable (adj)	Combustible, inflammable
Flammable film	Film inflammable
Flange	Flasque, joue
Flap-over	Inversion gauche-droite, renversement de l'image
Flare	Lumière parasite, tache lumineuse
Flare spot	Tache lumineuse parasite
Flash	Eclair, flash, nouvelle-éclair (tv, radio)
Flashback	Retour en arrière
Flashbulb	Ampoule-éclair, ampoule-flash, lampe-éclair
Flash frame	Image blanche
Flashing (lab)	Latensification, postlumination prélumination, solarisation, "flashage"
Flashlight	Lampe torche, torche électrique
Flash of light	Eclat de lumière
Flash magnetization	Aimantation par impulsions
Flash memory (inf)	Mémoire flash
Flat (satellite) antenna	Antenne plate
Flat image	Image plate, image sans relief image trop peu contrastée
Flat lighting	Eclairage plat
Flat panel	Ecran plat
Flat-top antenna	Antenne en nappe
Flat response (son)	Réponse uniforme
Flatbed machine (imp)	Machine à plat

Flatbed scanner	Scanner à plat
Flatbed viewer (ciné)	Table de montage, visionneuse horizontale
Flats	Feuilles (de décor)
Flaw	Défaut
Flesh tone	Couleur chair
Flexible cable	Câble souple
Flicker	Scintillement, papillottement
Flicker-free	Sans scintillement
Flicker frequency	Fréquence de scintillement
Flicker meter	Scintillomètre
Flickering	Papillotement, scintillement
Flies (théât)	Cintres
Flipping	Zapper (action de)
Float	Flotter; paroi mobile
Float time	Durée de flottement, temps de battement
Floating action (opt)	Réglage flottant
Floating point	Point flottant
Floating window (inf)	Fênetre flottante
Flood	Faisceau élargi
Flood light	Ambiance, lumière d'ambiance
Flood lighting	Eclairage d'ambiance
Floor (ciné, tv)	Plateau
Floor manager	Régisseur de plateau
Floor mark	Marque au sol
Floor mixer	Chef-opérateur du son
Floorstand	Pupitre
Floppy disk	Disque souple, disquette
Florentine	Lentille à échelons
Flow	Couler ; flux
Flow meter	Indicateur de débit
Flowing white	Traînées blanches
Fluid	Liquide
Fluid gate printing	Tirage humide (ou) par immersion
Fluid head	Tête fluide
Fluorescence	Fluorescence
Fluorescent tube	Lampe fluorescente
Flushing	Rinçage
Flutter	Flottement, manque de fixité, pleurage, sautillement, scintillement
Flush (left or right)	Aligner (à gauche ou à droite)
Flutter factor	Taux de fluctuation

Flutter rate	Taux de pleurage
Fluttering of brightness	Fluctuation de la lumière
Fly (imp)	Double feuille
Flyback (vid)	Retour du spot
Flyer	Tract
Flying erase (vid)	Effacement par tête tournante
Flying spot	Faisceau analyseur (ou) mobile
Flying spot scanner	Analyseur à faisceau mobile
Flying spot tube	Tube à faisceau mobile
Flux	Flux
F.M.	Modulation de fréquence
Focal	Focal
Focal depth	Profondeur de foyer
Focal field	Champ focal, champ de netteté
Focal length	Distance focale
Focal-length adjusting ring	Anneau de réglage de focale
Focal plane	Plan focal
Focal plane shutter	Obturateur à rideau
Focal point	Foyer (optique)
Focus	Concentrer, faire le point, focaliser, mettre au point ;foyer, point focal
Focus (in)	Net
Focus anode	Anode de focalisation
Focus depth	Profondeur de foyer
Focus index marking	Echelle de mise au point
Focus on infinity	Mise au point à l'infini
Focus puller	Assistant de caméra, pointeur
Focusing	Concentration, focalisation, mise au point
Focusing cloth	Voile noir
Focusing control	Commande de netteté
Focusing knob	Bouton de mise au point
Focusing lamp	Projecteur convergent
Focusing lens	Lentille convergente
Focusing operator	Pointeur
Focusing range	Latitude de mise au point
Focusing ring	Bague de mise au point (d'objectif)
Focusing scale	Echelle de mise au point
Fog	Brouillard, voile
Fog filter	Filtre brouillard
Fog machine	Machine à brouillard
Fogged	Voilé
Fogged leader	Amorce voilee
Fogging	Voile
Fold	Pli

Folded sheet	Feuillet
Folder	Dépliant
Folding	Pliage
Folding camera (photo)	Appareil pliant
Folding machine (imp)	Plieuse
Foley (USA)	Bruiter
Foley artist	Bruiteur
Foleying stage	Plateau de bruitage
Folio	Folio
Folio size	In-folio
Follow focus	Suivre le point
Follow focus finder	Viseur couplé
Follow shot	Plan (ou) prise de vues en mouvement, plan (ou) prise de vues en travelling, travelling
Follow spotlight	Projecteur de poursuite
Font (imp)	Police (de caractères)
Font disc	Disque de police de caractères
Foot	Pied anglais (0,3048 m)
Footage	Métrage
Footage counter	Compteur de métrage
Footage numbers	Piétage
Foot-candle	Candela-pied (10,76 Lux)
Footer (inf)	Pied de page
Footlights	Rampe (lumineuse)
Footnote	Note (en bas de page)
Foot switch	Interrupteur au pied
Forced development	Développement poussé
Forecast	Prévision
Foreground	Avant-plan, premier plan (au)
Foreign correspondant	Correspondant à l'étranger
Foreign version	Version (en langue) étrangère
Foreign version release print	Copie version étrangère
Foreman	Contremaître
Form	Forme
Format (subst)	Format ; concept (d'une série)
Format	Formater (néol) ; formatage
Formula	Formule
Forum	Tribune, tribune libre (pres)
Forward action	Marche avant
Forwards	En avant
Forward scan	Avance rapide visualisée
Four-colour process	Quadrichromie
Four-track recording	Enregistrement quadriphonique

Fox wedge	Quart de brie
Fractal compression	Compression fractable
Frame	Cadrer; baie, cadre, châssis ; image ; photogramme
Frame advance	Défilement images (vid)
Frame buffer	Mémorisateur d'image (vid)
Frame-by-frame exposure	Prise de vues image par image
Frame counter	Compteur images
Frame frequency	Fréquence image
Frame line	Barre de cadrage (ciné), ligne dę séparation horizontale (tv)
Frame-line leader	Amorce cadrée
Frame mask	Cache image
Frame mounting	Montage sur cadre
Frame rate	Fréquence image, vitesse de défilement de film
Frame reversal	Inversion d'image
Frame roll (vid)	Défilement vertical
Frames (picture to sound) separation	Décalage son-image (prise de vues à piste couchée)
Frame scrub	Recherche image par image
Frame size	Format de l'image
Frames-per-second	Images-par-seconde
Framestore	Mémoire de trame
Framework	Structure
Framing	Cadrage ; encadrement
Franchising	Franchise
Free	Libre, gratuit
Free copies (édit)	Service de presse
Free head	Tête à friction
Freelance journalist	Pigiste
Freelance technician	Technicien indépendant
Free-line signal	Signal de ligne libre
Free-running	Libre
Free wave	Onde libre
Freeze frame	Arrêt sur l'image, image arrêtée, gel d'image
Frequency	Fréquence ; cadence
Frequency band	Bande de fréquence
Frequency carrier	Onde porteuse
Frequency changer	Changeur de fréquence
Frequency divisor	Diviseur de fréquence
Frequency division	Répartition des fréquences
Frequency drift (or) shift	Glissement de fréquence

Frequency fluctuation	Variation de fréquence
Frequency lag	Décalage de fréquence
Frequency lock	Stabilisateur de fréquence
Frequency meter	Fréquencemètre
Frequency modulation, F.M.	Modulation de fréquence, MF
Frequency range	Gamme de fréquence, bande passante
Frequency regulator	Régulateur de fréquence
Frequency response	Caractéristique de fréquence, courbe de fréquence, réponse amplitude-fréquence
Frequency response control	Contrôle de réponse de fréquence
Frequency run	Essai de fréquence
Frequency spacing	Intervalle de fréquence
Frequency transformer	Transformateur de fréquence
Fresnel lens	Lentille de Fresnel
Friction	Friction
Friction head	Tête à friction
Friction loss	Perte par frottement
Friendly (inf)	Convivial
Fringe	Frange
Fringe area	Zone limite de propagation
Fringe benefits	Avantages sociaux
Fringe time	Avant (ou) après l'heure de pointe
Fringing (vid)	Franges de distortion, frangeage de couleur
Front end	Coût de préproduction ; face avant (d'un appareil)
Front lens	Lentille frontale, lentille antérieure
Front lighting	Eclairage frontal
Front panel	Face avant
Front porch (vid)	Palier avant
Front projection	Projection frontale
Front view	Vue avant
Frosted gel	Gélatine dépolie
Frosted glass	Verre dépoli
Frosting	Glaçage
Frosting mixture	Bain de dépolissage
F-stop (opt)	Ouverture de diaphragme (géométrique)
Full aperture	Pleine ouverture
Full coat	Couche pleine
Full duplex	Bidirectionnel, simultané
Full frame	Plein cadre

Full-length feature	Film de long métrage
Full-length film	Film de long métrage
Full licence	Autorisation définitive
Full motion video	Vidéo animée (plein écran)
Full-proof	Indéréglable
Full resolution	Pleine résolution
Full rights	Droits en totalité
Full scale	Grandeur nature
Full-screen mode	Mode plein écran
Full track (magnetic)	Pleine piste (magnétique)
Function key	Touche de fonction
Fuse	Fusible
Fuse box	Coffret à fusibles
Fuse holder	Porte-fusible
Fuse wire	Fil fusible
Fuzzy	Flou
Fuzzy logic	Logique floue

G

Gaffer (ciné)	(Chef) électricien
Gaffer tape	Adhésif (rouleau d')
Gag	Idée drôle
Gain	Amplification, gain, facteur d'amplification
Gain boost	Amplificateur de gain
Gain control	Contrôle de gain, réglage de puissance (ou) niveau
Gain factor	Rendement
Galery (vid)	Chutier
Game show	Jeu télévisé
Gameware	Ludiciel
Gamma	Gamma
Gamma infinity	Gamma infini
Gamma strip	Coin sensitométrique
Galvanometer	Galvanomètre
Gang	Asservir ; asservissement
Gap	Ecart, intervalle, entrefer
Gap-loss	Perte dans l'entrefer
Gas-filled lamp	Lampe à atmosphère gazeuse
Gasket	Joint
Gate	Couloir, fente, fenêtre, porte, vanne
Gated amplifier	Amplificateur à déclenchement périodique
Gathering	Rassemblement
Gauge	Calibre, format, jauge
Gauge grinder (imp)	Machine à calibrer

Gauze	Gaze, tulle ; trame (sur objectif)
Gear	Appareillage
Gear box	Boîte de transmission
Gear wheel	Roue dentée
Geared head	Tête à manivelle
Gelatin, gel	Gélatine
General audience	Grand public
General release (ciné)	Sortie (ou) exploitation toutes salles
General storage (inf)	Mémoire universelle
General view	Vue d'ensemble
Generate	Engendrer
Generator	Générateur, groupe électrogène
Geneva wheel	Croix de Malte
Genlock	Verrouilleur de synchro
Geostationary orbit	Orbite géostationnaire
Ghost	Fantôme
Ghost image	Echo image (vid), filage d'image (ciné), image blanche, image fantôme
Ghost travel	Filage
Giga	Giga (1 000 000 000)
Glare	Eblouissement, lueur, miroitement, reflet
Glare filter	Filtre d'écran
Glass	Verre
Glass-beaded	Perlé
Glass-painting	Décor sur glace peinte
Glass shot	Plan avec glace peinte
Glaze	Glacer, lisser
Glazed	Glacé, satiné, verni
Glazed paper	Papier glacé
Glazing machine (imp)	Calandre, glaceuse
Globe	Ampoule, lampe
Gloss	Lisser ; brillance
Glossy	Brillant, luisant, lustré
Glossy paper	Papier brillant
Glow	Lueur, luminescence
Glow-discharge microphone	Microphone à décharge
Glow effect	Effet de luisance
Glow lamp	Lampe à lueurs, lampe à basse tension
Glue	Coller; colle
Glued	Collé

Gobo	Ecran opaque
Gofer (or) gopher	Coursier, (grouillot)
Good broadcasting voice	Voix radiogénique
Go slow	Ralentir
Governor-controlled motor	Moteur régulé
Gradation	Gradation
Grade	Etalonner, graduer ; classe
Graded (filter)	Dégradé (filtre)
Grader (ciné)	Etalonneur
Grading (ciné)	Etalonnage
Grading band	Bande d'étalonnage
Grading bench	Banc d'étalonnage
Grading card	Fiche (ou) carton d'étalonnage
Grading print	Copie d'étalonnage
Grading sheet	Feuille d'étalonnage
Graduate	Graduer
Graduated filter	Filtre dégradé
Grain	Grain
Grained paper	Papier grainé
Graininess	Granulation
Grant	Subvention
Granular	Granulaire
Granularity	Granularité
Graph	Graphique, tracé
Graphic (adj)	Graphique
Graphic artist	Dessinateur, graphiste
Graphic arts	Arts graphiques
Graphical video	Vidéographie
Graphic display resolution	Résolution graphique
Graphics generator	Générateur de caractères
Graphics tablet (or) plat form	Palette graphique
Graphic user interface (GUI)	Interface utilisateur graphique
Gravure paper	Papier hélio
Graybase	Couche anti-halo
Gray chart (or) scale	Charte de gris, échelle de gris
Grayed	Grisé
Gray out	Griser
Grazing	Zapper (action de)
Grease pencil	Crayon gras
Green	Vert
Green film	Copie neuve
Green print	Copie fraîche
Greenish	Verdâtre
Grid	Gril (écl) ; quadrillage

Grid wire (tv)	Maille d'écran
Grille (tv)	Mire de distortion
Grinding	Broyage
Grip	Attacher; machiniste de plateau; poignée
Gripper	Pince
Groove	Rainure, sillon
Groove jumping	Déraillement
Groove shape	Profil de sillon
Groove speed	Vitesse linéaire dans sillon
Ground	Terre
Ground connection	Prise de terre
Ground electrode	Conducteur de terre
Ground glass	Dépoli, verre dépoli
Ground glass screen	Ecran dépoli
Ground glass with etched format	Verre dépoli gravé
Ground noise	Bruit de fond, bruit de souffle
Ground wire	Fil de terre
Grounded cable	Câble souterrain
Grounding	Mise à la terre (ou) à la masse
Group leader	Animateur (de groupe)
Group listening	Ecoute collective
Groupman (élect)	Groupiste
Guard band (vid)	Interpiste ; espace interbande ; intervalle de garde
Guide edge	Bord guide (du film)
Guide roller	Galet-guide, tambour-guide
Guide tape	Son témoin
Guide track	Piste de guidage ; rails de travelling ; son pilote, son témoin
Guillotine tape splicer	Presse à adhésif (ou) à scotch
Gumming machine (imp)	Machine à gommer
Gun microphone	Micro canon
Gyro-head	Tête gyroscopique
Gyro-tripod	Trépied gyroscopique
Gyroscope	Gyroscope

H

Hacker	Pirate (informatique)
Hacking	Piratage (informatique)
Hair	Poil (caméra)
Hair stylist	Coiffeur
Halation	Halo
Half-shadow	Pénombre
Half-tone	Demi-teinte
Half-tone process (imp)	Simili gravure
Half-track	Demi-piste
Hall	Salle
Halogen	Halogène
Hand camera	Caméra portative
Hand feed	Alimentation manuelle
Hand grip	Crosse à main, poignée
Hand-held	Portatif
Hand-held camera	Caméra à l'épaule
Handle	Manipuler ; manette, manivelle, poignée
Handle (inf)	Identificateur
Handling	Manipulation, manutention
H-&-D curve	Courbe sensitométrique
Hang	Suspendre
Hanging	Suspension
Hard	Dur
Hard copy (inf)	Copie papier
Hard disk	Disque dur
Hard picture	Image contrastée
Hardener (lab)	Fixateur
Hardening	Durcissement
Hardening bath	Bain tannant

Hardware	Equipement, matériel
Harmonic	Harmonique
Harmonic analyzer	Analyseur d'harmoniques
Harmonic conversion	Multiplicateur de fréquence transducer
Harmonic distortion	Distorsion harmonique
Harmonic suppressor	Filtre d'harmonique
Harsh	Dur
Harsh picture	Image contrastée
Haze	Brume, voile atmosphérique
Haze filter	Filtre brouillard
Head	Tête, bloc
Head assembly	Bloc de tête
Head block	Bloc de tête
Head brush	Balai frotteur
Head clogging	Encrassement des têtes
Head drum	Tambour de têtes
Head end	Tête de réseau
Head extension	Câble rallonge principal
Head gaffer (ciné)	Chef électricien, chef éclairagiste
Head gap	Entrefer
Head grip (ciné)	Chef machiniste
Head leader	Amorce de début (ou) de tête, bande amorce
Head-monitored display	Visiocasque
Head office	Siège social
Head rigger (ciné)	Chef machiniste
Headroom	Air (au-dessus des comédiens)
Head-to-tape speed	Vitesse d'inscription
Head voice	Voix de tête
Head wheel	Disque porte-têtes
Header (inf)	Entête
Heading (pres)	Chapeau, en-tête, titre
Headline (pres)	Manchette, titre (gros)
Head out	Par la tête
Headphone	Casque (d'écouteurs)
Headset	Casque (avec micro)
Head shot	Gros plan (visage)
Hearing loss	Atténuation d'audition
Heat	Chaleur
Heat absorber (or) filter	Filtre anticalorique
Heat shield	Ecran de chaleur
Heavy (subst)	Le "méchant" (personnage)

Heavy face (imp)	Caractère gras
Height	Hauteur
Height control	Réglage de hauteur (d'image)
Height-to-time converter	Convertisseur amplitude-temps
Helical	Hélicoïdal
Helical recording	Enregistrement hélicoïdal
Helical scan	Balayage hélicoïdal
Helical scan system	Système d'analyse en hélice (ou) hélicoïdal
Helical video recorder	Magnétoscope à enregistrement hélicoïdal
Heliography (imp)	Héliographie
Heliogravure (imp)	Héliogravure
Hertzian wave	Onde hertzienne
H.I. box	Boîte de branchement
Hide	Masquer
Hi-Fi	Haute fidélité
Hi-fi unit	Chaîne haute fidélité
High	Aigu, haut
High angle shot	Plan en plongée, plongée
High band (U-matic)	Format BVU
High check (son)	Contrôle des aiguës
High definition (tv)	Haute définition
High energy tape	Bande à haute coërcivité
High fidelity	Haute fidélité
High-fidelity system	Chaîne haute fidélité
High frequency	Haute fréquence
High-frequency microphone	Microphone à haute fréquence
Highgloss drying (photo)	Glaçage
High hat	Base (de caméra)
High intensity arc	Arc à haute intensité
High intensity carbon	Charbon à haute intensité
High key (écl)	Hautes lumières
High level	Haut niveau
Highlight (écl)	Eclairage principal
Highlight (vid)	Blanc, plage lumineuse
Highlight tearing (vid)	Rupture de blanc
High-pass filter	Filtre passe-haut
High-peaker control (vid)	Essai de contrastes
High-pitched (son)	Aigu, haut perché, strident
High resolution	Haute résolution
High shot	Plongée
High-speed action	A action rapide

High-speed camera	Caméra à grande vitesse, appareil de prise de vues (ou) caméra ultra-rapide
High-speed cinematography	Prise de vues à haute fréquence
High-speed feed	Alimentation accélérée
High-speed tape reading	Lecture rapide de bande
High-speed tape recording	Enregistrement rapide de bande
Hi-hat	Base pour caméra
Hinge	Charnière
Hiss	Bruit de fond, sifflement, souffle
Hissing	Sifflement
Hit	Succès
Hit the lights	Envoyer (les projecteurs)
Hit parade	Palmarès
Hold	Maintenir
Hold-back sprocket	Débiteur de projection
Hold control (vid)	Commande de balayage
Hold frame	Image arrêtée
Holder	Monture
Holiday credits	Congés payés
Hologram	Hologramme
Holography	Holographie
Homeostatic	Homéostatique
Home position	Point mort
Homogeneous	Homogène
Honeycomb lens	Lentille martelée, lentille à facettes
Hood	Capot
Hooking	Accrochage (tv), branchement, connexion ; distortion d'image (vid)
Horizontal advertising	Publicité collective
Horizontal blanking	Suppression de lignes
Horizontal control	Contrôle de balayage (horizontal)
Horizontal frequency	Fréquence horizontale
Horizontal hold control	Commande de stabilité horizontale
Horizontal image	Image horizontale
Horizontal line hold	Défilement horizontal
Horizontal resolution	Résistance horizontale
Horizontal scroll bar	Barre de défilement horizontal
Horizontal wraparound	Retour à la ligne (inf)
Horse (mont)	
Horizontal sweep (or) scan	Balayage horizontal
Horse opera	Western
Host (tv)	Présentateur (-trice)
Hot	Chaud

Hot line	Numéro d'urgence
Hot spot	Tache de lumière
Hour	Heure
House organ	Journal d'entreprise
Housing	Carter
Howl (or) howling	Hurlement
Hub (inf)	Concentrateur
Hue	Teinte
Hum	Bruit de fond, bourdonnement, ronronnement, "ronflette"
Human-computer (or) human-machine interface	Interface homme-machine
Humidity	Humidité
Humming	Souffle (bruit de fond)
Hydraulic tripod	Pied hydraulique
Hyperfocal	Hyperfocal
Hyperfocal distance	Distance hyperfocale
Hypermedia	Hypermédia
Hypertext	Hypertexte
Hyphenation & Justification (inf)	Ponctuer - Justifier

I

Icon	Icône
Iconoscope	Iconoscope
Identical	Identique
Identification	Identité, identification
Identification leader (ciné)	Bande amorce d'identification
Idle	Fou, libre
Idle line	Ligne libre
Idle roller	Galet libre
Idle time	Temps mort
Idler	Galet
Ignition	Allumage
Illumination	Eclairement, illumination
Illuminated track (vid)	Piste activée
Image	Image
Image carrier (vid)	Porteuse vidéo
Image colorizer (vid)	Colorisateur
Image curvature	Courbure de champ
Image date bank	Banque d'images
Image enhancement	Accentuation d'image
Image format	Format d'image
Image leap	Saute d'image
Image ratio	Format de l'image
Image response (vid)	Sélectivité
Image restitution	Restitution d'image
Image size	Format de l'image
Image synthesis	Synthèse de l'image
Image scale	Echelle de reproduction
Image scanning device	Dispositif de balayage d'image
Image steadiness	Stabilité de l'image
Image track	Bande image

Imagery	Imagerie
Imaginary	Imaginaire
Imaging stystem	Système de génération d'images
Imbibition print	Copie par imbibition
Immersion lens	Objectif à immersion
Impedance	Impédance
Impedance amplifier	Amplificateur à impédance
Impedance matching	Harmonie d'impédance
Impedometer	Impédancemètre
Imposing stone (imp)	Marbre
Imposition (imp)	Imposition
Impregnation	Imprégnation
Impress (imp)	Clicher
Impress copy (imp)	Epreuve typo
Impression	Impression
Impulse	Impulsion
Impulse corrector	Filtre d'impulsions
Impulse fréquency	Fréquence d'impulsions
Impulse generator	Générateur d'impulsions
Inacurrate	Faux, imprécis
Inaudible	Inaudible
Incandescence	Incandescence
Incandescent lamp	Lampe à incandescence
Incandescent light	Lumière à incandescence
Inch	Pouce (25,4 mm)
Incident light	Lumière incidente
Incidental music	Musique scénique
Inconstant	Instable
Increase	Augmenter ; augmentation
Incrust (vid)	Surimpression, insertion
Independant station, indie	Station indépendante
Indeterminate	Indéterminé
Index	Indexer; indice, index
Indication	Indication
Indicator	Indicateur
Indirect	Indirect
Indirect lighting	Eclairage indirect
Indirect scanning	Analyse par réflexion
Induction	Induction
Induction loudspeaker	Haut-parleur électromagnétique
Induction motor	Moteur à induction
Infinity	Infini
Inflammable	Combustible, inflammable
In-folio	In-folio

Infomercial	Publireportage, publi-information, publirédactionnel
Information	Information
Information film	Film d'information
Information flow	Diffusion de l'information
Information highway	Autoroute de l'information
Information processing	Traitement de l'information
Information technology	Télématique
Infrared	Infrarouge
Infrared ray	Rayon infrarouge
Infrasonic	Infra-acoustique
In-house	Interne, intégré
Initial campaign	Campagne de lancement
Initialization	Initialisation
Ink	Encre
Ink-jet printer	Imprimante à jet d'encre
Ink number	Piétage
Inky (ciné)	Petit projecteur à incandescence
Inlay (tv)	Cache électronique, insert, système électronique d'insertion
Inlet	Entrée
Inner	Interne
Inprinting	Gravure
Input	Entrée, énergie d'entrée
Input block	Bloc d'entrée
Input impedance	Impédance d'entrée
Input level	Niveau d'entrée
Input signal	Signal d'entrée
Input stage	Etage d'entrée
Input tube	Lampe d'entrée
Insert (ciné, tv)	Insérer; insert, plan raccord, plan de détail, raccord
Insert camera	Caméra d'effets spéciaux, caméra d'inserts (tv)
Insert lamp (tv)	Voyant d'insertion
Insert mode (inf)	Mode d'insertion
Insert title (ciné, tv)	Intertitre
Insertion (ciné, tv)	Insertion, incrustation
Insertion footage (ciné, tv)	Séquence d'inserts, métrage inséré
Inset	Encart, insertion
Inspect	Inspecter
Inspection	Examen, vérification
Inspection lamp	Lampe baladeuse
Installation	Installation

Installation time	Temps de montage (installation)
Instant replay (vid)	Relecture immédiate
Instantaneous	Instantané
Institutional TV	Télévision institutionnelle (ou) service public
Instruction	Instruction
Instructions microphone	Microphone d'ordres
Instruction track	Piste d'ordres
Instrument	Appareil, instrument
Instrument panel	Tableau de bord
Insulate (élect)	Isoler
Insulated lens housing	Blimp d'objectif
Insulating	Isolant
Insulating tape	Ruban isolant
Insulation	Isolation
Insulator	Isolant
Insurance	Assurance
Insurance contribution	Charges sociales
In sync	Synchronisé
Integral	Intégral
Integral action	Réglage intégral
Integrate	Intégrer
Integrated circuit	Circuit intégré
Integrated system	Système intégré
Integrated services digital network (ISDM)	Réseau numérique à intégration de services (RNIS)
Integration	Intégration
Integration amplifier	Dispositif d'intégration
Intelligence	Intelligence
Intelligibility (son)	Netteté phonique
Item	Elément
Intense	Intense
Intensifying	Renforcement
Intensifying gain	Amplification
Intensity	Intensité
Intensity distortion	Distorsion d'amplitude
Intensity force	Force magnétique
Interaction	Interaction, réaction
Interactive cable	Câble interactif
Interactive compact disc (CD-I)	Disque compact optique interactif (DOC-I)
Interactive terminal	Borne interactive
Interactive television	Télévision interactive
Interactivity	Interactivité

Intercalate	Intercaler
Interchangeable	Interchangeable
Interchangeable mirror	Miroir amovible
Intercity network	Réseau interurbain
Intercom	Interphone
Intercommunication	Intercommunication
Intercommunication system	Interphone
Interconnection	Interconnexion
Intercut (mont)	Insertion, raccord
Intercut shots (mont)	Images insérées
Interface	Interface, jonction
Interface card	Carte d'interface
Interfere	Brouiller, interférer
Interference	Brouillage, interférence, parasites, perturbation
Interference area	Zone de brouillage
Interior	Intérieur
Interior filming	Prises de vues en intérieurs
Interior shot	Prises de vues en intérieurs
Interlace scanning	Balayage entrelacé
Interlace scanning system	Système de balayage entrelacé
Interlaced fields	Trames entrelacées
Interlaced video	Vidéo entrelacée
Interleave factor	Facteur d'entrelacement
Interlock	Couplage, blocage
Interlock device	Système de verrouillage
Interlock projector	Projecteur double-bande
Interlocking	Accouplement, verrouillage
Interlocking regulator	Relais d'accouplement
Interlude	Interlude
Intermediary	Intermédiaire
Intermediate-film system	Télévision par film intermédiaire
Intermediate frequency	Moyenne fréquence
Intermediate negative (ciné)	Internégatif
Intermediate positive	Copie master, master, positif intermédiaire
Intermission	Entracte
Intermittent	Intermittent
Intermittent feed	Entraînement intermittent
Intermittent movement	Mouvement intermittent
Intermittent printer	Tireuse intermittente
Intermittent shoe	Presseur intermittent
Intermittent sprocket	Tambour intermittent
Intermodulation	Intermodulation

Internal	Interne
International standards	Normes internationales
International track	Bande son internationale
Internegative	Contretype négatif, internégatif
Interplay	Effet réciproque
Interpositive	Copie master, master, positif intermédiaire
Interpret	Interpréter, traduire
Interpreter	Interprète
Interrupt	Interrompre
Interrupting capacity	Intensité de rupture
Interruption	Coupure, interruption
Intersection	Intersection
Intersector	Intersecteur
Intertype (imp)	Intertype
Interval	Entracte ; intervalle
Interview	Entretien, interview, entrevue
Introducer	Présentateur
Intuitive	Intuitif
Intuitive interface	Interface intuitif
Invent	Inventer
Inverse video	Vidéo inversée
Inversion of image	Renversement de l'image
Invert	Inverser
Inverted	Inversé
Inverter	Inverseur
Invisible	Invisible
Invoice	Facture
Iridescence	Irisation
Iris	Diaphragme, iris
Iris control	Contrôle du diaphragme
Iris in	Ouverture en iris
Iris out	Fermeture en iris
Irradiation	Irradiation
Irregular	Irrégulier
Isolate	Isoler
Isolation	Isolement
Issue (pres)	Edition
Italic (imp)	Italique
Item	Donnée, objet

J

Jack	Fiche, levier, prise
Jacket (pres)	Jaquette
Jagged edges (or) "jaggies"	Bords crénelés
Jam	Brouiller, interférer
Jamming	Bloquage, brouillage
Jamming signal	Signal brouilleur
Jaw	Joue
Jell	Gélatine, écran gélatine
Jerky crawl	Défilement saccadé
Jerky unwinding	Défilement saccadé
Jet black	Noir absolu
Jib arm	Bras de grue
Jingle	Sonal (néol)
Jitter	Tremblement, instabilité du signal
Job	Travail, tâche
Jog	Recherche image-par-image
Jogging	Mouvement pas-à-pas
Join	Raccorder, coller
Joint	Joint
Joint use	Usage combiné
Journalist	Journaliste
Journalistic	Journalistique
Joystick	Levier de commande, manette
Jump	Saut
Jump cut (mont)	Coupe (dans le plan), saute de montage
Jump cutting	Montage rapide
Jumper (elect)	Cavalier
Junction	Branchement, jonction
Junction box	Boîte de jonction

Junction cable	Câble de jonction
Jury	Jury
Justify	Justifier
Just published	Vient de paraître

K

Keep take	Prise à tirer
Kern	Espacer
Kerning (vid)	Espacement (des titres)
Key	Bouton de commande, clé,touche ; incrustation (vid) ; incruster (vid)
Keyboard	Clavier, tableau de commande
Keyer	Inscrutateur
Key frame (vid)	Dessin principal (animation par ordinateur) ; image de référence (vid)
Key grip (ciné)	Chef machiniste
Keying (tv)	Incrustation, trucage électronique
Key level	Niveau d'incrustation
Keylight (ciné, tv)	Eclairage principal, lumière de base
Keynote	Dominante
Key number	Numéro de bord
Key shot	Plan de situation
Keystone distortion	Distortion trapézoïdale
Keyword	Mot clé
Kicker light	Projecteur de décrochement
Kidvid	Emissions TV pour enfants
Kill (a light)	Soulager, couper, éteindre
Kinescope (tv)	Kinescope
Kinetic	Cinétique
Kinetic energy	Energie cinétique
Kinetic painting	Tableau cinétique
Kiosk	Kiosque, borne
Kit	Prêt-à-monter
Knob	Bouton
Kruckle	Rotule

Knurled knob	Bouton molleté
Kudos	Compliments

L

Label	Etiquette
Laboratory (or) lab	Laboratoire
Laboratory fade (ciné)	Fondu chimique
Laboratory report	Feuille de rapport image
Laboratory test	Essai de laboratoire
Laboratory work	Travaux de laboratoire
Lace (ciné)	Charger (un projecteur)
Lacing a screen	Poser un écran
Lack of contrast	Manque de contraste
Lack of sharpness	Manque de netteté
Lackluster	Terne
Lacquer	Laque, vernis
Lacquered	Verni
Lacquering	Laquage, vernissage
Lag	Délai, décalage, rémanence
Lagging	En retard, déphasé
Lagging chrominance	Chrominance de retard
Lamp	Ampoule, appareil d'éclairage, lampe
Lamp base	Culot de lampe
Lamphouse (proj)	Lanterne
Lamp rack	Panneau de projecteur
Land station	Station terrestre
Language	Langage
Lantern	Lanterne
Lantern slide	Diapositive de projection
Lap dissolve (ciné)	Fondu enchainé (image)
Lapel microphone	Micro-cravate
Lap time	Temps écoulé
Laptop computer	Micro-ordinateur portatif (ou) portable
Large screen (ciné)	Grand écran

Larsen effect (son)	Amorçage acoustique, effet larsen
Laser (Light amplification by stimulated energy of radiation)	Laser
Late edition (pres)	Dernière édition
Latency	Attente
Latensification	Latensification
Latent image (ciné)	Image latente
Lateral move	Mouvement latéral
Lateral recording (son)	Gravure transversale
Lavalier mike	Micro-cravate
Latitude	Latitude (d'exposition)
Launch	Lancer
Lavender print (ciné)	Copie lavande
Law	Loi, réglementation
Law report (pres)	Chronique judiciaire
Layer	Couche
Layering menu (vid)	Menu des couches
Lay out	Mettre en page, mise en page ; schéma, tracé; placer
Lay-out artist (imp)	Maquettiste, metteur en page
Lead (actor)	Premier rôle
Lead (imp)	Interligne
Lead-acid battery	Batterie au plomb
Lead box (élect)	Boîte de branchement
Leader (ciné)	(Film) amorce
Leader-writer (pres)	Editorialiste
Lead-in	Entrée
Leading actor (ciné, tv)	Interprète principal
Leading article (pres)	Editorial
Leading chrominance	Chrominance directrice
Leading edge	Bord de guidage
Leading part (ciné, tv)	Premier rôle
Lead-in groove	Sillon initial
Lead-out groove	Sillon de sortie
Lead-over groove	Sillon intermédiaire
Lead part	Rôle principal
Lead story (pres)	Article de tête
Leaf	Feuille
Leaf shutter	Obturateur à pales
Leaflet	Brochure, feuillet
Leak	Fuite
Leakage	Fuite
Lean	Inclinaison
Leased line (cab)	Ligne réservée

Leg	Branche (de trépied)
Length	Longueur, métrage
Legs	Trépied
Lens	Lentille, objectif, système optique
Lens adapter	Bague porte-objectif
Lens aperture	Ouverture de diaphragme
Lens cap	Bouchon d'objectif
Lens extender	Bague de tirage
Lens holder	Support d'objectif
Lens hood	Parasoleil
Lens mount	Monture d'objectif
Lens opening	Diaphragme, ouverture d'objectif
Lens registration	Calage de l'objectif
Lens-shaped	Lenticulaire
Lens stop (or) setting	Ouverture de diaphragme
Lens support	Support d'objectif
Lens tissue	Papier à objectifs
Lens turret	Tourelle d'objectifs
Lenticulated	Gaufré
Lenticulated film	Film gaufré
Lenticulated screen	Ecran gaufré
Letter	Lettre
Letter-press printing	Typographie
Letters to the editor	Courrier des lecteurs
Level	Niveau
Level indicator	Décibelmètre
Leveling	Egalisation
Lever	Levier, manette
Lever-arm	Bras de levier
Library	Bibliothèque
Library music	Musique d'archives, musique pré-enregistrée
Library shot	Plan d'archives, image d'archives

Library sound effects	Bruits pré-enregistrés
Licence	Licence, permis, autorisation
Lid lock	Fermeture de couvercle
Life	Durée, vie
Life span	Longévité
Light	Lumière; léger
Light-and-sound show	Spectacle son et lumière
Light beam	Faisceau lumineux
Light box	Négatoscope
Light curve	Courbe de lumière
Light dimmer	Jeu d'orgues
Light dimming	Affaiblissement de la lumière
Light-emitting diode	Diode-émetteur
Light flux	Flux lumineux
Light gate	Cache de lumière
Light intensity	Intensité de la lumière
Light level	Niveau de lumière
Light lift (écl)	Pantographe
Light loss	Perte de lumière
Lightmeter	Cellule, photomètre, posemètre, luxmètre
Light modulator	Modulateur de lumière
Light output	Rendement lumineux
Light particle	Particule de lumière
Light pen (vid)	Marqueur électronique, crayon lumineux
Light ray	Rayon lumineux
Light-sensitive	Photo-sensible (adj)
Light-sensitive layer	Emulsion photo-sensible
Light sensitivity control	Commande de sensibilité de lumière
Lightshield	Coupe flux
Light show	Spectacle d'effets lumineux
Light source	Foyer lumineux, source lumineuse
Light spot	Tache de lumière
Light-struck leader	Amorce voilée
Light tone	Teinte claire
Light trap	Chicane, sas
Light valve	Modulateur de lumière
Light video (equipment)	Vidéo légère
Light wave	Onde lumineuse
Light-weight equipment	Equipement léger
Lighting	Eclairage
Lighting cameraman (ciné)	Chef opérateur, directeur de la

	photographie
Lighting console	Pupitre d'éclairage
Lighting control	Jeu d'orgues
Lighting engineer	Eclairagiste
Lighting equipment	Matériel d'éclairage
Lighting grid (écl)	Gril
Lighting director (tv)	Chef opérateur, directeur de la photographie
Lighting scheme	Plan d'éclairage
Lighting source	Foyer lumineux
Lighting system	Système d'éclairage
Lightning conductor	Paratonnerre
Lightweight	Léger
Limelights (theat)	Rampe (lumineuse)
Limit	Limiter; limite, seuil
Limited rights	Droits limités
Limiter	Limiteur, écrêteur
Limpet	Monture à ventouse
Line	Aligner, doubler (imp); filet (imp), ligne, trait
Line (of commentary)	Phrase de commentaire
Line amplifier (son)	Amplificateur de ligne
Line breaker	Conjoncteur-disjoncteur
Line converter (tv)	Convertisseur de définition
Line crawl (vid)	Défilement des lignes
Line drop	Perte en ligne
Line extender (cab)	Prolongateur de ligne
Line feed (LF) (inf)	Passage à la ligne
Line frequency (vid)	Fréquence de ligne
Line hold	Défilement vidéo
Line negative (photo-imp)	Trait
Line output	Sortie de ligne
Line positive (photo-imp)	Trait
Line producer	Producteur délégué (ou) exécutif

Line scan	Balayage en ligne
Line-of-sight region	Région de ligne de visée
Line of sight	Ligne de vision
Line spacing (imp)	Interlignage
Line tear	Déchirement horizontal
Line terminator	Terminateur de ligne
Line up	Aligner ; cadrer (ciné)
Lineage (imp)	Lignage
Linear	Linéaire
Linearity	Linéarité
Linear scanning	Balayage en ligne, balayage horizontal
Linear time code (LTC)	Code temporel longitudinal
Lines	Texte (de dialogue)
Lining	Doublure (imp.) ; gaine
Lining-up	Repérage ; alignement
Link	Raccorder, coupler; connecteur, coupleur, liaison, lien, maillon
Linkage	Jonction
Link transmitter	Emetteur relais
Linking up	Raccordement
Linotype	Linotype
Linotypist	Linotypiste
Lip sync (ciné)	Synchronisation de la parole
Lip sync band	Bande rythmo
Lip synchronizing	Détection des lèvres (mouvements)
Liquid	Liquide
Liquid crystal display (LCD)	Ecran à cristaux liquides
Liquid gate printer	Tireuse par immersion
List of awards	Palmarès
List box (inf)	Zône de liste
Listener	Auditeur
Listener rating (tv, radio)	Taux d'écoute
Listening in	Ecoute
Listening key	Clé d'écoute
Listening pleasure(radio)	Confort d'écoute
Listening station	Poste d'écoute
Listing	Liste, catalogue
Literary program	Emission littéraire
Lithography	Lithographie
Live (tv, radio)	En direct
Live broadcast (tv, radio)	Diffusion (ou) émission en direct
Live coverage (tv, radio)	Reportage en direct
Live program	Emission en direct

Live shooting (ciné, tv)	Prise de vues en son direct
Live sound	Son en direct
Live stage	Plateau de studio (en service)
Live take	Prise de son direct
Live transmission (tv, radio)	Emission en direct, télévision en direct
Live wire	Fil sous tension
Load	Charger; charge
Loaded	Chargé
Loaded impedance	Impédance normale
Loading	Chargement (d'un magasin)
Local	Local
Local area network (LAN)	Réseau local
Local bus (inf)	Ligne directe
Local channel	Chaîne locale
Local correspondent	Correspondant local
Local program	Programme local
Local television	Télévision locale
Locate	Localiser; repérer (des extérieurs)
Location (ciné)	Emplacement, extérieur, lieu
Location (on) (ciné)	En extérieurs
Location production manager (ciné)	Régisseur d'extérieurs
Location shooting (ciné)	Tournage (ou) prise de vues en extérieurs
Location unit	Seconde équipe
Lock	Bloquer, coupler, verrouiller, asservir
Lock key	Touche de verrouillage
Locked groove	Sillon final, sillon fermé
Locked system	Système accroché
Locking	Accrochage, serrage, verrouillage
Locking device	Dispositif de blocage
Locking grip	Collier de blocage

Locking ring	Anneau de blocage, bague de blocage
Locking system	Système de blocage
Log (vid)	Dérusher
Logging (vid)	Dérushage
Log sheet (ciné, tv)	Conducteur d'émission, feuille de rapport script, rapport script
Logo	Sigle
Longitude	Longitude
Longitudinal recording	Enregistrement longitudinal
Longitudinal wave	Onde longitudinale
Long focus lens	Objectif de longue focale, téléobjectif
Long playing (or) long play	Longue durée (disque, bande)
Long range spotlight	Projecteur de poursuite
Long shot (ciné, tv)	P!an d'ensemble, plan général (ou) large, prise de vues à distance
Long wave (30-300 kHz)	Onde longue, grande onde (1-10 km)
Loop	Boucle, film en boucle
Loop cabinet	Armoire à boucles
Loop circuit	Circuit bouclé
Loop editor	Monteur (doublage)
Looping	Post-synchronisation
Loose connection	Connexion desserrée
Loosen	Desserrer
Loosening	Relâchement
Loss	Facteur d'affaiblissement, perte
Loudness	Force (sonore)
Loudness contour (son)	Courbe d'intensité
Loudspeaker	Haut-parleur
Loudspeaker cone	Cône de haut-parleur
Loudspeaker housing	Boîtier de haut-parleur
Loudspeaker plug	Prise de haut-parleur
Low angle shot	Contre-plongée, plan en contreplongée
Low band (U-matic)	Format U-matic
Low budget film	Film à petit budget
Low check (son)	Contrôle des basses
Low contrast image	Image douce
Low cost	Bon marché
Low delay (vid)	Faible retard
Low fréquency	Basse fréquence

Low frequency wave (30-300 kHz)	Onde kilométrique (1-10 km) basse fréquence, onde longue, grande onde
Low key (écl)	Lumières basses
Low level	Bas niveau
Low noise	Bas bruit
Low-pass filter	Filtre passe-bas
Low pitched (son)	Grave
Low shot	Contre-plongée
Low signal	Signal de luminance
Low speed	Ralenti
Low voltage	Basse tension
Lower case (imp)	Bas-de-casse
Lower spool	Bobine réceptrice
Lubricate	Lubrifier
Lubricant	Lubrifiant
Lumen	Lumen
Luminance	Luminance
Luminant source	Source lumineuse
Luminescence	Luminescence
Luminosity	Luminosité
Luminosity factor	Facteur de luminosité
Luminous	Lumineux
Luminous control button	Touche de commande lumineuse
Luminous energy	Quantité de lumière
Luminous flux	Flux lumineux
Luminous ray	Rayon lumineux
Luminous witness	Témoin lumineux
Lunchbox	Panier-repas
Lux	Lux (équivalent à 0.093 foot candle)
Luxmeter	Luxmètre
Lyrics	Paroles (de chanson)

M

Machine	Machine
Machine-oriented language	Langage à machine
Macrocinematography	Cinémacrographie, macrocinématographie
Macrolens	Objectif à mise au point très rapprochée
Macrophotography	Photomacrographie, macrophotographie
Magazine	Chargeur (de caméra), magasin ; périodique illustré (pres)
Magazine camera (ciné)	Caméra à chargeurs
Magazine lid (ciné)	Couvercle de magasin
Magazine program (tv, radio)	Magazine
Magenta	Magenta
Magic lantern	Lanterne magique
Magnet	Aimant
Magnetic	Magnétique
Magnetic amplifier	Amplificateur magnétique
Magnetic bias	Polarisation
Magnetic cell	Cellule magnétique
Magnetic coating	Enduit magnétique
Magnetic core	Noyau magnétique
Magnetic current	Flux magnétique
Magnetic dip	Inclinaison magnétique
Magnetic disc	Disque magnétique
Magnetic drum	Tambour magnétique
Magnetic field	Champ magnétique
Magnetic field strength	Intensité du champ magnétique
Magnetic film	Bande magnétique perforée
Magnetic force	Force magnétique

Magnetic head	Tête magnétique
Magnetic lens	Lentille magnétique
Magnetic microphone	Microphone électromagnétique
Magnetic needle	Aiguille aimantée
Magnetic pick-up	Pick-up électromagnétique
Magnetic pointer	Aiguille aimantée
Magnetic reading	Lecture magnétique
Magnetic recording	Enregistrement magnétique
Magnetic sound	Son magnétique
Magnetic spot	Tache magnétique
Magnetic storage	Mémoire magnétique
Magnetic striping	Couchage de piste magnétique, pistage magnétique
Magnetic tape	Bande lisse, bande magnétique, ruban magnétique
Magnetic tape reader	Lecteur de bande magnétique
Magnetic tape storage	Mémoire à bande magnétique
Magnetic track	Piste magnétique
Magnetic videocard	Vidéocarte magnétique
Magnetic wire	Fil magnétique
Magnetism	Aimantation, magnétisme
Magnetization	Aimantation, magnétisation
Magnetization factor	Coefficient d'aimantation
Magnetizing	Magnétisation; magnétisant
Magnetizing current	Courant magnétique
Magnetizing curve	Courbe d'aimantation
Magneto-optical (or) magoptical	Opto-magnétique
Magnification	Grandissement, agrandissement
Magnification ratio	Rapport d'agrandissement
Magnifier (or) magnifying glass	Loupe
Magnifying power	Grossissement optique
Magnitude	Grandeur
Magoptical print (ciné)	Copie magnéto-optique
Mailing	Publipostage
Mailing list	Liste d'adresses
Main	Principal
Main action	Action principale
Main amplifier	Amplificateur principal
Main body (of program) (inf)	Corps de programme
Main feature	Grand film
Main fuse	Fusible principal
Main lens	Optique principale
Main shot (ciné, tv)	Plan principal

Main switch	Interrupteur principal
Main title (ciné)	Titre générique, titre principal
Main title card (ciné)	Carton de générique
Main trunk	Câble principal
Main unit	Organe central
Mains (élect)	Secteur
Mains powered (élect)	Alimenté par secteur
Mains synchronizing	Synchronisation par secteur
Mains transformer	Transformateur d'alimentation
Maintain	Maintenir
Maintenance	Entretien
Major	Principal
Make a print	Tirer une copie
Make-up	Maquillage
Make-up artist	Maquilleur(se)
Making-up (imp)	Mise en page
Malfunction	Dérangement
Maltese cross	Croix de Malte
Management	Gestion, direction
Management expenses	Frais de gestion
Manager	Directeur
Managing editor (pres)	Directeur de rédaction, rédacteur gérant
Man-machine interface (MMI)	Interface homme-machine
M. and E. track	Piste sonore internationale, V.I., son international
Manipulate	Manipuler
Manipulator	Manipulateur
Manual	Manuel
Manual turntable	Platine manuelle
Manufacturing	Fabrication
Manufacturer	Fabricant
Manuscript	Manuscrit
Mar	Tacher
Marble (imp)	Jasper
Margin	Marge
Mark	Repérer, tracer; marque, repère
Mark scanning	Photolecture
Mark tab	Repère défini
Marker	Marqueur
Marker generator	Générateur de pointage
Market research	Analyse de marché, étude de marché
Marking	Repérage

Married print	Copie standard, positif combiné image et son, copie zéro
Mashed paper	Papier mâché
Mask (ciné, tv)	Filtrer; cache, filtre, masque
Mask band	Bande cache
Mask shooting	Prise de vues avec cache
Masking	Masquage
Masking tape	Bande cache
Mass communication	Communication de masse
Massmedia	Masse-médias, moyens de communication de masse
Mass storage	Mémoire de masse
Master antenna system (MATV)	Antenne collective
Master control room (tv)	Cabine principale de contrôle, régie finale
Master copy	Copie originale (ciné), enregistrement original (son), père (disque)
Master disc	Matrice
Master form	Matrice
Master monitor	Moniteur principal
Master oscillator	Maître-oscillateur
Master positive (ciné)	Copie marron, marron
Master print	Copie de référence, copie originale
Master printer (imp)	Maître imprimeur
Master record	Disque mère, disque père
Master shot (ciné)	Plan principal, plan d'ensemble
Master tape	Bande mère, copie antenne (tv)
Master track	Piste principale
Match	Accorder, adapter, balancer, comparer, compenser, équilibrer; comparaison
Match (or) matching action	Raccord de mouvement
Match cut (mont)	Coupe raccord
Matched	Equilibré, symétrique
Matching	Equilibrage, égalisation ; conformation
Matching the master (mont)	Conformation d'un original inversible
Matching the negative (mont)	Conformation du négatif
Matching standards	Normes accordées
Material	Matière ; film (matière première)
Mat paper	Papier mat
Matrix	Matrice

Matte (ciné, tv)	Cache, masque, transparence (trucage)
Matte box	Porte-caches, porte-accessoires
Matte box with bellows	Parasoleil, porte-filtre à soufflet
Matte key (vid)	Incrustation en luminance
Matte painting	Cache peint (pour trucage), décor peint (cache), décor numérisé
Matte shot	Cache contre-cache, (plan) cache
Matteing (vid)	Cache contre-cache électronique
Matteing amplifier	Générateur électronique d'effets spéciaux
Maximize	Maximiser
Maximum	Maximum
Means	Moyens
Measuring instrument	Appareil de mesure
Measuring tape	Décamètre
Measurement	Mesure
Media	Médias
Media analysis	Analyse des médias
Media buying	Achat d'espace
Media buyer	Acheteur d'espace
Mediagenic	Médiatique
Media library	Médiathèque
Media-planning (pub)	Programme des supports, plan média
Mediate (to)	Médiatiser
Mediator	Médiateur
Medical imaging	Imagerie médicale
Medium	Medium, milieu, moyen
Medium close shot	Plan américain
Medium long shot	Plan demi-général
Medium shot	Plan moyen
Medium wave (300 kHz-3 MHz)	Onde moyenne, onde hectométrique (100 m - 1km)
Mega	Méga (1 000 000)
Memo field (inf)	Champ mémo
Membrane	Membrane
Memo pad	Bloc-notes
Memorandum	Aide-mémoire
Memorize	Mémoriser
Memorizer	Aide-mémoire
Memory	Mémoire

Memory counter	Compteur à mémoire
Menu	Menu
Menu bar	Barre de menus
Mercury-vapor lamp	Lampe à vapeur de mercure
Merge	Fusionner
Message	Message
Message box	Boîte à message
Messaging service (inf)	Messagerie électronique
Metal screen	Ecran métallisé
Meter	Appareil de mesure, mètre
Meter selector	Sélection d'indicateur
Method	Méthode, modalité, procédé
Microcard	Microfiche
Microcinematography	Cinémicrographie, microcinématographie
Microcomputer	Micro-ordinateur
Microcomputing	Micro-informatique
Microcopy	Microcopie
Microfilm	Microfilm
Microgroove	Microsillon
Microlink	Relais hertzien
Micromedia	Micromédia
Micrometric	Micrométrique
Microphone	Microphone, micro
Microphone diaphragm	Membrane de microphone
Microphonic bar	Barre microphonique
Microphotography	Photomicrographie, microphotographie
Microprocessor	Microprocesseur
Microwave	Micro-onde, onde ultra-courte, hyperfréquence
Middle	Milieu
Mike	Microphone, micro
Mike boom	Girafe pour microphone
Mimeographic machine	Duplicateur
Miniature	Miniature, maquette
Miniature shooting	Tournage de maquette
Miniaturized	Miniaturisé
Minicomputer	Mini-ordinateur
Minimize	Minimiser
Minimum	Minimum
Miniradio	Récepteur de poche
Minireceiver	Récepteur de poche
Minuscule	Minuscule

Mirror	Miroir
Mirror image	Image réfléchie
Mirror reflex shutter	Obturateur reflex
Misframe	Décadrage
Misprint (imp)	Coquille
Mist	Brume
Mistake	Erreur
Mix (ciné, tv)	Mixer, mélanger
Mix-down audio	Mixage son
Mix-down graphics	Incrustation des graphiques
Mixer	Mixeur, mélangeur
Mixer amplifier	Amplificateur de mélange
Mixing	Mixage, mélange
Mixing console (or) desk	Console (ou) pupitre de mélange, mélangeur du son, table de mélange (ou) de mixage
Mixing control	Commande de mélangeur
Mixing room (or) studio	Salle de mixage
Mob scene	Scène de foule
Mobile	Portatif
Mobile antenna	Antenne orientable
Mobile laboratory van	Camion-laboratoire
Mobile recording unit	Car de reportage
Mobile terminal	Terminal nomade
Mobile unit	Groupe mobile, unité mobile
Modal	Modal
Model	Maquette, type
Modeling	Modélisation
Modeling lamp (écl)	Projecteur d'effet
Modeling light	Lumière d'effet
Mode	Mode
Modelization	Modélisation
Modem	Modem, modulateur - démodulateur
Moderator (tv)	Animateur, président du débat
Modify	Modifier, changer
Modular	Modulaire
Modulate	Moduler
Modulated light	Lumière modulée
Modulated signal	Signal modulé
Modulated track	Piste sonore modulée
Modulating signal	Signal de modulation
Modulating wave	Onde modulante
Modulation	Modulation
Modulation amplifier	Amplificateur de modulation

Modulation factor	Facteur de modulation
Modulation monitor	Contrôleur de modulation
Modulation noise	Bruit de modulation, souffle du signal
Modulation selector	Sélecteur de modulation
Modulation transfer	Transfert de modulation
Modulation wave	Onde de modulation
Modulator	Modulateur
Modulator-demodulator	Modulateur-démodulateur, modem
Module	Module
Modulometer	Modulomètre
Moiré patterning	Moirage
Moistener	Humidificateur, humecteuse
Moisture	Humidité
Moment	Instant
Monitor	Ecouter, visionner, contrôler, piloter; contrôle, moniteur, écran
Monitor circuit	Circuit de contrôle
Monitor desk	Table d'écoute
Monitor receiver	Récepteur de contrôle, récepteur témoin, récepteur moniteur
Monitor room	Cabine de contrôle
Monitor screen	Ecran de contrôle
Monitor switch	Bouton de contrôle, commutateur de contrôle
Monitored	Piloté
Monitoring	Contrôle continu, écoute
Monitoring loudspeaker	Haut-parleur de contrôle, haut-parleur témoin
Monochromatic	Monochromatique
Monochrome	Monochrome
Monomedia	Monomédia
Monopack (photo)	Monopack
Monophase	Monophasé
Monophony	Monophonie
Monopoly	Monopole
Mood	Ambiance
Mood music	Musique d'ambiance
Morf (or) morphing (vid)	Formage d'image
Morse code	Code télégraphique
Mosaic (tile effect) (vid)	Mosaïque
M.O.S. shot (mit-out-sound)	Plan muet
Mother	Matrice
Motherboard (inf)	Carte-mère

Mother record	Disque-mère
Mother recording	Enregistrement original
Motion blur	Flou bougé
Motion control	Mouvement programmé
Motion effect	Trucage vitesse variable
Motionless	Immobile
Motion picture	Film (de cinéma)
Motion picture camera	Caméra (ou) appareil de prises de vues cinématographiques
Motion picture film	Pellicule cinématographique
Motion picture pick-up (tv)	Télécinéma
Motor	Moteur
Motor cue	Marque de démarrage
Motor-generator set	Groupe convertisseur
Motor pinion	Pignon de moteur
Motorized dolly	Chariot motorisé
Motorized zoom lens	Zoom à commande électrique
Mould	Empreinte, matrice
Moulding	Moulage, pressage
Mount	Monter (une installation); monture, support
Mounting (photo)	Montage
Mounting frame	Châssis
Mounting plate	Platine, plaque de montage
Mounting press	Colleuse
Mouse	Souris
Mouse pointer (inf)	Curseur, pointeur
Movie	Film
Movie camera	Appareil de prise de vues
Movie theatre	Salle de cinéma
Movies (the)	Cinéma (Le)
Moving coil	Bobine mobile
Moving-conductor microphone	Microphone à ruban
Moving picture	Image animée
Muffling (son)	Assourdissement
Multibeam light	Projecteur focalisable
Multi-cast	Diffusion multiple
Multichannel	Multiplex
Multicomponent	Complexe
Multi-diffusion (tv, radio)	Multidiffusion
Multidirectional lighting	Eclairage multidirectionnel
Multi-element capacitor	Condensateur multiple
Multi-frequency (adj)	Multifréquence
Multi-image	A images multiples

Multi-image (or) multi-screen show	Montage multi-écrans, mur d'images, spectacle multi-écrans
Multi-layer	A couches multiples
Multimedia	Multimédia
Multimedia package	Ensemble multimédia
Multimedia system	Système multimédia
Multipin (connector)	Multibroche (prise)
Multipin connectors	Raccordement à broches multiples
Multiplay recording	Enregistrement fractionné
Multiplex	Multiplex
Multiplexer	Coupleur, multiplexeur
Multiplexing	Multiplexage
Multiplier	Multiplicateur
Multiplug	Prise multiple
Multiply	Multiplier
Multipoint multichannel distribution system (MMDS)	Distribution par micro-ondes
Multipurpose	A usages multiples
Multirank printer	Tireuse multiple
Multirank reduction printer	Tireuse optique à voies multiples
Multiscan (adj)	Multifréquence
Multiscreen projection (ciné)	Projection à images multiple
Multisync (adj)	Multifréquence
Multitask operation	Opération multi-tâches (ou) à tâches multiples
Multitrack	Multipiste
Multitrack mixing	Mixage de pistes multiples
Multitrack recorder	Magnétophone multipistes
Multiple broadcast	Rediffusion
Multiple crosstalk	Diaphonie multiple
Multiple exposure (ciné)	Surimpressions (multiples)
Multiple image	Image multiple
Multiple track transfer	Report multipistes
Music-and-effects track (or) M-&-E track	Bande son internationale, V.I., version internationale
Music director	Directeur musical
Music programming (radio)	Mise en page musicale
Music recording	Enregistrement de la musique
Music scoring	Enregistrement de la musique
Music signal (radio, tv)	Indicatif musical
Music track	Bande musique
Music video	Vidéomusique, clip musical
Musical	Musical (adj)
Musical comedy	Comédie musicale

Musical show	Spectacle de variétés
Mute (mus)	Sourdine
Mute print	Copie image seule, copie muette
Mutual	Commun
Mystery (ciné)	Film policier

N

Nano	Nano (1 billionième)
Narration	Commentaire
Narrator	Commentateur, narrateur
Narrow-angle lens	Objectif petit angulaire, téléobjectif
Narrow beam	Faisceau étroit
Narrow gauge	Format réduit
Navigate	Naviguer
Navigation	Navigation
Needle	Aiguille
Needle drag	Frottement d'aiguille
Negative	Cliché, négatif
Negative cutter	Monteur négatif
Negative cutting (or) assembly (or) matching	Montage négatif
Negative grading	Etalonnage du négatif
Negative image	Image négative
Negative light box	Négatoscope
Negative-light modulation	Modulation négative
Negative-positive process	Procédé négatif-positif
Negative raw stock	Pellicule négative vierge
Negative timing	Etalonnage du négatif
Neon lights	Eclairage au néon
Nested effect (vid)	Effet gigogne
Net ring	Anneau de voile
Netsurfer (inf)	Navigateur sur réseau
Network	Réseau
Network constant	Paramètre
Network identification	Indicatif de chaîne
Network management	Gestion de réseau
Network operator	Opérateur de réseau
Neutral	Neutre

Neutral density filter	Ecran gris neutre, filtre gris neutre
Neutralize	Neutraliser
Neutral zone	Zone neutre
New print (ciné)	Copie neuve
News	Actualités, informations, nouvelles
News agency	Agence de presse
News brief	"Brève" d'information
News broadcast (tv, radio)	Journal parlé (ou) télévisé
News bulletin	Bulletin d'informations
News camera	Caméra de reportage
Newscar (tv, radio)	Voiture de reportage
Newscast (tv, radio)	Journal parlé (ou) télévisé
Newscaster	Présentateur
News conference	Conférence de presse
News coverage (pres, tv)	Ensemble des informations, reportage d'actualités
News editor (pres, tv)	Rédacteur aux informations, chef des informations
News feature program (tv,radio)	Magazine
News flash	Flash d'information, dépêche-note
News magazine (tv)	Film de reportage
Newspaper (pres)	Journal
Newspaper advertising (pub)	Publicité presse
Newspaperman	Journaliste
Newsprint	Papier journal
Newsreel (ciné, tv)	Film d'actualité, film de reportage
Newsreel cameraman (ciné, tv)	Opérateur d'actualités
Newsreel (ciné, tv)	Actualités (ou) presse filmée
News room (pres, tv)	Rédaction, salle de rédaction
Nickel-cadium (or) nicad battery	Accumulateur cadium-nickel
Niche	Créneau
Night effect	Effet de nuit
Nitrate film	Film nitrate, pellicule nitrate
Nodal	Nodal
Noise	Bruit, parasite
Noise control	Réglage du niveau de bruit
Noise factor	Facteur de bruit
Noise figure	Chiffre de bruit
Noise filter	Filtre antiparasites
Noise-free	Insonore
Noiseless	Silencieux
Noiseless camera	Caméra autosilencieuse
Noise level	Niveau de bruit
Noise limiter	Ecrêteur de bruits, limiteur de souffle

Noise rejection	Antibruit
Noise suppressor	Eliminateur de parasites
Noise temperature	Température de bruit
Noise voltage	Tension de souffle, tension de bruit
No-load	A vide
Nominal aperture	Ouverture nominale
Nominal frequency	Fréquence nominale
Nominal level	Niveau nominal
Nominal size	Cote nominale
Non-broadcast distribution	Exploitation non-commerciale (tv)
Non-commercial distribution	Exploitation non-commerciale (ciné)
Non-compatible	Incompatible
Non-destructive reading	Lecture sans effacement
Non-directional	Non-directionnel
Non-erasable	Ineffaçable
Non-erasable storage	Mémoire permanente
Non-flam	Ininflammable
Non-flam film	Film de sécurité, pellicule acétate
Non-inflammable	Ininflammable
Non-linear	Virtuel
Non-linear editing	Montage virtuel
Non-scrollable display	Affichage fixe
Non-sync	Asynchrone
Non-theatrical distribution	Distribution non-commerciale (ciné)
Normal	Normal, régulier
Normal direction	Sens normal
Normal exposure setting	Réglage normal d'exposition
Normal key (écl)	Niveau moyen d'éclairement
Notch	Encocher; encoche
Notching table	Table à encocher
Note	Ton, note
Novelist	Auteur (de roman)
Now printing	Sous presse
Nuance	Shade
Nudge	Caler (une image)
Null	Zéro
Number	Nombre, numéro
Numbering	Pagination
Numbering machine	Numéroteur, pagineuse (imp), piéteuse (ciné)
Number of frames (ciné)	Nombre d'images
Numeral	Chiffre ; digital, numéral
Numerical (or) numeric	Numérique
Numerical aperture	Ouverture numérique

Numerical coordinates	Coordonnées numériques
Numeric keypad	Clavier numérique

O

Object	Objet
Object animation	Animation par objets
Object-oriented architecture	Architecture orientée objet
Object-oriented language	Langage objet
Obscure	Obscur
Observation	Observation
Odd	Anormal, impair, spécial
Off	Hors circuit, hors champ
Off-camera	Hors cadre
Off-circuit	A vide, hors circuit
Off-laying (mont)	Dédoublage
Off-line	Hors-ligne, non connecté
Off-line control	Contrôle indirect
Off-line editing (vid)	Prémontage, montage maquette, montage sur copie (bout à bout)
Off-mike	Hors micro
Off-peak time	Heure de faible écoute
Off print (imp)	Tirage à part
Off screen (ciné)	Hors de l'écran, hors-champ
Off-screen image (inf)	Image en mémoire
Off-set arm	Bras de déport
Off-the-record (press)	A titre confidentiel
Office automation	Bureautique
Official presentation	Présentation officielle
Offset (vid)	Décalage ; décalé
Offset printing (imp)	Tirage offset
Off-the-cuff	Improvisé
Omnidirectional microphone	Microphone omnidirectionnel
On	En marche
On-air (tv, radio)	Passage à l'antenne ; être à l'antenne en direct

On-air time (tv, radio)	Temps d'antenne, créneau
On assignment	En mission
On axes (ciné)	Dans l'axe
On camera (ciné, tv)	En champ
On-circuit	En circuit
On-line	Connecté, en direct, en ligne, en temps réel
On-line control	Contrôle direct
On-line editing	Conformation (vid), montage définitif (bande mère)
On-line data service	Serveur
On location (ciné, tv)	En extérieurs
On-off switch	Interrupteur
On reporting assignment	En reportage
On-screen display (OSD)	Affichage sur écran
On-the-air	A l'antenne
Once-through	Passage direct
Ondometer	Ondemètre
One-light dailies (ciné)	Rushes à lumière unique
One-light printing	Tirage à lumière unique
One-man show	Spectacle solo
One-phase	Monophasé
One-to-one printing (ciné)	Tirage optique normal
One-way	Unidirectionnel
Opacity	Opacité
Opaque	Opaque
Open	Ouvrir; ouvert
Open circuit	Circuit ouvert
Open file (inf)	Fichier ouvert
Opening	Ouverture
Open shop (tv)	Accès libre
Open university (tv)	Télé-enseignement universitaire
Opening credits	Générique de début
Opening shot	Premier plan d'un film
Operand	Opérande
Operating	Conduite (de machine), fonctionnement
Operating cameraman	Opérateur de prise de vues
Operating expenses	Frais d'exploitation
Operating lever	Levier de commande
Operating voltage	Tension de régime
Operation	Opération
Operation mode	Mode de fonctionnement
Operation register	Registre d'opération

Operation time	Durée de fonctionnement
Operational chart	Organigramme
Operator	Manipulateur, opérateur
Opposed	En opposition, inverse, opposé
Optical	Effet spécial, trucage optique; optique (adj)
Optical aberration	Aberration optique
Optical axis	Axe optique
Optical bar code	Code-barre
Optical bar code reader	Lecteur de code-barre
Optical bench	Banc optique
Optical composite	Travelling matte
Optical condenser	Condenseur optique
Optical effect	Trucage optique
Optical feeler	Palpeur optique
Optical fiber	Fibre optique
Optical fiber cable	Cable optique
Optical flat	Lame à faces parallèles
Optical glass	Verre optique
Optical groove	Sillon optique
Optical pen	Crayon optique
Optical printer	Tireuse optique, truca
Optical printing	Tirage optique, copie par tirage optique
Optical reader	Lecteur optique
Optical recording	Enregistrement optique
Optical recording head	Tête enregistreuse optique
Optical reduction	Réduction optique
Optical scanner	Analyseur optique
Optical slit	Fente optique, fente de lecture
Optical sound	Son optique
Optical sound head	Tête enregistreuse optique
Optical sound print	Copie de son optique
Optical sound track	Piste de son optique
Optical transfer	Report optique
Optical transmittance	Transmission optique
Optical viewfinder	Viseur optique
Optical wedge	Coin optique
Optically-reduced print	Copie par réduction optique
Optimization	Optimisation
Optional stop	Arrêt facultatif
Oral press (radio)	Presse parlée
Orbit	Orbite
Orbital station	Station orbitale

Orchestra	Orchestre
Order	Instruction, ordre
Origin	Origine, source
Original	Original
Original negative	Négatif original
Original picture negative	Négatif original image
Original score	Musique originale
Original sound negative	Négatif original son
Original version	Texte original, version originale
Orphan line	Ligne orpheline
Orthicon image	Image orthicon
Orthochromatic	Orthochromatique
Orthochromatic emulsion	Emulsion orthochromatique
Oscillating	Oscillatoire
Oscillation	Oscillation
Oscillator	Oscillateur
Oscillatory	Oscillatoire
Oscillography	Oscillographie
Oscilloscope	Oscilloscope
Outdated	Désuet
Outdoor shooting equipment	Matériel de reportage
Outfit	Equipement
Outlet	Prise (électrique), sortie
Outline	Description, synopsis (ciné), canevas, argument
Out of center	Décentré
Out of character	A contre-emploi
Out of date	Dépassé, désuet
Out of focus (ciné, photo)	Défocalisé, flou
Out of frame (ciné, photo)	Hors champ, sorti du champ
Out of order	Déréglé, en dérangement, hors d'usage, en panne
Out of phase	Déphasé
Out of print (édit)	Epuisé
Out of service	Hors d'usage
Out of step	Décalé
Out of synchronization (or) out of sync	Désynchronisé, asynchrone
Out take (or) out (mont)	Plan non utilisé, N.U., double ; prise refusée
Out of tune	Désaccordé
Output	Débit, production, rendement ; puissance de sortie (élect)
Output block	Bloc de sortie

Output impedance	Impédance de sortie
Output monitor	Moniteur de sortie
Output port (inf)	Port de sortie
Over-and-out (radio)	Terminé
Overall efficiency	Coefficient d'efficacité
Overcharging	Surcharge
Overcrank (ciné)	Accélérer (caméra)
Overdevelop	Surdévelopper, pousser le développement
Overexposed	Surexposé
Overexposure	Surexposition
Overflow	Fuite, trop-plein
Overhaul	Révision
Overhead	Frais généraux
Overhead crane	Pont roulant
Overhead lighting	Eclairage vertical
Overhead light	Eclairage de plafonnier
Overhead projector	Rétroprojecteur, épiscope, épidiascope
Overheated	Surchauffé
Overlap	Chevaucher ; chevauchement
Overlapping	Chevauchement, recouvrement ; simultanéité
Overlay	Superposer; superposition
Overload	Surcharge : surcharger
Overload-to-noise ratio	Rapport surcharge-bruit
Overloaded	Surchargé
Overmodulation	Surmodulation
Overprint	Surimpression
Overprinting	Repiquage (imp), tirage par surimpression
Overrun	Surcharge ; survolté (adj)
Overscan (vid)	Balayage excessif, surbalayage
Overseer	Contremaître
Overshoot (ciné, tv)	Dépassement (de pellicule)
Overshooting sound	Son surmodulé
Over-the-shoulder shot	Plan avec amorce
Over-the-air	Hertzien
Overtone sound	Son dominant
Overvoltage	Surtension
Overwrite (vid)	Recouvrir
Owned-&-operated station (radio,tv)	Station de réseau
Oxide shedding	Dépôt d'oxide

P

Pace	Rythme
Pack	Bloc ; compresser (inf)
Package	Ensemble, achat groupé (pub)
Packet (inf)	Paquet
Packet switching	Commutation par paquets
Packshot (pub)	Plan produit
Pad	Tampon
Paddle	Commande de curseur
Page	Page
Page image buffer	Mémoire de page
Page imposing (imp)	Imposition
Page lay-out (or) set-up	Mise en page
Paged memory	Mémoire paginée
Page number	Numéro de page
Page set-up (imp)	Format d'impression
Pagination	Pagination
Paint-box	Palette graphique
Paired cable	Câble bifilaire
Pairing	Accouplement, entrelaçage(vid)
Pamphlet	Plaquette
Pan (ciné, tv)	Panoramiquer; mouvement d'appareil horizontal, panoamique
Pan-&-scan (tv)	Recadrage automatique
Pan-and-tilt head	Plate-forme à panoramique horizontal et vertical
Pan-and-tilt shot	Prise de vues en panoramique diagonal
Pan head	Tête panoramique
Pan master from colour (ciné)	Interpositif N. & B. d'après négatif couleur

Pan shot	Prise de vues panoramique
Panchromatic	Panchromatique
Panchromatic emulsion	Emulsion panchromatique
Panel	Panel, panneau, tableau
Panning (ciné, tv)	Mouvement d'appareil horizontal
Pantograph	Pantographe
Paper	Papier
Paper-to-paper (mont)	Fil-à-fil
Papering (mont)	Pose de fils
Parabolic-reflector microphone	Microphone à réflecteur parabolique
Para-curve	Courbe parabolique
Paragraph	Alinéa, paragraphe
Parallax	Parallaxe
Parallax correction	Correction de parallaxe
Parallel	Parallèle; praticable (ciné)
Parallax action	Montage parallèle
Parallel distribution (ciné)	Exploitation non-commerciale
Parallel feed	Alimentation en parallèle
Parallel port (inf)	Port parallèle
Parameter	Paramètre
Parametric equalizer	Compensateur paramétrique
Parent program (inf)	Programme parent
Parliamentary correspondent	Rédacteur parlementaire
Part	Rôle (ciné) ; part, partie ; pièce détachée
Party line	Ligne partagée
Pass	Passe
Password	Mot de passe
Paste	Pâte ; coller (inf)
Pasting machine (imp)	Colleuse
Patch	Collage (vid) ; connexion enfichable (elect) ; brancher
Patch cord	Câble de raccordement
Patch panel	Panneau de connexions (ou) de brassage
Path	Parcours, trajet, trajectoire
Path guide	Guide de positionnement
Pattern	Courbe, découpage électronique, mire, modèle, trame (vid)
Pattern palette	Palette de motifs
Pattern recognition	Reconnaissance de formes
Pattern scanning	Balayage de trame
Pause	Arrêt sur l'image, image arrêtée
Pay-cable	Télévision (par câble) payante

Pay-per-view (PPV)	Paiement à l'émission, télévision à la carte, paiement à la séance
Pay-tv	Télévision à péage
Pay-tv channel	Chaîne à péage
Peak	Crête, valeur de pointe
Peak current	Courant de crête
Peak limiter	Ecrêteur
Peak power	Puissance de pointe
Peak time (tv, radio)	Heure de pointe, heure de grande écoute
Peak-to-peak	Crête à crête
Pedestal (ciné, tv)	Pied à colonne
Pencil beam	Faisceau étroit
Perception	Perception
Perchman	Perchiste
Per-diem	Défraiement journalier
Perforated	Perforé
Perforated film	Bande perforée
Perforated screen (proj)	Ecran perforé
Perforating machine	Perforeuse
Perform	Interpréter
Perforation	Perforation
Perforation pitch	Pas de perforation
Perforator	Perforeuse
Performance	Performance, présentation, représentation, spectacle
Performance rights	Droits de repésentation
Performer	Comédien, artiste
Period	Durée, période ; hertz
Period film	Film d'époque
Periodic	Périodique
Periodical	Périodique, revue
Periodicity	Fréquence
Peripheral	Périphérique
Periscope	Périscope
Periscopic lens	Objectif périscopique
Periscopic finder	Viseur orientable
Peri-tv	Péritel
Permanence	Permanence
Permanent magnet	Aimant permanent
Permanent-magnet loudspeaker	Haut-parleur à aimant permanent
Permanent storage	Mémoire permanente
Permit	Licence, permis

Perspective	Perspective
Persistence (vid)	Phosphorescence
Persistence of vision	Persistance rétinienne
Personal computer (PC)	Micro-ordinateur
Personal digital assistant	Organiseur (néol)
Personnel	Personnel
Perturbation	Perturbation
Phase	Phase
Phase conductor	Fil de phase
Phase control	Mise en phase
Phase difference	Décalage de phase
Phase difference factor	Facteur de déphasage
Phase distorsion	Décalage de phase
Phase lock	Blocage de phase
Phase locking	Accrochage de phase
Phase modulation	Modulation de phase
Phase regulator	Régulateur de phase
Phase reversal	Inversion de phase
Phase shift	Déphasage
Phase shift oscillator	Oscillateur à déphasage
Phasing	Synchronisation, mise en phase, phaseur
Phonic	Phonique
Phonograph	Phonographe, phonocapteur, pick-up
Phonometer	Phonomètre
Phonoreproducer	Pick-up
Phosphor coating	Revêtement phosphorescent
Phosphorescence	Phosphorescence
Photo	Cliché
Photocomposition (imp)	Photocomposition
Photo-conductive cell	Cellule photoconductrice
Photocopy	Photocopie
Photocopying machine	Photocopieur
Photocurrent	Courant photoélectrique
Photo-diode	Photodiode
Photo-drama	Feuilleton photos
Photoelectric	Photoélectrique
Photoelectric cell (or) photocell	Cellule photoélectrique
Photoelectricity	Photoélectricité
Photo engraver	Photograveur
Photo engraving	Photogravure
Photoflash lamp	Ampoule éclair
Photoflood lamp	Lampe survoltée, photoflood

Photogenic	Photogénique
Photographer	Photographe
Photographic library	Photothèque
Photographic picture	Phototype
Photographic plate	Plaque photographique
Photography	Photographie
Photomagnetic	Photomagnétique
Photometer	Photomètre
Photometry	Photométrie
Photomontage	Photomontage
Photomultiplier	Photomultiplicateur
Photon	Photon
Photoreporter	Reporter-photographe
Photosensitive	Photosensible, sensible à la lumière
Photosensitive plate	Plaque photosensible
Photosensitizer	Sensibilisateur
Photosensitometer	Photo-sensitomètre
Phototype	Phototype
Piano-key switch	Commutateur à touches
Pickup	Capteur, phonocapteur, pick-up, tête de lecture
Pickup arm	Bras de lecture
Pickup bush	Douille de phonocapteur
Pickup distance	Zone d'enregistrement
Pickup reel	Bobine réceptrice
Pickup tube	Tube analyseur
Pickup vertical pressure	Force d'appui vertical
Picture	Image
Picture agency	Agence photographique
Picture area	Champ de l'image
Picture beam	Faisceau image (tv)
Picture conforming	Conformation de l'image
Picture daily print (ciné)	Premier positif image
Picture distortion	Distorsion d'image
Picture dupe negative	Négatif contretype image
Picture editing (ciné, tv)	Montage de l'image
Picture element (PEL)	Pixel
Picture fading	Affaiblissement de l'image
Picture failure	Panne d'image
Picture frame	Photogramme (ciné), trame d'image (tv)
Picture frequency	Fréquence image
Picture ghost	Filage d'image

Picturegoer	Spectateur
Picture head (proj)	Tête de projecteur
Picture image compression (PIC)	Compression d'image
Picture monitor	Moniteur d'image
Picture negative	Négatif image
Picture print	Positif image
Picture processing	Analyse d'image
Picture quality	Qualité d'image
Picture release dupe negative	Négatif contretype pour tirage série
Picture signal	Signal vidéo, signal d'image
Picture size	Format de l'image
Picture tube	Tube image
Piece	Pièce
Pigment	Pigment
Pigment colour	Couleur pigmentaire
Pile	Entasser ; pile
Pilot	Commander, piloter; pilote (émission) témoin
Pilot band (son)	Bande de bruits
Pilot film	Film pilote
Pilot lamp	Lampe témoin
Pilot light	Voyant
Pilot pin	Griffe d'entraînement
Pilot print	Epreuve témoin
Pilot program (tv)	Emission pilote
Pilot tone	Fréquence pilote
Pilot wave	Onde pilote
Piloted	Commandé
Pin	Griffe
Pipe grid	Passerelle (de studio)
Piracy	Piratage, contrefaçon
Pirate network	Réseau sauvage
Pirate station	Station pirate
Pitch	Diapason (son), hauteur ; pas (vid)
Pitch variation (son)	Variation de hauteur de son
Pitch waver (son)	Variateur de timbre
Piching (mont - son)	Harmonisation
Pixel	Pixel
Placarding (pub)	Affichage
Placement	Placement
Plan	Projeter; plan, projet
Planning	Programmation, planification
Planning meeting	Réunion de production

Plane glass	Glace optique
Plasma display panel (PDP)	Ecran plat
Plasterer	Staffeur
Plate	Clicher; cliché, plaque, platine
Plate curving	Cintrage de clichés
Plate glazing machine (imp)	Laminoir
Plate-making	Clichage
Plate modulation	Modulation de plaque
Plateau (vid)	Palier
Platin	Platine
Play	Interpréter; jeu (d'acteur); dramatique (tv)
Playback	Lecture, pré-enregistrement, présonorisation, reproduction, restitution, surjeu
Playback deck	Table de lecture
Playback head	Tête de lecture
Playback loss	Perte à la lecture
Playback recorder	Lecteur/enregistreur
Playback signal	Signal de reproduction
Playback sound (track)	Son pré-enregistré
Playback system	Chaîne de lecture
Playdeck	Appareil de lecture
Player	Acteur, interprète (comédien)
Player/ recorder	Lecteur/enregistreur
Playrate	Vitesse de lecture
Playwright	Auteur
Plot	Intrigue, trame ; tracer
Plotter	Traceur
Plug	Brancher; broche, connecteur, fiche, prise
Plug in	Mettre en circuit; enfichable
Plug-in block	Bloc enfichable
Plug-in head	Tête enfichable
Plug-in magnetic reader	Lecteur magnétique enfichable
Plug-in unit	Elément enfichable
Plug out	Mettre hors circuit
Plugging chart	Diagramme de connexions
Plywood	Contreplaqué
Pointer	Aiguille ; curseur, pointeur
Point-of-view shooting	Caméra subjective
Point-of-view shot	Plan subjectif
Point source (of light)	Source ponctuelle

Polarity	Polarité
Polarity reversal	Inversion des pôles
Polarization	Polarisation
Polarized	Polarisé
Polascreen (or) polarizer	Ecran polarisant
Pole	Perche
Polecat	Varipole
Pole tips	Pièces polaires
Polished	Poli
Polish out	Dérayer
Poll	Sondage
Polychrome	Polychrome
Polychromatic	Polychromatique
Polychromy	Polychromie
Polyester	Polyester
Polygon	Prisme ; polygonal
Polyphony (son)	Polyphonie
Polyvision	Polyvision
Pop-up menu (inf)	Menu jaillissant
Porch (vid)	Palier
Port (inf)	Prise
Portable	Portable
Portable camera	Caméra portable
Portable computer	Ordinateur portable
Portable equipment	Equipement léger
Portable transmitter	Emetteur (ou) transmetteur portable
Portable TV set	Téléviseur portable
Portapack	Magnétoscope portable
Position	Emplacement
Position bar	Barre de position
Positive	Positif
Positive anchoring	Fixation par ancrage
Positive display	Affichage noir-sur-blanc
Positive light modulation (tv)	Modulation positive
Positive raw stock	Pellicule positive vierge
Poster	Affiche
Posting (of posters)	Affichage
Post-exposure	Postlumination
Post-recording	Post-sonorisation
Post-scoring	Post-sonorisation (musique)
Post-sync (ciné)	Post-synchronisation
Post-testing (pub) **(or) post-test**	Post-enquête, post-test
Potentiometer ("pot ")	Potentiomètre

Power	Alimentation, énergie, puissance, tension électrique
Power amplifier	Amplificateur de puissance
Power consumption	Puissance consommée
Power drop	Chute de tension
Power failure	Panne de courant
Power force	Force magnétique
Power level	Niveau de tension
Power line	Secteur électrique
Power loudspeaker	Haut-parleur de grande puisssance
Power on	Mise en service
Power pack	Bloc d'alimentation,
Power plant	Station électrique
Power station	Centrale électrique
Power supply	Alimentation, source d'alimentation
Power switch	Interrupteur général
Power unit	Groupe électrogène, organe moteur
Power user (inf)	Utilisateur important
Power zoom	Zoom électrique
Practical set	Décor réel
Pre-adjustment	Prépositionnement
Preamplification	Préamplification
Preamplifier	Préamplificateur
Pre-censorship	Censure préalable, précensure
Precision	Précision
Pre-dubbing (ciné)	Prédoublage
Pre-edited	Prémonté
Pre-light	Dégrossissement des lumières
Pre-emphasis	Préamplification, préaccentuation
Pre-exposure	Prélumination
Prefocusing	Mise au point préalable
Premagnetization	Préaimantation
Premiere	Première
Premium rate (pub)	Tarif de forte écoute
Pre-mixing	Pré-mélange
Pre-reading	Prélecture
Pre-recorded	En différé (tv, radio) préenregistré
Pre-recorded broadcast (or) program	Emission en différé, émission préenregistrée
Pre-recorded image (tv)	Image préenregistrée
Pre-recorded magnetic tape	Bande magnétique préenregistrée
Pre-recorded music	Musique préenregistrée
Pre-recorded sound	Bruits préenregistrés

Pre-recorded stereo cassette	Cassette stéréo préenregistrée
Pre-recording	Préenregistrement
Prerequisites	Pré-requis
Pre-roll (vid)	Stabilisation de bande
Pre-scan simulation (inf)	Simulation de lecture
Pre-scoring (ciné)	Présonorisation musicale
Preset parameter	Paramètre prédéterminé
Preset shut-off	Arrêt programmé
Preset timer shut-off	Présélecteur d'arrêt
Presetting	Prépositionnement, préréglage
Press	Presse
Press agency	Agence de presse
Press agent	Attaché de presse
Press card	Carte de presse
Press conference	Conférence de presse
Press department	Service de presse
Pressing-machine (imp)	Presse
Press group	Groupe de presse
Press photographer	Photographe de presse
Press proof	Epreuve en bon à tirer
Press release	Communiqué de presse
Press review	Revue de presse
Press run (imp)	Tirage total
Press show (ciné)	Avant-première
Press-stone (imp)	Marbre
Pressing machine (imp)	Presse
Pressure gate	Cadre presseur
Pressure plate	Cadre presseur, presseur, plaque de couloir
Pressure point	Point d'appui
Pressure roller	Tambour presseur
Pre-striped magnetic track	Piste (ou) bande magnétique précouchée
Pre-striped raw stock	Pellicule vierge à piste couchée
Pretesting (pub) (or) pre-test	Préenquête, pré-test
Preview	Présentation corporative, avant-première (ciné) ; simulation de montage (vid) ; bande annonce
Price	Prix
Price list	Tarif
Primary	Primaire
Primary colour	Couleur primaire, couleur fondamentale

Primary source	Source primaire
Primary track	Piste principale
Prime time (tv, radio)	Heure de grande (ou) forte écoute, heure de pointe ; période de pointe
Print	Copier, imprimer, tirer, tirer une copie; copie, imprimé ; prise à tirer (ciné)
Print contrast ratio (imp)	Intensité d'impression
Print polishing	Dérayage, polissage de copie
Print through (magnetic)	Effet d'écho, surimpression parasite
Printed	Imprimé
Printed circuit	Circuit imprimé
Printed matter	Imprimé
Printer	Imprimeur; tireuse (ciné) ; imprimante (inf)
Printer density factor (ciné)	Coefficient de tirage
Printer emulation (inf)	Emulation de langage d'impression
Printer's devil (imp)	Apprenti typographe
Printer light	Lumière de tirage
Printer scale	Echelle de lumières
Printer step	Lumière de tirage, valeur de tirage
Print head	Matrice d'impression
Printing	Impression, tirage (d'une copie)
Printing card (lab)	Fiche d'étalonnage
Printing filler	Masque correcteur
Printing laboratory	Laboratoire de tirage
Printing length	Longueur de tirage
Printing light	Lumière de tirage, valeur de tirage
Printing machine	Tireuse
Printing matrix	Matrice de tirage
Printing paper	Papier d'impression
Printing plant	Imprimerie
Printing process (lab)	Procédé de tirage
Printing tape (lab)	Bande gamme
Print-out (inf)	Page imprimée
Print-take (ciné)	Prise à tirer
Prism	Prisme
Prism lens	Objectif prismatique
Private distribution system (tv)	Réseau privé
Private screening (or) showing	Présentation privée, projection privée

Private television	Télévision privée
Probe	Sonder ; sonde
Problem	Problème
Procedure	Procédure (inf) ; méthode, procédé, technique
Process	Développer, traiter, transformer; procédé, traitement
Process camera (ciné)	Banc de reproduction
Process engraver (imp)	Clicheur
Process engraving (imp)	Similigravure
Process offset (imp)	Chromolithographie
Process plate	Cliché d'impression couleur
Process screen	Ecran pour transparences
Process shot (ciné)	Prise de vues avec transparence, trucage
Processing	Développement, traitement
Processing amplifier (vid)	Amplification de correction
Processing machine	Machine à développer
Processing unit (inf)	Unité de calcul
Processor	Machine à développer, processeur
Processor-controller	Ordinateur-moniteur
Produce	Produire
Producer	Producteur (ciné, tv)
Product	Produit
Production	Fabrication, production
Production accountant	Administrateur de production
Production assistant	Assistant de production
Production company (or) house	Maison de production, société de production
Production contract	Contrat de production
Production costs	Frais de production
Production designer	Architecte- décorateur
Production management (ciné)	Régie
Production manager	Directeur de production
Production meeting	Réunion de production
Production painter	Peintre en décors
Production report	Rapport de tournage
Production secretary	Secrétaire de production
Production schedule	Plan de production, plan de travail
Production still	Photo de production, photo de plateau
Production unit	Equipe de production
Productive time	Temps utile
Professional	Professionnel

Profile (vid)	Bordure
Programme, program	Programmer; émission, programme ; séquence (inf)
Program break (tv, radio)	Interruption de programme
Program bus (vid)	Barre antenne
Program committee	Comité des programmes
Program director (radio)	Metteur en ondes
Program editor (tv-news)	Editorialiste, rédacteur
Program exchange	Echange de programmes
Program file (tv)	Dossier d'émission
Program generator	Générateur de programmation
Program schedule (tv)	Grille horaire, grille de programmes
Program seeker	Localisation d'enregistrement
Program step (inf)	Programme étape
Program swap	Echange de programme
Program tape reader	Lecteur de bande programme
Programmable read-only memory (PROM)	Mémoire programmable
Programmer	Programmeur, programmateur
Programming	Programmation
Programming director (tv)	Directeur des programmes
Programming grid (tv)	Grille des programmes
Programming language (inf)	Langage de programmation
Programming system	Système de programmation
Progressive	Progressif
Progressive scanning	Analyse par lignes contiguës
Project	Projet
Projection	Projection
Projection angle	Angle de projection
Projection axis	Axe de projection
Projection booth	Cabine de projection
Projection gate	Fenêtre de projection
Projection head	Bloc optique de projection
Projection jump	Saut de projection
Projection lamp	Lampe de projection
Projection lens	Objectif de projection
Projection release	Autorisation de projection
Projection room	Salle de projection, salle de vision
Projection screen	Ecran de projection
Projection time	Temps de projection
Projectionist	Projectionniste
Projector	Appareil de projection, projecteur
Projector buckle	Boucle de projecteur
Promotion (pub)	Lancement

Promotion trailer (ciné)	Film annonce, Bande annonce
Prompter	Souffleur(théât), téléprompteur (ciné,tv)
Proof	Preuve
Proof reading	Correction sur épreuves
Proof sheet (imp)	Epreuve
Proofing hand (imp)	Tireur (d'épreuves)
Propaganda film	Film de propagande
Propagation	Propagation
Prop, property (ciné)	Accessoire (de studio)
Property manager (ciné)	Ensemblier
Property room (ciné)	Magasin d'accessoires
Prop master	Accessoiriste
Propulsion	Propulsion
Protected	Protégé
Protection	Protection, sécurité ; double de sécurité
Protection master (ciné)	Copie originale de sécurité
Protection shot	Plan de sécurité
Protective tape	Bande de sécurité
Protective white leader	Amorce blanche
Protocol	Protocole
Public	Audience, public
Public access (tv)	Accès public
Public access channel (tv)	Chaîne à accès public
Public-address amplifier	Amplificateur de sonorisation
Public-address system	Sonorisation
Public domain	Domaine public
Public service announcement (P.S.A.)	Message de service public
Public service television	Télévision publique
Public showing	Projection publique
Publication	Edition, publication, parution
Publication date (édit)	Date de parution
Publicist (pub)	Publiciste
Publicity	Publicité
Publicity agent	Publicitaire
Publicity editor	Annoncier
Publicity film	Film publicitaire
Publicity manager	Directeur de la communication
Publicity still	Photographie publicitaire
Public relations	Relations publiques
Public relations film	Film d'entreprise

Public relations manager	Directeur des relations publiques
Public showing (ciné)	Projection publique
Public system (tv)	Service public
Publisher (édit)	Editeur
Publishing	Edition
Pull	Traction
Pull back (ciné)	Travelling arrière
Pull-down (vid)	Compensation
Pull-down claw	Griffe d'entraînement
Pull-down menu	Menu déroulant
Pull focus	Faire le point
Pull list (vid)	Liste des prises
Pull-up sound advance	Décalage son-image (sur copie)
Pulse	Exciter; impulsion, pulsation, top ; signal décimal (phone)
Pulse-and-bar (vid)	Impulsion-et-barre
Pulse code modulation	Modulation par impulsions codées
Pulse code	Générateur d'impulsions codées
Pulse cross	Synchronisation visualisée
Pulse frequence modulation	Modulation de fréquence des impulsions
Pulse frequency	Fréquence d'impulsions
Pulse generator	Générateur d'impulsions
Pulse position modulation	Modulation d'implusion
Pulsed	Pulsé
Pumping	Pompage
Punch	Perforer; poinçon
Punched	Perforé
Punched card	Carte perforée
Puncher	Poinçonneuse
Punchline	Phrase de conclusion, chute
Punch program (inf)	Programme de perforation
Puppet film	Film de marionnettes
Push-button	Bouton-poussoir
Push in (ciné)	Travelling avant
Push-pull	Symétrique
Push-pull microphone	Microphone double
Push-pull recording	Enregistrement symétrique en opposition
Put in	Mettre en circuit
Put the paper to bed (pres)	Boucler le journal

Pour tout savoir sur les prestataires de l'audiovisuel | 18e éditi

Choisissez le

QUI FAIT QUOI ? AUDIOVISUEL

L'annuaire de référence 1997 de toute la profession

➤ **Un guide facile à consulter** grâce à ses 4 index : activités principales et secondaires, prestations, sociétés par type de prestations, classement géographique.

➤ **L'édition 97** recense tous les prestataires de l'audiovisuel et leurs équipements, en France aujourd'hui. Il propose pour chaque société : ses coordonnées complètes, le nom de ses responsables et leurs fonctions, son statut juridique, son chiffr d'affaires, ses activités, ses types de clientèles, ses types de prestations et ses équipements.

684 prestataires de l'audiovisuel

Plus de 10 000 prestations

Une fiche détaillée pour chaque société

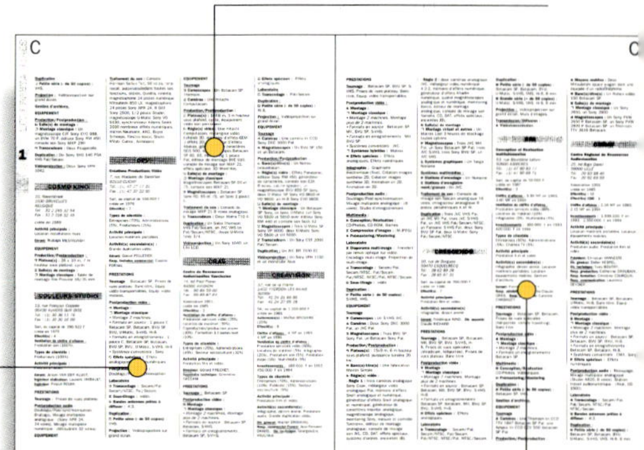

300 pages

4 index simples et rapides

QUI FAIT QUOI ?

BON DE COMMANDE

Offre valable jusqu'au 30/09/97 et réservée à la France métropolita

A retourner avec votre règlement à :
SONOVISION Service VPC - BP 78 - 92503 Rueil-Malmaison Ce

OUI, je commande l'édition 1997 du **QUI FAIT QUOI ? AUDIOVISUEL 97** au prix unitaire de :

☐ Non abonné à SONOVISION 400 F HT (soit 482,40 F TTC).

☐ Abonné à SONOVISION 290 F HT (soit 349,74 F TTC).

☐ Je commande ____ exemplaire(s) de la nouvelle édition 1997, soit un total de ______ F TTC (+ 20 F de frais d'envoi).

☐ Je joins mon règlement par chèque, à l'ordre de **SONOVISION**. Une facture acquittée sera jointe à mon colis (TVA : 20,6 % récupérable).

Mes coordonnées exactes :

Société ____________________

Nom ____________________ Prénom ____________

Adresse ____________________

____

Code postal |_|_|_|_|_| Ville ____________

Tél. : ____________________ Fax : ____________

Mon n° d'abonné SONOVISION ____________

Conformément à la loi « Informatique et Libertés », vous disposez d'un droit d'accès et de rectification pour les informations vous concernant.

SONOVISION

Q

Quad tape	Bande quadruplex
Quadruplex	Quadruplex
Quadriphonic (son)	Quadriphonique, tétraphonique
Qualifier	Qualificateur
Quality	Qualité
Quantity	Quantité
Quantization	Numérisation
Quantitize (or) quantize	Numériser (un signal analogique)
Quarter	Quart
Quarterly (pres)	Trimestriel
Quarter-inch tape	Bande magnétique 6,25mm
Quarter-track (magnetic)	Quart de piste (magnétique)
Quartz	Quartz
Quartz-iodine	Quartz-iode
Quartz light	Lampe quartz
Query	Demande
Quick	Rapide, vif
Quick-acting	Action rapide
Quick-change magazine (ciné)	Magasin à chargement rapide
Quickness	Rapidité
Quickie (ciné)	Film à petit budget
Quick forward action	Marche avant rapide
Quick motion	Accéléré, mouvement accéléré
Quick reverse action	Marche arrière rapide
Quiz show	Emission-concours (tv)
Quotation	Citation

R

Rack	Baie, porte-film (ciné)
Rack over (proj)	Basculer, culbuter
Radar (Radio detection and ranging)	Radar
Radiate	Rayonner
Radiation	Rayon, radiation, rayonnement
Radio	Poste récepteur, radio
Radio acoustics	Acoustique radiophonique
Radio broadcasting (or) radio-casting	Radiodiffusion
Radiodistribution	Radiodistribution
Radio engineer	Ingénieur radio
Radio frequency	Radiofréquence
Radio guide	Câble de haute fréquence
Radio microphone	Micro-émetteur
Radio paging	Radio-messagerie
Radio-play	Audiodramatique
Radio recorder	Radiocassette
Radio relay	Station relais
Radio station	Station de radiodiffusion
Radio transmission	Radio-émission
Radio transmitter	Station émettrice
Ragged (inf)	Non-aligné
Rain cluster	Rampe à pluie
Rain effect	Rayures (ciné), effet de pluie
Raise	Augmenter; augmentation
Rake	Inclinaison
Random	Aléatoire ; hasard (au)
Random access	Accès direct
Random (or) random access editing	Montage virtuel

Random-access memory (RAM)	Mémoire vive (MEV)
Random noise	Bruit irrégulier, bruit de fond
Range	Champ, étendue, gamme, portée
Range finder	Télémètre
Range of audibility	Champ d'audibilité
Range of distortion	Zone de distorsion
Rank	Classer; rang
Rapid	Rapide, vif
Rapid cutting	Montage court
Raster (vid)	Balayage de l'image, trame, vecteur, zone de balayage
Raster graphics	Image matricielle
Raster image processor	Processeur graphique
Raster scan	Balayage horizontal
Rapidity	Rapidité
Rate	Cadence, régime ; taux, tarif ; vitesse, débit
Rate of speed	Degré de vitesse
Rating (radio, tv)	Indice d'écoute, indice, mesure d'audience ; cote morale
Rating card	Fiche d'écoute
Rating point	Point de mesure d'audience
Rating service	Service d'indice d'écoute
Ratio	Proportion, rapport, taux
Rattle	Grincement
Raw	Vierge
Raw data (inf)	Données brutes
Raw stock (ciné)	Film vierge, pellicule vierge
Raw tape	Bande vierge
Ray	Radiation, rayon
Ray-tracing	Lancer de rayon (inf, vid)
Reach	Couverture, portée
Reaction	Réaction
Read brush	Balai de lecture
Read-in time (inf)	Temps de lecture
Reader	Lecteur
Reader-interpreter (inf)	Lecteur-interpréteur
Reading	Lecture
Reading head	Tête de lecture
Reading room (pres)	Salle des correcteurs
Reading track	Piste de lecture
Read-only memory (ROM)	Mémoire morte (MEM)
Read-write head	Lecteur-scripteur
Ready for print (imp)	Bon à tirer

Ready-to-distribute (tv)	Prêt-à-diffuser (PAD)
Real image	Image réelle
Real time	Temps réel
Reality show	Télé-vérité
Ream (of paper) (imp)	Rame (de papier)
Rear	Arrière
Rear panel (vid, son)	Fond de connexion, face arrière
Rear projection (ciné)	Projection par transparence, rétroprojection
Rear projector	Rétroprojecteur
Rear-screen projection (ciné)	Rétroprojection
Reboot	Ré-initialiser
Rebroadcast (tv)	Relayer, retransmettre, rediffuser
Rebroadcasting (tv)	Réémission, retransmission, rediffusion
Recall test (pub)	Test de mémorisation
Receiver	Destinataire, récepteur ; syntoniseur, ampli-syntoniseur
Receiver-decoder	Décodeur - récepteur
Receiving antenna	Antenne de réception
Receiving range	Gamme de réception
Receiving unit	Récepteur
Reception	Réception
Reception area	Zône de réception
Receptive	Réceptif
Recess	Creux
Recharge	Recharger
Reckon (ciné, tv)	Repérer (des extérieurs)
Reckoning	Repérage
Reciprocity	Réciprocité
Record	Enregistrer, graver, rapporter ; disque (audio)
Record changer	Changeur de disques
Record deck	Platine d'enregistrement
Record library	Discothèque, phonothèque
Record-&-playback head	Tête d'enregistrement lecture
Record player	Electrophone, phonographe, pick-up, tourne-disques
Record player connector	Prise pick-up
Record turntable	Platine tourne-disques
Recordable compact disc (CD-R))	Disque compact enregistrable
Recorded program	Programme enregistré (ou) préenregistré

Recorded broadcast (or) transmission (tv, radio)	Emission en différé, émission préenregistrée
Recorder	Appareil enregistreur, enregistreur
Recorder-player	Enregistreur-lecteur
Recorder-reproducer	Enregistreur-lecteur
Recording	Enregistrement, gravure (disque)
Recording amplifier	Amplificateur d'enregistrement
Recording curve	Caractéristique d'enregistrement
Recording drum	Tambour d'enregistrement
Recording engineer	Ingénieur du son
Recording equipment	Matériel d'enregistrement
Recording head	Tête d'enregistrement
Recording instrument	Appareil enregistreur
Recording lamp	Lampe d'enregistrement
Recording level	Niveau d'enregistrement
Recording mark	Marque d'enregistrement
Recording of the commentary	Enregistrement du commentaire
Recording room	Salle de mixage, cabine d'enregistrement
Recording speed	Vitesse d'enregistrement
Recording stage	Plateau d'enregistrement
Recording studio	Studio d'enregistrement, auditorium
Recording supervisor	Chef opérateur du son
Recording system	Chaîne d'enregistrement
Recording tape-deck	Platine d'enregistrement
Recording technician	Recordeur
Recording time	Durée d'enregistrement
Recordist	Chef opérateur du son
Recovery	Rétablissement, récupération
Recovery time	Temps de récupération
Rectification (of the picture)	Redressement (de l'image)
Rectified current	Courant redressé
Rectifier	Redresseur
Rectifying device	Correcteur
Rectilinear scanning	Analyse par lignes
Recurrent	Périodique
Red	Rouge
Reddish	Rougeâtre
Rediffusion	Rediffusion
Reduce	Atténuer, réduire
Reduction	Affaiblissement, atténuation, réduction
Reduction print	Copie par réduction optique

Reduction printing	Tirage par réduction
Reduction scale	Echelle de réduction
Reductor	Réducteur
Redundancy	Redondance
Re-edit	Rééditer
Reel (ciné)	Bobine, rouleau
Reel end	Fin de bobine
Re-establishment	Restitution
Reference	Référence, témoin
Reference edge (of tape)	Bord de référence (de bande)
Reference film	Film de référence
Reference noise	Bruit de référence
Reference point	Point de référence
Reference print	Epreuve de référence, copie de référence
Reference strip	Bande étalon (ciné)
Reference tape	Bande étalon (vid, son)
Reflect	Réfléchir
Reflectance factor	Facteur de réflexion
Reflected	Réfléchi
Reflected image	Image réfléchie
Reflected light	Lumière réfléchie
Reflected sound	Son réfléchi
Reflecting screen	Panneau réflecteur
Reflection	Réflexion
Reflection sounding	Sondage ultrason
Reflector	Réflecteur
Reflex	Réflexe
Reflex camera	Caméra à visée reflex
Reflex finder	Viseur reflex
Reflex mirror system	Système de visée reflex
Reflex projection	Projection sur surface réfléchissante
Reflex shutter	Obturateur à miroir
Refracting prism	Anneau dioptrique
Refraction index	Indice de réfraction
Refresh rate (vid)	Taux de rafraîchissement
Regenerate	Régénérer
Regenerator	Régénérateur
Region	Région
Regional program	Programme régional
Register	Registre
Register pin	Contre-griffe, griffe de fixité
Registration	Inscription ; réglage des convergences, mire de convergence

Registration pin	Contre-griffe, griffe de fixité
Regrouping	Reclassement
Regular	Normal, régulier
Regulate	Commander, régler
Regulation	Réglage, règlement, réglementation, régulation
Rehearsal	Répétition
Rehearsal room	Salle de répétition
Rehearse	Répéter
Re-issue	Réédition, reprise (d'un film)
Relate	Rapporter
Relation	Relation
Relationship	Relation
Relative	Relatif
Relative aperture	Ouverture nominale
Relay	Relayer; relais
Relay station	Station-relais
Release	Déclenchement, démarrage ; distribution (ciné), sortie (d'un film); embargo (pres)
Release button	Bouton de déclenchement, déclencheur
Release print	Copie d'exploitation, copie de série, copie standard, copie d'antenne (tv)
Release printing (ciné)	Tirage de série
Releaser	Déclencheur, démarreur ; distributeur (ciné)
Releasing device	Démarreur
Reliability	Fiabilité, sécurité de fonctionnement
Reload	Recharger
Reloading	Rechargement
Remake (ciné)	Adaptation à l'identique (d'un film)
Remanence	Rémanence
Remote control	Commande à distance, contrôle à distance, télécommande
Remote-control releaser	Déclencheur à distance
Remote-control unit	Télécommande
Remote-controlled	Télécommandé
Remote loading	Téléchargement
Remote pick-up	Captage éloigné
Remote pick-up point	Point de captage éloigné
Remote survey	Repérage
Remote truck	Car vidéo mobile
Remote tuning	Réglage à distance

Rendering	Rendu
Rendering technology	Technologie de rendu (des couleurs)
Rendition (mus)	Interprétation
Renewal	Renouvellement
Renovation	Rénovation
Rental costs	Frais de location
Renter	Distributeur
Renting	Distribution (commerciale), location
Repeat	Répéter
Repeater	Répéteur
Repeater station (radio, tv)	Emetteur relais, relais
Repertory	Répertoire
Repertory cinema	Cinéma d'art et d'essai
Repetitive opération	Opération répétitive
Replace	Remplacer
Replaceable	Interchangeable
Replay (vid)	Relecture
Replenish	Régénérer
Replenisher	Régénérateur
Replenisher solution	Solution d'entretien
Reply	Réponse
Report	Rapporter; communiqué, rapport
Report sheet (ciné, tv)	Rapport script, fiche de tournage
Reporter (pres)	Journaliste, reporteur
Reporter (or) news camera	Caméra de reportage
Reporter-cameraman (ciné, tv)	Reporteur-opérateur, reporteur d'image
Reporting (tv, pres)	Reportage (actualités)
Reporting assignment(tv, pres)	Reportage
Reprint	Réimprimer; réimpression, réédition retirage
Reproduce	Reproduire
Reproducer	Reproducteur
Reprography	Reprographie
Reproducing amplifier	Amplificateur de lecture
Reproducing area	Champ de lecture
Reproducing head	Tête de lecture, tête de reproduction
Reproducing machine (imp)	Tireuse
Reproducing slit	Fente de lecture (du son)
Reproducing system	Chaîne de lecture
Reproduction	Duplication, reproduction
Reproduction right	Droits de reproduction
Requirement	Condition

Rerecord	Réenregistrer
Rerecording	Repiquage, réenregistrement
Rerecording console	Pupitre de réenregistrement
Rerecording deck	Baie de repiquage
Rerun (a picture)	Reprojeter (un film)
Rerun (a program)	Rediffuser (un programme)
Research	Recherche
Research assistant	Documentaliste
Reset	Initialisation ; remettre à zéro
Reshoot (ciné, tv)	Retourner une scène
Residual image	Image résiduelle
Residual rights	Droits voisins
Resistance	Résistance
Resistor	Résistance
Resize	Redimentionner
Resolution	Définition (d'image), résolution
Resolution chart	Mire de définition
Resolving power (opt)	Pouvoir séparateur
Resolving power (photo)	Pouvoir résolvant
Resonance	Résonance
Resonant frequency	Fréquence de résonance
Resonator	Résonateur
Response	Réponse
Response frequency	Fréquence de réponse
Response time	Temps de réponse
Responsiveness	Sensibilité
Restore	Restituer, rétablir
Restraint voltage	Tension de seuil
Restricted	Confidentiel, limité
Restricted permit	Autorisation limitée
Result	Résultat
Résumé	Curriculum vitae
Retake (ciné, tv)	Deuxième prise, raccord, (film), reprise (d'un plan); retourner un plan
Retard	Retarder
Retardation	Retard
Retention (tv)	Persistance
Reticule	Réticule
Reticulation	Réticulation
Retina	Rétine
Retouch	Retoucher
Retouching	Retouche
Retrace (vid)	Retour du spot
Retractable	Escamotable

Retransmission (radio, tv)	Retransmission
Retransmit (radio, tv)	Retransmettre
Retroaction	Réaction, rétroaction
Retroactive	Rétroactif
Retrospect (in)	Rétrospectivement
Retrospective	Rétrospective
Return feeder	Conducteur de retour
Return loss (inf)	Désadaptation
Returns (pres)	Invendus, "bouillon"
Reverberation	Echo, réverbération
Reverberation period	Temps de réverbération
Reversal emulsion	Emulsion inversible
Reversal film	Film inversible
Reversal finder (opt)	Viseur-redresseur
Reversal positive	Positif inversible
Reversal print	Copie par inversion
Reversal process	Inversion (labo), procédé inversible, procédé négatif/positif
Reversal raw stock	Pellicule inversible vierge
Reverse	Inverser; inverse (adj)
Reverse action	Marche arrière
Reverse angle	Contre-champ
Reverse direction flow	Contre-courant
Reverse mirror	Contre-miroir
Reverse printing (imp)	Tirage indirect
Reverse shot	Contre-champ
Reverse video	Affichage image inversée
Reversed	Inversé
Reversed image	Image inversée
Reversible booster	Générateur-régulateur
Reversible drive	Commande d'inversion
Reversion	Réversion
Revise	Réviser
Revised proof (imp)	Epreuve corrigée
Review (pres)	Critique (une)
Review (vid)	Relecture
Reviewer	Critique
Rewind	Réenrouler, réembobiner
Rewinder	Réenrouleuse, réembobineuse, rebobineuse
Rewinding	Rebobinage, réembobinage, réenroulement
Rewinding turntable	Platine d'enroulement
Rewind scan	Retour rapide visualisé

Rewrite	Réécrire
Rewriter (pres)	Rewriter, rédacteur réécrivant la copie
R.F. adapter	Modulateur, sélecteur d'antenne
R.F. converter	Modulateur H.F.
R.G.B colour system	Système couleur R.V.B.
Rhythm	Cadence, rythme
Ribbon	Ruban
Rig (ciné)	Equiper (un décor)
Rigger (ciné)	Machiniste de plateau
Rigging	Passerelles
Right of preemption	Droit de priorité
Rights	Droits
Rights owner	Ayant-droit
Rights for projection in schools	Droits scolaires
Rights per print	Droits à la copie
Rim lighting	Eclairage en halo
Ring	Sonner; anneau
Ring head	Tête annulaire
Ringing	Cerclage, sonnerie
Rinsing	Rinçage
Ripple	Ondulation
Ripple frequency	Fréquence d'ondulation
Rise	Augmenter; augmentation
Rise time	Temps de montée
Riser	Praticable
Roaming subscriber	Abonné itinérant
Robotics	Robotique
Rocking lever	Basculeur
Roll	Bobine (de film négatif), rouleau
"Roll camera !"	"Moteur !"
Roller	Galet, rouleau, tambour
Roller bearing	Roulement à galets
Roller caption	Déroulant
Roll (or) rolling title (ciné)	Déroulant (vertical), générique déroulant
"Rolling !"	"Ca tourne !"
Roof antenna	Antenne de toit
Room noise	Bruit d'ambiance
Root directory (inf)	Sommaire de base
Rostrum (ciné, theat)	Praticable
Rostrum camera	Caméra d'animation
Rotary	Rotatif, tournant
Rotary converter	Commutatrice

Rotary erase head	Tête d'effacement rotative (ou) tournante
Rotary head	Tête tournante
Rotary head scanning (tv)	Balayage à tête rotative
Rotary mirror	Miroir tournant
Rotary potentiometer	Potentiomètre rotatif
Rotary press (imp)	Rotative
Rotary printer	Tireuse rotative
Rotary shutter	Obturateur à secteur
Rotary speed	Vitesse de rotation
Rotating	Tournant, rotatif
Rotating mirror	Miroir rotatif
Rotogravure (imp)	Héliogravure, rotogravure
Rough (pub)	Esquisse, crayonné
Rough cut (ciné, vid)	Bout à bout, montage en continuité, premier montage, prémontage, "ours"
Rough sketch	Croquis
Round slide tray	Carrousel (de diapositives)
Round-table discussion	Table ronde (débat)
Round tone (son)	Son plein
Router (vid)	Sélecteur
Routing	Itinéraire, parcours
Routing machine (imp)	Rectifieuse
Routing switcher (vid)	Grille de commutation
Roving reporter (pres)	Reporteur itinérant
Row	Rangée
Royalties	Droits d'auteur
Royalty perception	Perception des droits
Rubber mounting	Support élastique, support anti vibratoire
Rule	Loi, règle
Rule (imp)	Filet
Ruling	Règlement
Rumble	Grondement, bruit sourd, ronflement
Run	Tourner (machine); défilement, passage, trajectoire
Run (of a film) (ciné)	Durée d'exploitation
Rundown	Déchargé
Rundown sheet (tv, radio)	Conducteur d'émission
Run-off	Débobiné
Run of the claw	Trajectoire de griffe

Run through (theat)	Répéter ; "filer" (une scène) répétition
Run-time (inf)	Durée d'exécution
Run-up time	Temps de démarrage
Runner plate	Couloir de caméra
Running commentary (tv, radio)	Commentaire sur image
Running costs	Frais d'exploitation
Running-in	Rodage
Running time	Durée du programme (tv), durée de projection (ciné), temps de fonctionnement
Rushes (ciné, tv)	Epreuves (de tournage), (rushes)
Rustproof	Inoxydable

S

Safe action area	Zône de sécurité action
Safe text area	Zône de sécurité titres
Safelight	Lampe inactinique
Safety	Sécurité
Safety base	Support de sécurité
Safety factor	Coefficient de sécurité
Safety film	Film (ou) pellicule de sécurité (ou) ininflammable
Safety light	Lumière de sécurité
Safety regulation	Règlement de sécurité
Safety switch	Interrupteur de sécurité
Salary	Salaire
Sales house (pub)	Régie publicitaire (espaces)
Sampler	Echantillonneur
Sampling	Echantillonnage
Sand paper	Papier de verre
Sapphire	Saphir
Satellite	Satellite
Satellite link	Liaison satellitaire
Satellite newsgathering (SNG)	Journalisme (ou) reportage par satellite
Satined	Glacé, satiné
Saturated	Saturé
Saturation	Saturation
Save	Sauvegarder
Sawtooth (vid)	Dents de scie (en)
Scaffolding	Echafaudage
Scale	Mettre à l'échelle; balance ; échelle, gamme, grandeur, graduation

Scale model	Modèle réduit, maquette
Scan	Analyser, balayer, explorer, visualiser, scanner ; balayage, exploration
Scan area	Surface de balayage
Scan conversion	Conversion de balayage
Scan period	Phase d'exploration
Scanner	Analyseur, lecteur, scanneur
Scanning	Analyse, balayage, exploration
Scanning beam	Faisceau analyseur, faisceau explorateur
Scanning disc	Disque analyseur
Scanning field	Champ d'exploration
Scanning generator	Générateur de balayage
Scanning line	Fente optique (ciné) ; ligne d'analyse, ligne de balayage (vid)
Scanning spot	Faisceau explorateur
Scanning system	Système d'analyse
Scan rate	Vitesse de balayage
Scatter	Diffuser
Scattered	Diffus
Scattering	Dispersion, diffusion (opt, son); diffusant
Schedule	Horaire, prévision, programme
Scheme	Projet
Scene	Scène
Scene-to-scene colour grading (ciné)	Etalonnage couleur plan-par-plan
Scenery	Décor(s) extérieur(s)
Scientific cinematography	Cinéma scientifique
Scientific film	Film scientifique
Scintillation counter	Scintillomètre
Scissors	Ciseaux
Scissoring (inf)	Découpe
Scoop (pres, tv)	Exclusivité, reportage exclusif
Scoop (écl)	Bol (lumière d'ambiance)
Scope	Etendue
Score (ciné)	Musique de film
Scoring	Enregistrement (musique)
Scout	Lecteur (scénario)
Scouting	Repérage
Scramble	Brouiller, crypter

Scrambled channel	Chaîne cryptée
Scrambled program	Programme crypté
Scrambler	Démodulateur
Scrambling	Cryptage
Scrape	Gratter; grincement
Scraper	Grattoir
Scratch	Gratter, rayer; bruit d'aiguille, grattement ; rayure
Scratch filter	Filtre d'aiguille
Scratch pad	Bloc-notes
Scratch print	Positif rayé (archives)
Screen	Visionner; écran ; filtre
Screen angle	Angle de projection
Screen brightness	Luminosité de l'écran
Screen capture (inf)	Capture d'écran
Screen credits (ciné, tv)	Générique
Screen dump (inf)	Impression d'écran
Screen frame	Cadre d'écran
Screen luminance	Luminance de l'écran
Screen mask	Cache d'écran
Screenplay	Découpage définitif, scénario
Screenplay-writer	Auteur de scénario
Screen ratio	Rapport d'aspect (image)
Screen ruling (vid)	Lignage de trame
Screen test	Essai filmé, bout d'essai
Screened negative (imp)	Négatif tramé
Screened positive (imp)	Positif tramé
Screened wire	Fil blindé
Screening (ciné, tv)	Passage (d'un film), projection, présentation (de film), visionnement
Screening of the dailies	Projection de travail (des rushes)
Screening theatre (or) room	Salle de projection
Screening time	Durée de projection
Screenwriter	Scénariste
Screw	Vis ; visser
Screwdriver	Tournevis
Screw head	Tête de vis
Screw wheel	Roue hélicoïdale
Scrim (écl)	Ecran diffuseur, tarlatane, grille de sécurité
Script (ciné, tv)	Découpage, scénario, texte
Script clerk (ciné, tv)	Secrétaire de plateau, scripte
Script conference (tv)	Conférence de programme
Script editor	Scripteur (Canada)

Scriptwriter	Auteur de scénario, scénariste, auteur de films
Scroll (vid)	Faire défiler
Scrub shuttle	Recherche sonore
Seal	Sceau
Search	Recherche
Seat	Siège
Secondary	Auxiliaire
Secondary source	Source secondaire
Second feature (ciné)	Film de complément
Second unit	Seconde équipe
Section	Section
Section mark	Paragraphe
Sector	Secteur
Security	Sécurité
Seek time (inf)	Temps de recherche
Segment	Partie
Select	Choisir, sélectionner
Selected	Sélectionné
Selected take	Prise choisie
Selection	Choix, filtrage, sélection
Selection button	Touche
Selectivity	Sélectivité
Selectivity factor	Facteur de sélectivité
Selector	Inverseur, sélecteur
Selector of audible frequencies	Sélecteur de fréquences audibles
Selector switch	Commutateur, sélecteur
Selenium cell	Cellule au sélénium
Self-aligning	Auto-réglable
Self-blimped	Auto-blimpé
Self-blimped camera	Caméra autosilencieuse (ou) auto-blimpée
Self-locking device	Fermeture automatique
Self-operated controller	Régulateur à action directe
Self-powered	A alimentation propre
Self-scattering	A autodiffusion
Self-starter	Démarreur automatique
Self-starting	A auto-démarrage
Self-synchronizing	A synchronisation automatique
Self-trigging	A autodéclencheur
Semi-automatic station	Station semi-automatique
Semiconductor	Semiconducteur
Semi-glazed paper	Papier satiné
Send-receive switch	Commutateur émission-réception

Sensation	Sensation
Sensibility decrease	Perte de sensibilité
Sensitive	Sensible
Sensitivity	Sensibilité
Sensitivity range	Gamme de sensibilité
Sensitize	Sensibiliser
Sensitogram	Sensitogramme
Sensitometer	Sensitomètre
Sensitometric strip	Coin sensitométrique
Sensitometry	Sensitométrie
Sensor	Capteur, détecteur
Sensor glove	Gant de saisie
Separate	Séparer
Separation (ciné)	Sélection de couleurs
Separation negative	Négatif de sélection
Separation positive	Positif de sélection
Sepia	Sépia
Sequel	Suite
Sequence	Séquence
Sequence shot (ciné)	Plan-séquence
Sequence number	Numéro d'ordre
Sequencer (mus)	Séquenceur
Sequencing	Mise en séquence ; séquençage (inf)
Serial (tv)	Film à épisodes, feuilleton
Serial access	Accès séquentiel
Serial digital interface (SDI)	Interface numérique série
Serial novel (or) story	Roman feuilleton
Serial port (inf)	Port de série
Serial transmission	Transmission série
Series	Série (tv)
Series of slides	Série de diapositives
Server (inf)	Serveur
Servicing	Entretien
Servo-	Asservi
Servo-capstan	Cabestan asservi
Servo-control	Asservissement
Servo-lock (vid)	Verrouillage du défilement
Servo-system	Système asservi
Servo-track	Piste d'asservissement
Session	Séance
Set	Composer, placer, régler ; planter
Set design (ciné, tv)	Décoration
Set designer	Décorateur
Set dresser	Ensemblier

Set of matrices (imp)	Frappe
Set up	Equiper (un décor), monter (une installation); installation ; champ (de la caméra)
Setting	Composition, décor (ciné) ; réglage, paramètre
Setting ring	Bague de réglage, bague de diaphragme
Shade	Ombre, teinte
Shaded	Ombré, à l'ombre
Shading (inf)	Ombrage (de l'image)
Shading control	Réglage du niveau de bruit
Shading signal	Signal compensateur
Shadow	Ombre ; ombrage (imp)
Shadow-mask tube	Tube à masque
Shaft	Axe
Shape	Forme
Share	Partager; part
Shared channel	Onde commune
Shared time (inf)	Temps partagé
Shareware (inf)	Echantillon (pour sélection)
Sharing	Répartition
Sharing contract	Contrat de participation
Sharp	Aigu, net, pointu
Sharp focus	Mise au point nette
Sharp image	Image piquée
Sharply focused image	Image piquée
Sharpness	Définition (d'image), finesse, netteté
Shear (inf)	Italiques
Shedding	Dépôt
Sheet	Fiche, feuille
Shielded	Protégé ; blindé (élect)
Shielding	Blindage, gaine, protection
Shift	Décaler, déplacer, transférer ; décalage, glissement, transfert, variation
Shifted	Décalé
Shifter	Embrayeur
Shining	Luisant
Shipment	Expédition
Shock absorber	Amortisseur, support antivibratoire
Shock proof	Antichoc
Shoot	Filmer, tourner (un film)

Shooting (ciné, tv)	Prise de vues, tournage
Shooting angle	Angle de prise de vues
Shooting call	Convocation de tournage
Shooting field	Champ de prises de vues
Shooting lens	Objectif de prise de vues
Shooting range	Limite de champ
Shooting ratio	Rapport de métrage utilisé
Shooting schedule	Plan de tournage, programme de tournage
Shooting script	Scénario définitif, découpage
Short	Court
Short-circuit	Court-circuit
Shorten	Raccourcir
Short end	Chute de bobine (négatif vierge)
Short film (or) feature	Court-métrage, film de court métrage
Short focus lens	Objectif à courte focale
Short paragraph (pres)	Entrefilet
Short-stop bath	Bain d'arrêt
Short subject	Court métrage
Short wave (3 to 30 MHz)	Onde courte, onde décamétrique (10 à 100 m)
Shot (ciné, tv)	Prise de vues, plan
Shot/counter shot	Champ/contre-champ
Shotgun microphone	Microphone canon
Shot list	Découpage technique
Shot number	Numéro de plan
Shot/reverse shot	Champ/contre-champ
Shoulder belt	Harnais d'épaule
Shoulder pod	Crosse d'épaule
Shrinkage	Retrait, rétrécissement
Shrinking	Contraction
Show	Représentation, spectacle
Show (inf, vid)	Afficher
Show business	Industrie du spectacle
Show print	Copie d'antenne (tv), copie de présentation (ciné)
Showing	Passage (d'un film), présentation
Shunt (son, vid)	Fondu ; fondre
Shut	Fermer, verrouiller
Shut-off	Arrêt
Shutter	Obturateur
Shutter bar	Barre à volet
Shutter blade	Pale d'obturateur

Shutter cut-off period	Phase d'obturation
Shutter dissolve	Fondu à la prise de vues
Shutter opening	Ouverture d'obturateur
Shutter release	Déclencheur
Shutter setting	Réglage de l'obturateur
Shutter speed	Vitesse d'obturateur
Shuttle pin	Griffe d'escamotage
Shuttle search	Recherche rapide
Side	Côté, face (disque)
Side band	Bande latérale
Side finder (opt)	Viseur latéral
Side light	Lumière secondaire
Side lighting	Eclairage de côté
Side view	Vue de côté
Sift	Filtrer
Sign	Signe
Signal	Impulsion, signal
Signal bars	Barres de signal
Signal delay	Temps de transit
Signal-image ratio	Rapport signal-image
Signal level	Niveau du signal
Signal lift	Décollement du signal
Signal sagging	Affaiblissement de signal
Signal strength	Intensité de réception
Signal-to-noise ratio	Rapport signal-sur-bruit
Signature	Signature ; indicatif musical (radio)
Sign on (or) off (tv, radio)	Signal de début (ou) fin d'émission, ouverture (ou) fermeture d'antenne
Silencer	Silencieux, sourdine
Silent	Muet
Silent block	Support élastique isolant
Silent film	Film muet
Silent track	Piste de silence plateau
Silhouette effect (écl)	Silhouettage
Silk-screen	Ecran de soie
Silk-screen process (imp)	Sérigraphie
Silver bromide	Bromure d'argent
Silver screen	Ecran argenté
Simplex	Unidirectionnel
Simplified	Simplifié
Simulcast	Diffusion simultanée (radio-tv)
Simulation	Simulation
Simultaneity	Simultanéité

Simultaneous	Simultané
Simultaneous broadcasting (tv)	Emission relayée
Simultaneous operation	Opération simultanée
Sine-shaped (élect)	Sinusoïdal
Single	Unique
Single-crystal	Monocristal
Single-frame	Vue par vue, image par image
Single-frame counter	Compteur image par image
Single-frame exposure	Pose image par image
Single-frame shooting	Tournage image par image
Single-frame switch	Commande image par image
Single-layer emulsion	Emulsion monocouche
Single-layer film	Monopack
Single-perforated film	Film à une rangée de perforations
Single perforation	Perforation d'un seul côté
Single-perforation stock	Pellicule à perforation unique
Single-phase	Monophasé
Single-phase current	Courant monophasé
Single-rank reduction printer	Tireuse réduction à une voie
Single showing	Projection unique
Single strand (mont)	Bande A, bande unique
Single-system (ciné)	A piste couchée
Single-system sound camera	Caméra sonore à piste couchée synchrone
Single-system sound shooting	Prise de vues sonore sur piste couchée synchrone
Single-system stripe (ciné)	Piste magnétique précouchée
Single track	Piste simple, simple gravure
Sinusoidal	Sinusoïdal
Sitcom	Comédie de situation
Site preparation (ciné)	Aménagement des lieux
Size	Dimension, format, grandeur,taille
Sketch	Croquis, esquisse, schéma
Skew (vid)	Inclinaison, biais, distorsion d'image
Skew-control knob	Bouton de réglage de biais
Skew corrector	Correcteur de biais
Skewing	Réglage de la tension
Skill	Habileté professionnelle
Skin tone	Couleur de la peau
Skip-frame printing	Tirage en accéléré (par suppression d'images)
Skyline	Horizon
Slack	Jeu (mécanique) ; lâche
Slackening	Relâchement

Slate (ciné, tv)	Ardoise, claquette, clap
"Slate !"	"Annonce !"
Slate number	Numéro de la claquette (ou) de clap
Slave	Asservi ; esclave
Slave deck	Appareil asservi
Sleep (inf, vid)	Veille
Slide	Diapositive, vue fixe
Slide carrier	Châssis passe-vues
Slide changer	Passe-vues
Slide magazine	Panier (pour diapositives)
Slide projector	Projecteur de vues fixes
Slide pick-up (or) scanner	Multiplexeur d'image, analyseur d'images fixes
Slide show	Diaporama
Slides editing	Montage audiovisuel
Slight scratch	Eraflure
Slip	Déraper ; glissement
Slip ring (vid)	Bague collectrice
Slippage	Glissement
Slit	Refendre ; fente (de lecture de son)
Slit scanning	Balayage par fente
Slitter	Refendeur
Slogan	Slogan
Slot	Encoche, fente, rainure ; créneau
Slow	Lent
Slow-burning	Ignifugé
Slow-down	Ralentir ; ralentissement
Slow-motion	Ralenti
Slow-release relay	Relais à retardement
Small crew	Equipe légère
Smart card	Carte à mémoire, carte à puce
Smear (vid)	Traînage
Smoke bomb	Fumigène
Smoke machine	Générateur de fumée
Smooth	Uni
Smooth finish (photo)	Satinage
Smoothing factor	Taux d'ondulation
Snapshot (photo)	Instantané
Snoot cone (écl)	Cône
Snow	Neige
Soaking	Imprégnation
Soap opera	Feuilleton mélo (tv)
Socket	Douille, prise (électrique) ; socle
Socket adapter	Support adaptateur

Soft binding (imp)	Brochage
Soft cut	Enchaîné rapide
Soft edge (vid)	Bord flou
Soft effect	Effet de défocalisation
Softening	Adoucissement
Soft focus (ciné, photo)	Flou artistique, flou
Soft-focus effect	Effet de flou
Soft-focus image	Image enveloppée
Soft-focus lens	Objectif pour adoucir
Soft print	Copie douce, copie à faible contraste
Soft wipe	Volet flou
Software (inf)	Logiciel, programme
Solarization	Solarisation
Solid-state	Transistorisé
Solid-state circuit	Circuit transistorisé
Soluble	Soluble
Solvent	Dissolvant, solvant
Sonic	Acoustique
Sonic depth-finder	Sondeur acoustique
Sound	Son
Sound absorption	Absorption acoustique
Sound analyzer	Analyseur de sons
Sound barrier	Mur du son
Sound box	Pick-up acoustique
Sound camera	Caméra insonorisée
Sound carrier	Porteuse son
Sound channel	Canal son
Sound code	Indicatif sonore
Sound column	Colonne acoustique
Sound control knob	Bouton de réglage de volume
Sound cut	Raccord sonore
Sound designer	Concepteur sonore
Sound distortion	Distorsion sonore
Sound editor	Monteur son
Sound editing	Montage du son
Sound effects	Bruitage, effets sonores
Sound effects machine	Machine à bruiter
Sound effects supervisor (ciné, tv)	Illustrateur sonore
Sound engineer	Ingénieur du son
Sound fade	Fondu sonore
Sound failure	Panne de son
Sound fidelity	Fidélité sonore
Sound film	Film sonore

Sound gate	Fente de lecture
Sound groove	Sillon sonore
Sound head	Lecteur de son, tête sonore
Sound identification	Indicatif sonore
Sound illustrator (ciné, tv)	Illustrateur sonore
Sound insulation	Insonorisation, isolation phonique
Sound intensity	Intensité acoustique
Sound interference	Interférence sonore
Sound jingle (radio)	Indicatif sonore
Sound level	Niveau sonore
Sound level meter	Sonomètre
Sound library	Sonothèque
Sound-and-light show	Spectacle son et lumière
Sound media	Moyens audio
Sound mixer	Chef-opérateur du son ; console (ou) pupitre de mélange, mélangeur du son, table de mixage
Sound mixing	Mixage (ou) mélange des sons
Sound negative	Négatif son
Sound negative raw stock	Pellicule négative son
Sound only	Son seul
Sound pick-up	Capteur phonographique
Sound playback unit	Bloc de lecture sonore
Sound positive	Positif son
Sound pressure	Pression sonore
Sound print	Positif son seul
Sound-proof	Insonore ; insonoriser
Sound-proofing	Insonorisation
Sound reader	Lecteur de son
Sound recorder	Magnétophone
Sound recording	Enregistrement du son, prise de son, sonorisation
Sound recording system	Système d'enregistrement sonore
Sound recordist	Preneur de son
Sound reduction factor	Indice d'affaiblissement sonore
Sound rendition	Rendu sonore
Sound report (ciné)	Feuille de rapport son
Sound reproducer	Haut-parleur, lecteur de son
Sound reproduction	Reproduction sonore, lecture son
Sound restitution	Reproduction sonore
Sound-slide show	Spectacle audiovisuel, audiovisuel (subst), diaporama sonorisé
Sound studio	Auditorium
Sound system	Procédé sonore, système sonore

Sound take	Prise de vues en son direct
Sound technique	Technique du son
Sound test	Essai sonore
Sound-to-image advance (proj)	Décalage son-image
Sound track	Bande son, piste sonore
Sound truck	Camion d'enregistrement
Sound unit (ciné, tv)	Equipe de son
Sound volume	Intensité du son
Sound wave	Onde sonore
Sounding	Sondage
Source	Source
Source impedance	Impédance de source
Source langage (inf)	Langage source
Source object (inf)	Objet source
Space	Espace, espacement
Space buyer (pub)	Acheteur d'espace
Space buying (pub)	Achat d'espace
Space out (imp)	Interligner
Spacer (imp)	Intermédiaire
Space station	Station spatiale
Space-time	Espace-temps
Spacer	Amorce de montage
Spacing	Ecartement, espacement, interligne (imp), intervalle
Span	Portée
Spare part	Pièce de rechange
Spark	Etincelle ; électricien
Spark photography	Photographie stroboscopique
Spatial	Spatial
Speaker (tv, radio)	Présentateur (-trice), (speaker, speakerine) ; haut-parleur
Special	Spécial
Special correspondent (pres, tv)	Envoyé spécial
Special effect (ciné, tv)	Effet spécial, trucage
Special effects generator	Générateur d'effets spéciaux, truqueur
Special effects technician	Truquiste
Special effects mixer	Melangeur-truqueur
Special purpose computer	Ordinateur spécialisé
Specialised channel	Chaîne thématique
Specific	Intrinsèque, spécifique
Specifications	Caractéristiques ; cahier des charges
Spectator	Spectateur
Spectral	Spectral

Spectrum	Spectre
Speech recognition	Reconnaissance de la parole, reconnaissance vocale
Speech synthesis	Synthèse vocale (ou) de la parole
Speech synthesizer	Synthétiseur de parole
Speed	Sensibilité, vitesse
"Speed !"	"Cà tourne !"
Speed flutter	Fluctuation de vitesse
Speed indicator	Indicateur de vitesse
Speed of shooting	Cadence de tournage
Speed rating (film)	Indice de sensibilité
Speed regulator	Régulateur de vitesse
Speed selector	Sélecteur de vitesse
Speedometer	Compteur de vitesse
Speed-up	Accélérer
Speed-up device	Système accélérateur
Speeded-up action	Accélére
Spherical aberration	Aberration de sphéricité
Spherical lens	Objectif sphérique
Spider	Triangle (caméra)
Spill light	Lumière parasite
Spindle	Axe
Splice	Collure ; insérer (vid)
Splicer	Colleuse, presse à coller
Splicing (mont)	Collage
Splicing table	Table de collage
Splice join	Collure
Split	Dissocier, diviser, éclater; dissociation
Split-beam camera	Caméra à faisceau divisé
Split-field lens	Demi-bonnette
Split-image viewfinder	Viseur d'image divisée
Split-screen	Image composite, multi-images (projection)
Split wire	Fil double
Splitter	Diviseur, répartiteur HF
Sponsor	Commanditaire ; commanditer, parrainer
Sponsored	Commandité, parrainé
Sponsored film	Film commandité (ou) d'entreprise
Sponsored television (or) radio	Emission commanditée
Sponsoring (or) sponsorship	Parrainage
Spool	Bobine

Spot	Annonce publicitaire, message publicitaire ; endroit, lieu ; repère, tache
Spot length	Format de l'annonce
Spotbeam satellite	Satellite à faisceau étroit
Spotlight	Projecteur ponctuel, projecteur à faisceau concentré
Spot lighting	Eclairage concentré, lumière concentrée
Spotted	Tacheté
Spotting (photo)	Retouche
Spotting list (ciné)	Liste de sous-titres, liste plan-par-plan
Spray down	Mater
Spray processing	Développement par pulvérisation
Spread	Baver (encre), étaler; étalement ; annonce double-page
Spread beam	Faisceau élargi
Spread light	Lumière diffuse
Spread reflection	Réflexion élargie
Spread out	Déplier, étaler
Spreader	Triangle (caméra)
Spreading	Etalement
Spring	Ressort
Spring-back ground glass	Dépoli monté sur ressort
Spring motor	Moteur à ressort
Spring suspension	Suspension à ressorts
Spring-wound camera	Caméra à ressort
Sprocket	Tambour denté, tambour
Sprocket drive	Entraînement par tambour
Sprocket drive drum	Tambour d'entraînement
Sprocket hole	Perforation
Sprocket tooth	Dent de tambour
Sprocket wheel	Galet denté, roue dentée
Spunglass	Laine de verre
Squarial	Antenne carrée
Squaring	Quadrillage
Squeegee (lab)	Essoreuse
Squeeze ratio	Coefficient d'anamorphose
Stability	Stabilité
Stabilization	Stabilisation
Stabilizer	Stabilisateur
Stabilizing bath	Bain stabilisateur
Stable	Stable

Stack	Empiler ; pile
Staff	Personnel
Stage	Plateau (cinéma), scène (théâtre)
Stage-by-stage	Point par point
Stage coordinator (ciné, tv)	Chef de plateau
Stage hand	Assistant de plateau, machiniste de plateau
Stage left (théât)	Côté cour
Stage manager	Régisseur (de plateau)
Stage right (théât)	Côté jardin
Staging	Mise en place (décor)
Stain	Tacher; coloration, tache
Stained	Tacheté
Stained glass	Verre teinté
Stainless	Inoxydable
Stamping	Timbrage
Stand	Pied de projecteur
Standalone	Autonome (équipement)
Standard	Etalon, norme; standard, normal
Standard broadcast band (tv)	Bande d'émission autorisée
Standard film (ciné)	Pellicule format standard
Standard illuminant (écl)	Lampe-étalon
Standard lens	Objectif normal
Standard mount	Monture standard
Standard size	Format standard
Standard speed	Vitesse normalisée
Standard TV signal	Signal courant de télévision
Standardization	Normalisation, standardisation
Standardize	Normaliser, standardiser
Stand-by	En attente, en secours
"Stand-by !"	"Attention !"
Stand-by mode	Position "attente"
Stand-in (ciné)	Doubler (un acteur) ; doublure
Standing charges	Frais permanents
Standlights	Eclairage sur pied
Staple	Agrafe
Star (ciné, tv)	Vedette
Star filter	Filtre étoilé
Star reporter (pres)	Grand reporteur
Star system	Vedettariat
Start	Départ, top de départ ; démarrer
Start leader	Amorce de départ (ou) de tête
Start mark	Repère (ou) marque de départ
Starter	Démarreur

Starting cue	Signal de départ
Starting (of a motor)	Démarrage, mise en marche
Starting point	Point de départ
Start-up disk	Disque souple de secours
Start-up screen (inf)	Ecran graphique
Static	Statique
Static computer imaging	Animation par ordinateur image par image
Static mark	Effluve
Statics	Effluves, parasites
Station	Station, émetteur
Station break	Ecran publicitaire (ou) d'identification
Station identification	Indicatif d'émetteur
Station representative	Régie publicitaire
Statistics	Statistique
Steadiness	Permanence, stabilité
Steady	Stable
Step (vid)	Pas-à-pas
Step-by-step	Point par point
Step continuous wedge	Gamme de densités
Step-down transformer	Dévolteur, transformateur-dévolteur
Step printer (ciné)	Tireuse optique pour effets spéciaux, tireuse alternative
Step-up transformer	Transformateur-survolteur
Step wedge	Coin sensitométrique
Stereo	Stéréophonie, stéréo
Stereo cassette tape recorder	Magnétophone à cassette stéréo
Stereo headphone	Casque stéréo
Stereo pick-up catridge	Cellule de lecture de disques stéréo
Stereophonic	Stéréophonique
Stereophonic effect	Effet de relief sonore
Stereophonic sound	Son stéréophonique, relief sonore
Stereophonic sound recording	Enregistrement stéréophonique
Stereoscopic	Stéréoscopique
Stereoscopic effect	Effet de relief optique
Stereoscopic picture	Image en relief
Stereoscopic system	Procédé stéréoscopique
Stereoscopic television	Télévision en relief
Stereoscopy	Stéréoscopie
Sticking	Collage
Still	Photographie, photo de plateau
Still camera	Appareil photographique
Still frame	Image arrêtée, arrêt sur image, image fixe

Still picture	Image fixe, photographie
Still shot	Plan fixe
Stills man	Photographe de plateau
Stimulator	Activateur
Stitch-copy (imp)	Broché
Stock	Film vierge ; réserve, stock
Stock footage	Métrage d'archive
Stock music	Musique d'archive, musique préenregistrée
Stock shot	Image (ou) plan d'archive
Stock shots library	Archives cinématographiques
Stop	Arrêter; arrêt
Stop bath	Bain d'arrêt
Stop button	Bouton d'arrêt
Stop down	Fermer le diaphragme, diaphragmer
Stop frame	Arrêt sur l'image, image arrêtée
Stop leader	Amorce d'arrêt
Stop motion	Image par image, vue par vue
Stop motion camera	Caméra pour prises de vues image par image
Stop motion shooting	Prise de vues image par image
Stop scale	Echelle de diaphragmes
Stop watch	Chronomètre
Stopper	Pièce d'arrêt
Storage	Accumulation, conservation, emmagasinage, stockage
Storage battery	Accumulateur, batterie
Storage counter (inf)	Compteur à mémoire
Storage disc	Disque de stockage
Storage layout (inf)	Schéma de mémoire
Storage memory	Mémoire
Storage temperature	Température de stockage
Storage system	Système à mémoire
Store	Conserver, emmagasiner, mémoriser, mettre en mémoire
Stored energy	Energie accumulée
Stored image	Image stockée
Stored program	Programme enregistré
Story	Article, sujet
Storyboard (ciné, tv, pub)	Conducteur (visuel), scénarimage
Straight cut (mont)	Coupe sèche
Straight news (pres, tv)	Reportage factuel
Stray	Vagabond
Stray angle	Angle de diffusion

Stray current	Courant parasite, courant vagabond
Stray light	Lumière parasite
Streak	Raie
Streak effect (vid)	Effet de faisceau
Streaking	Filage horizontal, traînage
Stream (inf)	Parcourir
Street photographer (pres)	Photo-stoppeur
Strengthening	Renforcement
Stretch	Etaler ; étirement
Stretching	Etirage
Strike an arc	Amorcer un arc
Strike a print	Tirer une copie (ciné)
Strike a set	Casser (ou) démonter un décor
Stringer	Journaliste indépendant, pigiste
Strip	Bandelette, bande
Strip lighting	Eclairage de cyclo
Stripe	Bande, couche
Striped film	Film à piste couchée
Striping	Couchage, pistage
Strobe light	Lumière stroboscopique
Strobing (vid)	Battement
Stroboscopic effect	Effet stroboscopique
Stroboscopic-pattern wheel	Disque stroboscopique
Stroboscopy	Stroboscopie
Structure	Dispositif, structure
Stuck	Coincé, collé
Studio	Studio
Studio address	Micro d'ordre (régie vers plateau)
Studio camera (ciné, tv)	Caméra de plateau, caméra de studio
Studio light	Projecteur
Studio lights	Eclairage de studio
Studio management	Régie
Studio manager	Directeur de studio, régisseur de plateau
Studio monitor (tv)	Récepteur de contrôle de plateau
Studio shooting	Tournage en studio
Studio shot	Prise de vues en studio
Study	Etude
Stunt	Cascade
Stunt man	Cascadeur
Style	Style
Stylist	Styliste
Subcarrier phase shifter	Régulateur de phase sous-porteuse

Subchannel	Sous-canal
Subdued light	Lumière tamisée
Sub-editor (pres)	Secrétaire de rédaction
Subheading (pres)	Intertitre, sous-titre
Subject matter	Sujet
Submarine cable	Câble sous-marin
Subsampler	Sous-échantillonneur
Subscriber	Abonné, souscripteur
Subscription	Abonnement
Subscription television (STV)	Télévision par abonnement
Subsidiary	Auxiliaire, subsidiaire
Subsidy	Subvention
Substandard film	Pellicule format réduit
Substandard size	Format substandard, format réduit
Substitute	Remplacer, substituer
Substructure	Infrastructure
Subtitle	Sous-titre
Subtitle cue sheet	Liste de sous-titres
Subtitled release print	Copie standard sous-titrée
Subtitling	Sous-titrage
Subtractive colour process	Procédé de couleurs par syn thèse soustractive
Subtractive colour synthesis	Synthèse soustractive trichrome
Subtractive printing	Tirage soustractif
Succession	Succession
Sum	Somme
Summarize	Abréger, résumer, récapituler
Summarized	Résumé, récapitulé
Summary	Abrégé, récapitulation, résumé, sommaire, récapitulatif (subst)
Sungun (écl)	Projecteur portable, torche
Sunlight (écl)	Projecteur (studio)
Sun reflector	Ecran réflecteur

Sunshade	Parasoleil
Sunspot	Tache solaire
Superficial	Superficiel
Super-high frequency (3 to 30 GHz)	Onde centimétrique (l à l0cm), fréquence SHF
Superimposed (ciné, tv)	Superposé, surimpressionné
Superimposition	Surimpression
Superior	Supérieur
Supersensitive	Ultra-sensible
Supersonic	Supersonique
Superstructure	Superstructure
Supervisor	Superviseur, contrôleur
Supplier	Fournisseur
Supply	Alimenter; approvisionnement, arrivée (élect), source d'alimentation
Supply spool	Bobine débitrice
Support	Support
Supporting cast (ciné, tv)	Artistes de complément
Supporting materials	Documents d'accompagnement
Supporting part	Rôle secondaire
Suppress	Eliminer
Suppression	Suppression, élimination
Suppressor	Antiparasite, filtre antiparasites, système antiparasites, suppresseur
Surface	Surface
Surface noise	Bruit de surface
Surface reflection	Réflexion de surface
Survey	Inspecter, sonder; étude, surveillance, sondage
Suspend	Suspendre
Suspension	Interruption, suspension
Swap	Echange ; changer
Swap file (inf)	Fichier de stockage temporaire
Sweep	Analyser, balayer; balayage.
Sweeper (vid)	Analyseur panoramique
Sweetening (vid)	Egalisation
Swelling	Gonflement
Swinging arm	Bras mobile
Swish pan (ciné, tv)	Arraché, panoramique rapide, panoramique filé

Switch	Commuter, inverser; bouton de commande, commande, commutateur, déclencheur, disjoncteur, interrupteur
Switchboard	Panneau de commande, table d'écoute
Switch desk	Pupitre de commutation
Switched off	Hors circuit
Switched off	Hors circuit
Switched on	En circuit
Switcher (vid)	Ingénieur de la vision, ingénieur vidéo ; pupitre de mélange vidéo, régie de mélange, mélangeur
Switch gear	Déclencheur haute tension
Switching	Commutation
Switching core	Noyau de commutation
Switching-in	Mise en circuit
Switching network	Réseau de commutation
Switching-off	Mise hors circuit
Switching-on	Mise en circuit
Switch key	Clé de contact
Switch off	Couper, débrancher, fermer, mettre hors-circuit, mettre hors fonction
Switch on	Allumer, brancher, mettre en circuit
Switch over	Culbuter, transférer
Swivel	Pivoter
Symbol	Symbole
Symmetrical	Symétrique
Symmetry	Symétrie
Sync (ciné, tv)	Synchrone
Sync (in)	Synchronisé
Sync beep	Top de synchronisme, "mille", 1000 Hz
Sync cable	Câble de synchronisme
Sync editing	Montage synchrone
Sync generator	Générateur de synchronisme (ou) de fréquence pilote
Sync leader	Bande amorce de synchronisme
Sync level	Niveau de synchronisation
Sync marking	Marque de synchronisme
Sync point	Point de synchronisme

Sync pulse	Impulsion de synchronisation, pilotage de synchronisme, signal de synchronisation, top de synchronisation
Sync pulse generator	Générateur de fréquence pilote, générateur de synchronisme
Sync roll (mont)	Déroulement synchrone
Sync signal	Signal de synchronisation
Sync signal generator	Générateur de synchronisme,
Sync sound shooting (cableless)	Prise de vues synchrone (sans câble de liaison)
Sync stretcher	Stabilisateur de niveau
Sync switch	Commutateur de synchronisme
Syncing	Mise en synchronisme
Syncing dailies	Synchronisation des tournages
Synchronism	Synchronisme
Synchronization	Accrochage (tv), synchronisation
Synchronization bay	Baie de synchronisation
Synchronization marks	Repères face à face
Synchronization pulse	Pulsation de synchronisation
Synchronize	Synchroniser
Synchronized	Synchronisé
Synchronizer	Synchroniseuse, synchronisateur
Synchronizing generator	Générateur-synchroniseur
Synchronizing table	Table de détection
Synchronous	Synchrone
Synchronous digital hierarchy (SDH)	Hiérarchie numérique synchrone
Synchronous drive	Entraînement synchrone
Synchronous motor	Moteur synchrone
Syndication (pres, tv)	Syndication
Synopsis	Résumé, synopsis
Synoptic	Synoptique

System	Dispositif, système, procédé
System failure	Panne système
System noise (cab)	Bruit de système
System outline	Configuration du système
Synthesis	Synthèse
Synthesized voice	Voix de synthèse
Synthetic	Synthétique
Synthetic reverberation	Echo artificiel
Synthetic reverberation chamber	Chambre d'écho synthétique
Synthesizer	Synthétiseur
Syntonize	Accorder, syntoniser

T

Tab	Repère
Tab key (inf)	Touche de tabulation
Tab marker	Marque de repère
Table	Console, table
Table of contents	Sommaire
Tabulate	Mettre en tableaux
Tachogenerator	Générateur de tachymètre
Tachometer	Compteur de vitesse, tachymètre
Tag	Etiquetter ; étiquette ; chute (d'une histoire)
Tag line	Slogan
Tail leader (ciné)	Amorce de fin
Tails out	Par les pieds, par la queue
Take (ciné, tv)	Prise de vues, prise
Take-off spool (or) reel	Bobine débitrice
Take-up and feed	Enroulement et déroulement
Take-up magazine	Magasin récepteur
Take-up reel (or) spool	Bobine réceptrice
Take-up sprocket	Débiteur de magasin, tambour d'enroulement
Taking lens (photo, ciné)	Objectif de prise de vues
Talent	Artistes (plur)
Talent scout	Prospecteur de talents
Talk back	Interphonie
Talking level	Niveau de parole
Talking picture	Film parlant
Tally light	Lampe de signalisation
Tangential arm	Bras tangentiel
Tank	Bac
Tap dance	Claquettes

Tape	Enregistrer; bande, ruban
Tape advance	Défilement vidéo, entraînement de la bande
Tape base	Support de bande
Tape control (punched)	Bande-code
Tape counter	Indicateur de défilement
Tape curvature	Courbure de bande
Tape deck	Platine d'enregistrement
Tape delays (vid)	Bande de retardement
Tape displacement	Déplacement de la bande
Tape dubber	Défileur de bande
Tape eraser	Effaceur de bande
Tape guide	Guide de bande
Tape joiner	Colleuse
Tape leader	Amorce de bande, amorce de départ
Tape library	Magnétothèque
Tape loading	Chargement de bande
Tape mark	Marque de bande
Tape printer	Teléscripteur, téléimprimeur, télétype
Tape reader	Lecteur de son, tête de lecture
Tape recorder (audio)	Magnétophone
Tape recorder head	Tête de magnétophone
Tape recording	Enregistrement magnétique
Tape roller (vid)	Tachymètre
Tape skew	Déviation de la bande
Tape speed	Défilement vidéo, vitesse de bande, vitesse de défilement de bande
Tape splicer	Presse à adhésif, colleuse
Tape switching	Commutation de bande
Tape threading	Chargement de bande
Tape transport	Entraînement de la bande
Tape width	Largeur de bande
Target computer	Ordinateur client
Target disc	Disque cible
Target file (inf)	Dossier cible
Target language (inf)	Langage cible
Tarnishing	Ternissement
Task	Tâche
Tax	Redevance, taxe
Teaching film	Film didactique
Teachware	Didactitiel
Team	Equipe
Tear	Cassure, déchirure

Tearing (vid)	Déchirure (de l'image)
Teaser (pub)	Accroche, aguiche
Technical adviser	Conseiller technique
Technical director	Directeur technique
Technical staff	Personnel technique
Technician	Technicien
Technique	Technique
Technology	Technologie
Telecamera	Caméra de prises de vues (tv)
Telecast	Programme de télévision; transmettre sur tube, téléviser
Telecaster	Ànnonceur, journaliste de télévision, reporteur (tv)
Telecasting	Télédiffusion
Telecine	Télécinéma
Telecommunication	Télécommunication
Telecommunication satellite	Satellite de télécommunication
Telecompter	Ordinateur-décodeur
Teleconference	Téléconférence
Telecontrol	Télécommande
Teleconverter lens	Multiplicateur de focale
Teledata processing (inf)	Téléinformatique
Teledynamic	Télédynamique
Telegenic	Télégénique
Telegram	Télégramme
Telegraph	Télégraphe
Telematic kiosk	Kiosque télématique
Telemetering	Télémesure
Telemetric finder	Viseur télémétrique
Telephone	Appareil téléphonique
Telephone exchange	Central téléphonique
Telephoto lens (ciné)	Téléobjectif
Teleport	Téléport
Teleprinter	Téléscripteur, télétype
Teleprocessing	Telétraitement
Teleprompter (tv)	Télésouffleur, téléprompteur
Telerecording	Téléenregistrement, cinéscope
Telescope	Télescope
Telescopic	Télescopique
Telescopic arm	Bras télescopique
Telescopic finder	Viseur télescopique
Telescopic lens	Objectif télescopique
Teletext	Télétexte, vidéographie (diffusée)
Teletype	Téléscripteur, télétype

Televiewer	Téléspectateur
Televise	Téléviser
Televised image	Image télévisée
Televised meeting	Téléconférence
Televised show	Spectacle télévisé
Television	Télévision
Television broadcasting station	Emetteur de télévision
Television camera	Caméra de télévision
Television network	Chaîne de télévision
Television news	Actualités télévisées
Television print	Copie télévision
Television receiver	Récepteur, poste de télévision
Television reporter	Reporteur télévision
Television reporting	Téléreportage
Television rights	Droits de télévision
Television scan	Balayage du faisceau
Television set	Récepteur, poste de télévision
Television station	Station de télévision
Television transmitter	Emetteur de télévision
Televisual image	Image télévisuelle
Televoltmeter	Télévoltmètre
Temperature	Température
Tempering	Adoucissement
Template	Format
Temporary storage (inf)	Mémoire éphémère
Tension	Tension
Tension roller	Presseur, tendeur
Term	Terme
Terminal	Station, terminal
Terminal unit	Poste terminal
Termination	Terminaison
Terrestrial network	Raiseau hertzien
Test	Contrôler, essayer, sonder, vérifier ; essai
Test board	Panneau de contrôle
Test case	Essai type
Test center	Centre d'essais
Test chart (tv, ciné)	Mire d'essai, mire de réglage
Test film (ciné)	Bande d'essai, film d'essai
Test pattern (tv)	Mire de réglage
Test print (photo)	Epreuve
Test program (tv)	Programme pilote
Test receiver	Récepteur témoin
Test run	Passe d'essai

Test shot (ciné)	Bout d'essai, plan d'essai
Test strip	Bande de réglage
Test tape	Bande test, bande d'essai
Testimonial (pub)	Témoignage
Testing bench	Banc d'essai
Tetraphonic	Tétraphonique, quadriphonique
Text	Texte
Textless (or) neutral background	Fond neutre pour titre
Text-to-speech converter	Convertisseur texte-parole
Texture	Texture
Theater (ciné)	Salle de cinéma (ou) de théâtre
Theater chain (or) circuit	Circuit de salles
Theater manager	Directeur de salle, exploitant (ciné)
Theater television (tv)	Télévision sur grand écran
Theatrical exhibition (ciné)	Exploitation commerciale
Theatrical film	Film de long métrage, grand film
Thermic (or) thermal	Thermique
Thermocopy	Thermocopie
Thermography	Thermographie
Thermostat	Thermostat
Thesaurus	Lexique
Thread	Charger; fil
Thread counter	Compte-fils
Thread (of a screw)	Spire
Thread-up waste (lab)	Perte laboratoire
Threading	Chargement(d'une caméra) embobinage, mise en place (bande ou film)
Three-colour process	Procédé trichrome, trichromie
Three-dimensional film	Film en relief
Three-dimensional photography	Photographie en relief
Three-dimensional picture	Image en relief
Three-dimensional shape	Forme tridimensionnelle
Three-dimensional system	Procédé stéréoscopique
Three-dimensional television	Télévision en relief
Three-phase current	Courant triphasé
Threshold	Seuil
Threshold of acoustical perception	Seuil d'audibilité
Threshold of dazzling	Seuil d'éblouissement
Threshold of feeling	Seuil de sensibilité
Threshold level	Seuil d'intensité

Threshold of perception	Seuil de perception
Threshold of vision	Seuil de visibilité
Through-the-lens focusing	Mise au point sur dépoli
Through-the-lens meter	Cellule T.T.L. (à travers l'objectif)
Through-the-lens reading	Lecture à travers l'objectif
Throughput (inf)	Intensité
Throw (of projector)	Distance de projection
Thrust	Poussée
Thumbnail (inf)	En miniature
Tie	Attacher
Tie-line (cab)	Ligne directe, ligne privée
Tie-trunk (cab)	Ligne privée
Tiering (tv)	Tarification par paliers (câble)
Tight	Etanche, hermétique, serré
Tight editing	Montage serré
Tight shot	Plan serré
Tightener	Tendeur
Tightening	Serrage
Tiling (mont, inf)	Affichage du chutier
Tiling windows (inf)	Fenêtres en tuiles
Tilt (ciné, tv)	Panoramiquer; mouvement d'appareil vertical, panoramique vertical
Tilt compensation	Compensation d'inclinaison
Tilt control	Réglage d'inclinaison
Tilt down (ciné, tv)	Plongée ; "piquer"
Tilt up (ciné, tv)	Contre-plongée ; "monter"
Tilting	Mouvement basculant, mouvement d'appareil vertical, panoramique vertical
Tilt plate	Quart-de-brie
Timbre (son)	Couleur sonore, timbre
Time	Durée, heure, temps
Time bar	Bare temporelle
Time base	Base de temps
Time base corrector	Correcteur de base de temps
Time code	Code temporel
Time constant	Constante de temps
Timed dailies (ciné)	Rushes étalonnés
Time-delay	(Action) différée
Time-delay circuit	Circuit retardateur
Time exposure (photo)	Pose
Time exposure control	Compte-pose
Time lag	Retard, décalage horaire
Time lapse (photo)	Intervalle de pose

Time-lapse cinematography	Prise de vues image par image
Time-lapse shooting	Prise de vues à temps échelonné
Time-out (inf)	Délai d'attente
Timer (ciné)	Etalonneur (ciné), programmateur (vid)
Timer	Compteur horaire, minuterie ; variateur (sur tireuse) (lab)
Time schedule	Programme
Time segment (radio, tv)	Tranche horaire
Time-sharing (inf)	Temps partagé
Time shifting (tv)	Visionnement en différé
Time-shot	Pose, prise de vues à temps échelonné
Time switch	Minuterie
Timetable	Horaire
Timing (ciné)	Chronométrage, minutage ; étalonnage
Timing print	Copie d'étalonnage
Tinted	Teinté
Tinting	Coloration
Titanium	Titane
Title	Titre
Title background	Fond de générique
Title card	Carton de générique
Title negative	Bande titre, négatif du générique, négatif titre
Title-page (pres)	La «une»
Titler (ciné)	Tireuse pour textes, titreuse
Titling (ciné)	Titrage
Toggle (vid)	Inverseur
Toggle switch	Interrupteur basculant
Token	Jeton
Token ring (inf)	Anneau à jeton
Tolerance	Tolérance
Tonal	Audible, musical, sonore
Tone	Fréquence vocale (phone) ; note, timbre, ton, tonalité, son ; teinte
Tone arm	Bras de lecture, bras de pick-up
Tone channel	Canal son
Tone colour	Couleur sonore, timbre
Tone control	Correcteur de tonalité, réglage de tonalité
Tone modulator	Modulateur de tonalité
Tone pitch	Hauteur du son

Tone reproduction	Rendement sonore
Tone quality	Qualité musicale
Toner	Encre
Toning	Teinture, virage
Tool	Outil
Tool bar	Barre d'outils
Tool kit	Boîte à outil, outillage
Top	Haut
Top billing	Tête d'affiche
Top hat (ciné)	Plateforme de caméra
Top loop	Bobine débitrice
Topical	Actuel
Torch	Torche
Total cycle	Cycle complet
Touch pad	Bloc à effleurement tactile
Touch screen	Ecran tactile
Touch up (photo)	Retoucher
Tower (élect)	Pylône
Trace	Tracer ; piste, tracé
Tracer	Traceur
Tracing	Traçage, tracé
Tracing distortion	Distorsion de contact (disque)
Tracing off	Décalque
Tracing paper	Calque, papier calque
Track	Bande, canal, piste, rail, trajet
Track in (ciné, tv)	Travelling avant
Track laying (mont)	Préparation des bandes à mixer
Track mark	Repère de piste
Track out (ciné, tv)	Travelling arrière
Track ball (or) tracker ball	Boule de commande
Tracked tape	Bande traquée
Tracking	Mise en place (bande), centrage de piste, alignement
Tracking control (vid)	Contrôle de pistage, réglage de lecture (bande)
Tracking control signal	Signal d'asservissement
Tracking shot (ciné, tv)	Prise de vues en mouvement, plan (ou) prise de vues en travelling, travelling
Trade	Marché
Trade mark	Marque de fabrication
Trade paper (pres)	Revue corporative
Trade press (pres)	Presse professionnelle
Trade show (ciné)	Présentation corporative

Traffic time (radio)	Heure d'écoute en voiture
Trailer (ciné)	Bande de lancement, film annonce
Trainee	Stagiaire
Trainer	Dresseur (d'animaux)
Training film	Film de formation
Trajectory	Trajectoire
Transceiver	Emetteur-récepteur
Transcode	Transcoder
Transcoder	Transcodeur
Transcribing	Transcription
Transcription	Copie, transcription
Transducer	Transducteur, transformateur d'énergie, transmetteur
Transductor	Transducteur
Transfer	Report, transcription, transfert
Transfer circuit	Circuit intermédiaire
Transfer constant	Constante de transmission
Transfer gear	Pignon de transfert
Transfer rate	Débit de transfert
Transfer unit	Unité de transfert
Transfering	Décalque, transfert
Transform	Convertir, transformer
Transformer	Transformateur
Transistor	Transistor
Transistorized	Transistorisé
Transistorized mixer	Mélangeur transistorisé
Transition	Transition
Transit exchange	Centre nodal
Transit time	Temps de parcours
Translate	Convertir, traduire, transcoder
Translation	Traduction
Translator	Traducteur
Translucent	Translucide

Transmission	Emission, transmission
Transmission band	Bande passante
Transmission channel	Voie de transmission
Transmission power	Puissance d'émission
Transmission control unit	Unité de télécommande
Transmission line	Voie de transmission
Transmit	Transmettre
Transmittance	Facteur de transmission
Transmitter (radio, tv)	Emetteur, poste émetteur, transmetteur, station émettrice
Transmitter car unit	Voiture émettrice
Transmitting frequency	Fréquence d'émission
Transmitting station	Emetteur, station émettrice
Transmitting tube	Tube émetteur
Transparency	Diapositive ; transparence
Transparency mounting	Montage de diapositives
Transparent	Transparent
Transparent screen	Ecran transparent
Transponder	Ré-émetteur, répéteur
Transport costs	Frais de transport
Transversal recording	Enregistrement transversal
Travel ghost	Filage
Travelling-and-pan shot (ciné, tv)	Pano-travelling
Travelling matte (ciné, tv)	Cache animée, image composite animée, travelling matte
Travelling shot (ciné, tv)	Plan (ou) prise de vues en mouvement (ou) en travelling, travelling
Travelogue (ciné)	Film de tourisme
Traverse recording	Enregistrement transversal
Tray	Bac
Treatment	Adaptation, traitement
Treble (son)	Aigu
Tree (structure) (inf)	Arborescence
Triad	Triade
Trial hearing	Audition
Trial program (tv, radio)	Emission pilote
Trial run	Essai
Triax	Triaxal
Trichromatic	Trichromatique
Trickle charge	Charge d'entretien
Tri-colour separation	Sélection trichrome
Trigger	Déclencheur, détente, gâchette

Triggering	Déclenchement
Trim	Couper, retoucher ; retouche
Trim bin	Chutier
Trims (mont)	Chutes
Tripod	Pied de caméra, trépied
Tripod head	Tête de trépied
Tripod leg	Branche de trépied
Tripping	Déclenchement
Trucking effect (ciné, tv)	Effet de mouvement
Trunk line	Ligne principale, ligne interurbaine
T-stop (opt)	Ouverture de diaphragme (photométrique)
Tube	Tube ;lampe d'amplification
Tubular	Tubulaire
Tumbler switch	Interrupteur à bascule
Tune	Accorder, régler; air musical
Tune in	Accorder, brancher
Tune up	Mettre au point, réviser
Tuned	Accordé
Tuned antenna	Antenne accordée
Tuned line	Ligne accordée
Tuner	Syntoniseur
Tuner amplifier	Tuner-amplificateur
Tungsten halogen lamp	Lampe tungstène halogène
Tungsten lamp	Lampe à incandescence
Tungsten light	Lumière artificielle
Tuning	Réglage
Tuning device	Dispositif d'accord, syntoniseur
Tuning fork (son)	Diapason
Tuning indicator	Indicateur d'accord
Tuning-up	Mise au point
Turbine	Turbine
Turnkey	Clé-en-mains
Turn off	Couper, mettre hors circuit
Turn on	Mettre en circuit, brancher
Turned-on/off (or) on/off	En circuit/hors circuit
Turntable	Plaque tournante, plateau (disque), tourne-disques
Turret-front camera	Appareil de prises de vues à tourelle
TV colour receiver	Récepteur TV couleur
TV cut-off	Cadre TV
TV education	Enseignement télévisé
TV fan	Téléphile

TV film	Téléfilm
TV library	Téléthèque
TV news	Presse filmée
TV person	Téléaste
TV pickup station	Station de captage
TV projector	Téléprojecteur
TV reader	Télélecteur
TV scan	Balayage de faisceau
TV set	Poste de télévision, récepteur, téléviseur
TV studio	Studio de télévision
Tweet (son)	Gazouiller
Tweeter	Haut-parleur d'aiguës
Twin lenses	Lentilles jumelées
Twisted pair (élect)	Paire torsadée
Two-colour system (or) process	Bichromie
Two-phase	Biphasé
Two-phase current	Courant biphasé
Two-position action	Réglage à deux paliers
Two-shot (ciné, tv)	Prise de vues à deux personnages, plan américain
Two-way cable television	Télévision interactive par câble
Type	Caractère (imp) ; type
Type lay-out (imp)	Maquette typographique
Typesetter (imp)	Compositeur, typographe
Typesetting (imp)	Composition
Typist	Dactylographe
Typography	Typographie

U

Ultra-directional microphone	Microphone canon
Ultra-fast	Ultra-rapide
Ultra-high frequency (300 MHz-3 GHz)	Hyperfréquence, onde décimétrique (l à 100 cm),fréquence UHF
Ultra-high-speed camera	Caméra ultra-rapide
Ultra-short wave	Onde ultra-courte
Ultrasonic	A ultra-sons
Ultrasound	Ultrason
Ultraviolet	Ultraviolet
Unbalanced	Asymétrique ; instable
Unchanging	Invariable
Uncoil	Débobiner
Uncoupling	Découplage, débrayage
Undercranking	Prise de vues en accéléré
Underexposed	Sous-exposé
Underexposure	Sous-exposition
Underline (or) underscore	Souligner
Underscan	Balayage réduit
Understudy	Doublure (d'un acteur)
Under voltage	Sous tension
Underwater camera	Caméra (pour prise de vues) sous-marine
Underwater housing	Caisson étanche
Underwater shooting	Prise de vues sous-marine
Underwriting	Parrainage
Undulatory	Ondulatoire
Uneven	Inégal
Unexposed	Non exposé, vierge
Unexposed film (or) negative	Film vierge, pellicule vierge

Unfold	Déplier
Unidirectional	Unidirectionnel
Unidirectional antenna	Antenne unidirectionnelle
Uniform	Uniforme
Unilateral	Unilatéral
Union member	Membre syndiqué
Unit	Bloc, dispositif, élément, ensemble, organe, unité
Unit manager	Régisseur (de plateau)
Universal	Universel
Universal mount	Monture universelle
Unlink	Débrancher
Unload	Décharger
Unloading	Déchargement
Unlock	Ouvrir, déverrouiller
Unmarried film (ciné)	Film double bande
Unmarried print (ciné)	Positif double bande
Unperforated	Non perforé
Unplug	Débrancher
Unpublished	Inédit
Unscrambler	Décodeur, décrypteur
Unscrew	Dévisser
Unsensitive	Insensible
Unshrinkable	Irrétrécissable
Unsold copies (pres)	Bouillon, invendus
Unsqueezed image	Image désanomorphosée
Unsqueezed print	Copie désanamorphosée
Unsteadiness	Instabilité, manque de fixité
Unsteady	Instable
Untuned	Désaccordé
Unused	Inutilisé
Unweighted (elect)	Non-pondéré
Unwind	Débobiner, dérouler
Unwinder	Défileur, dérouleur
Unwinding	Déroulement
Unwinding film speed	Vitesse de défilement de film
Unwinding speed	Vitesse de déroulement
Update	Mettre à jour
Upkeep	Entretien (matériel)
Uplink	Liaison montante (vers satellite)
Upper case (imp)	Majuscule
Upper spool	Bobine débitrice
Upset	Dérégler
Upstage (théat)	Fond de scène

Upstream	En amont
Upward modulation	Surmodulation
Use	Utiliser; usage, utilisation
Useful	Utile
User	Usager, utilisateur
User-friendly	Convivial
User interface (inf)	Interface utilisateur
User level	Niveau utilisateur
Usherette (ciné)	Ouvreuse
Utilize	Utiliser

V

Vacuum	Vide
Vacuum tube	Lampe à vide, tube à vide
Valid	Valable
Validate	Valider
Validity	Validité
Value	Valeur
Value-added network (VAN)	Réseau à valeur ajoutée
Valve	Lampe, soupape, valve
Vanishing point perspective (inf)	Perspective 3D
Variable	Variable
Variable angle (ciné)	Champ variable
Variable aperture shutter (ciné)	Obturateur à ouverture variable
Variable area sound recording	Enregistrement à densité fixe
Variable area sound track	Piste sonore à densité fixe
Variable beam projector (écl)	Projecteur focalisable
Variable density sound recording	Enregistrement à densité variable
Variable density sound track	Piste sonore à densité variable
Variable focus (ciné, photo)	Focale variable
Variable focus lens	Objectif à focale variable
Variable frequency oscillator	Oscillateur à fréquence variable
Variable resistance	Résistance variable
Variable shutter	Obturateur variable
Variety show	Emission de variétés
Varnish	Vernis
Varnished	Verni
Varnishing	Vernissage
Vault	Magasin de stockage
Vector graphics	Graphisme vectoriel
Vector image	Image vectorielle

Vector scan	Balayage vectoriel
Vectorscope	Vecteurscope
Velocity	Rapidité, vitesse
Velocity compensator	Compensateur de vitesse
Velocity modulation	Modulation de vitesse
Verifier	Vérificateur
Verify	Vérifier
Vertical blanking	Suppression de trame
Vertical dissection (vid)	Exploration par ligne verticale
Vertical frequency	Fréquence verticale
Vertical hold control	Commande de stabilité verticale (ou) de trame
Vertical image	Image verticale
Vertical interval	Intervalle de suppression de trame
Vertical interval time code	Code entre trames (vid)
Vertical line hold	Défilement vertical
Vertical lock (or) v-lock	Asservissement vertical
Vertical pressure	Force d'appui vertical
Vertical resolution	Résolution verticale
Vertical scan	Balayage vertical
Vertical scrolling	Défilement vertical d'un texte
Vertical synchronization (or) scan	Balayage vertical (trame)
Very high frequency (30 to 300 MHz), VHF	Onde métrique (1 à 10 m), très haute fréquence, fréquence VHF, hyperfréquence
Very low frequency (3-30 kHz)	Onde myriamétrique (10-100 km), très basse fréquence
Vibrating	Oscillatoire
Vibrating reed	Lame vibrante
Vibration	Oscillation, vibration
Vibration pick-up	Capteur de vibrations
Video	Vidéo
Video amplifier	Amplificateur vidéo

Video analyzer	Etalonneuse à lecture vidéo
Video art	Art vidéographique
Video bus	Car vidéo
Video camera wiper	Effaceur caméra vidéo
Video carrier	Porteuse vidéo
Video feedback	Retour vidéo
Videocassette	Vidéocassette
Videocassette recorder (VCR)	Magnétoscope à cassettes
Videocasting	Vidéodiffusion
Video clip	Bande promo
Video colorizer	Colorisateur vidéo
Video colour pack	Ensemble vidéo couleur
Videocommunication	Vidéocommunication
Video conference	Visioconférence
Video conform	Conformation vidéo
Video conference	Vidéoconférence
Video deck	Magnétoscope
Videodisc	Disque vidéo, vidéodisque
Video-on-demand	Télévidéothèque
Video engineer	Ingénieur de la vision, ingénieur vidéo
Video feedback circuitry	Circuit de retour vidéo
Video frequency	Fréquence vidéo
Video head assembly	Bloc de têtes vidéo
Video head record & playback	Tête d'enregistrement et lecture vidéo
Video game	Jeu vidéo
Video level	Niveau vidéo
Video library	Vidéothèque
Videomaker	Vidéaste
Video mixer	Mélangeur vidéo, panneau de mixage vidéo
Video monitor	Récepteur de contrôle vidéo, moniteur d'image vidéo
Video network channel	Chaîne de réseau vidéo

Video news release (VNR)	Communiqué de presse vidéo
Videophone	Visiophone
Video playback-recorder	Lecteur-enregistreur vidéo
Video projector	Projecteur vidéo, télémégascope
Video record & playback	Enregistreur-lecteur vidéo
Video recording	Ampexage, enregistrement vidéo
Video resolution	Résolution vidéo
Video segment	Segment vidéo
Video signal	Signal vidéo
Video signal output	Sortie du signal vidéo
Video signal-to-noise ratio	Rapport signal-sur-bruit vidéo
Video style	Ecriture vidéo
Video switching	Commutation vidéo
Video synthetizer	Synthétiseur vidéo
Videotape	Bande magnétoscopique, bande vidéo
Videotape duplication	Copie de bande magnétique, (ou) de bande vidéo
Videotape recorder (VTR)	Magnétoscope
Videotape recording	Enregistrement magnétoscopique, magnétoscopie
Videotape reproducer	Magnétoscope de lecture
Videotaping	Enregistrement vidéo
Videotex	Vidéographie (interactive), vidéotex
Videotext	Vidéotexte
Videotrack	Piste vidéo
Video transmission	Vidéotransmission
Video wave	Onde vidéo
Vidicon tube	Tube vidicon
View	Vue ; visionner
Viewer	Spectateur, téléspectateur; visionneuse (mont)
Viewfinder (ciné, photo)	Viseur
Viewfinder axis	Axe de visée
Viewfinder parallax	Parallaxe de visée
Viewfinder monitor (tv)	Ecran du viseur
Viewing	Visionnement
Viewing angle	Angle de visée, angle de vision, champ de visée
Viewing area	Zone de diffusion
Viewing filter	Verre de contraste
Viewing point	Point de visée
Viewing position	Positionnement de visée
Viewing system	Système de visée

Viewing theatre (ciné)	Salle de vision
Vignetting	Vignettage
Virtual	Virtuel
Virtual image	Image virtuelle
Virtual memory	Mémoire virtuelle
Virtuality	Virtualité
Virtual reality	Réalité virtuelle
Visible	Visible
Visibility	Visibilité
Vision	Vision, vue
Vision channel	Canal image
Vision mixer	Mélangeur vidéo
Visual	Visuel
Visual alignment	Alignement à l'oscilloscope
Visual carrier frequency	Fréquence d'onde porteuse visuelle
Visual display unit (VDU)	Ecran de visualisation
Visual effets director	Directeur des effets spéciaux
Visual field	Champ visuel
Visual media	Moyens visuels
Visual scanner	Lecteur optique
Visual signal level	Niveau de signal visuel
Visual transmitter	Emetteur (ou) transmetteur visuel
Visual tuning	Accord visuel
Visual tuning indicator	Indicateur d'accord visuel
V-lock	Asservissement vertical
Voice articulation	Netteté phonique
Voice code translator (inf)	Synthétiseur de voix
Voice coil	Bobine mobile
Voice frequency	Fréquence vocale
Voice level test	Essai de niveau de voix
Voice recording	Enregistrement du texte
Voice test	Essai de voix
Voice-in (ciné, tv)	Voix dans le champ
Voice mail	Courrier vocal
Voice-off (ciné, tv)	Voix hors-champ
Voice-over (ciné, tv)	Voix de commentaire
Voice recognition system	Machine vocale
Void	Vide
Volatile storage (inf)	Mémoire éphémère
Volt	Volt
Voltage	Tension, tension électrique
Voltage level	Niveau de tension
Voltage oscillation	Oscillation de tension

Voltage regulator	Régulateur de tension
Voltage stabilizer	Stabilisateur de tension
Voltameter	Wattmètre
Volume	Volume
Volume control	Bouton de réglage de volume réglage de puissance de son
Volume level	Niveau sonore
Volume range	Gamme de puissance sonore
Volume-unit indicator	Décibelmètre
Voucher	Justificatif
V.T.R. connector (vid)	Connecteur magnétoscope
V.U.	Décibel
V.U.-meter	Vumètre, décibelmètre

W

Wages	Salaire
Waiting	Attente
Walkman (son)	Baladeur
Walk through	Répétition mécanique (avec comédiens)
Wall	Paroi
Wall-screen	Ecran mural
Wand	Crayon optique, marqueur électronique (ou) électrographique, lecteur de code-barres
War correspondent (pres, tv)	Correspondant de guerre
Wardrobe	Costumes, garde-robe
Wardrobe mistress (or) dresser	Habilleuse
Warm	Chaud
Warning	Avertissement
Warping (vid)	Formage
Washing	Lavage, rinçage
Waste percentage	Pourcentage de perte
Watching	Surveillance
Water cooling	Refroidissement par eau
Water level	Niveau d'eau, niveau à bulle
Watt	Watt
Watthour	Watt-heure
Wattmeter	Wattmètre
Wave	Onde, ondulation
Waveband	Gamme d'ondes
Wave collector	Antenne, collecteur d'ondes
Waveform	Forme d'onde, graphique
Waveform monitor	Moniteur de forme d'onde
Wave front	Front d'onde, surface d'ondes

Wave guide (filter)	Guide d'onde (filtre à)
Wavelength	Longueur d'onde
Wavemeter	Ondemètre
Wave velocity	Vitesse de propagation
Waviness	Ondulation
Wavy	Ondulatoire
Waxing	Paraffinage
Wax pencil	Crayon gras
Way station (tv)	Poste intermédiaire
Weak	Faible
Weaken	Atténuer
Wear	Détérioration
Wear-&-tear	Usure
Weather report	Bulletin météorologique
Weather satellite	Satellite météorologique
Weave	Manque de fixité latérale
Web	Réseau
Wedge	Cale, coin, cale-sifflet
Weekly (pres)	Hebdomadaire
Weighted (elect)	Pondéré
Welding	Soudure
Western	Western
Wet cell	Elément d'accumulateur
Wet-gate printing (or) wet printing	Tirage par immersion, tirage humide
Wetting agent (lab)	Agent mouillant
Wheel	Galet, roue
Whip pan (ciné, tv)	Arraché (mouvement de caméra), panoramique filé, panoramique rapide, filé
Whistle	Sifflement, sifflet
Whistling	Sifflement
White	Blanc
White area	Zône d'ombre
White balance (vid)	Niveau de blanc, balance des blancs
White clip	Ecrêtage des blancs
White fade	Fondu au blanc
White frame	Image blanche
White level	Niveau de blanc
White sound	Son de bande
Whodunit	Film policier
Wide	Large
Wide-angle	Grand angle, grand-angulaire
Wide-angle lens	Objectif grand-angulaire

WALLONIE BRUXELLES IMAGES

A COMMUNAUTE FRANÇAISE DE BELGIQUE

FOR ANY INFORMATION ABOUT THE PRODUCTION AND THE DISTRIBUTION COMPANIES OF THE FRENCH COMMUNITY OF BELGIUM:

WALLONIE BRUXELLES IMAGES:
3, BOULEVARD ADOLPHE MAX • B-1000 BRUXELLES
TEL: 32.2/223 23 04 • FAX:32.2/218 34 24

Wide-area network (WAN)	Réseau régional
Wideband	A large bande
Wide film	Format panoramique
Wide roll (lab)	Coulée
Wide screen (ciné)	Ecran large
Wide-screen TV	Télévision 16/9èmes
Widow line	Ligne veuve
Width	Largeur
Width control (tv)	Commande de largeur d'image
Wild	Non-synchrone
Wild motor	Moteur non synchrone
Wild sound	Son seul
Wild take	Prise de son seul, prise de son asynchrone
Wild track	Piste sonore asynchrone, son seul
Wild wall	Mur mobile, panneau mobile, paroi mobile
Wind	Enrouler; vent
Wind machine	Machine à vent, ventilateur
Windshield	Bonnette parevent (microphone)
Wind-up drum	Tambour d'enroulement
Wind-up stand	Pied télescopique
Winder	Bobineuse, enrouleur
Winding	Bobinage, enroulement
Winding machine	Bobineuse
Winding panel	Platine d'enroulement
Window	Fenêtre
Window dub	Code à l'image
Windowing	Fenêtrage
Wipe	Effacer; fermeture par volet, volet (effet)
Wiper	Effaceur
Wiping	Effacement
Wiping head	Tête d'effacement
Wire	Connecter; dépêche, fil
Wire (élect)	Monter (une installation), câbler
Wire frame (inf)	Image fil-de-fer
Wire photo (pres)	Téléphoto
Wire service (pres)	Agence de presse
Wired broadcasting	Télédistribution
Wired city (cab)	Ville câblée
Wireless microphone	Microphone émetteur
Wiring	Câblage
Wiring diagram	Schéma de câblage

Wiring panel	Tableau de connexions
Wiring regulations	Règlement d'installation
Witness	Témoin
Woofer	Haut-parleur de graves
Word	Mot
Word-of-mouth	Bouche-à-oreille
Word processing	Traitement de texte
Word processor	Texteur
Work of art	Oeuvre d'art
Work lights	Eclairage de travail
Work print (ciné)	Copie de travail
Workstation	Station de travail
Work storage (inf)	Mémoire de travail
Work tape (vid)	Copie de travail
Work track (son)	Copie de travail
Working	En marche, en fonctionnement
Working speed	Vitesse de manipulation
Working title (ciné)	Titre provisoire
World premiere (ciné)	Première mondiale
World wide web (WWW)	Réseau de l'Internet
Worm wheel	Roue à vis sans fin
Wow (or) wow-&-flutter	Pleurage
"Wrap !" (That's a wrap)	"On plie !"
Wrap party	Repas de fin de film
Write head	Tête d'écriture
Writing	Ecriture
Written press (pres)	Presse écrite
Wrong	Incorrect
Wysiwyg (or) what-you-see-is-what-you-get (inf)	Tel-tel (ou) tel-écran-tel-écrit (néol)

X

Xenon	Xenon
Xenon lamp	Lampe xénon
Xenon projector	Projecteur à lampe xénon
X-axis	Axe horizontal
X-or operation (inf)	Opération "ou" exclusif
X-ray	Radiographie

Y

Yellow	Jaune
Yellow press (pres)	Presse à sensation
Yellowing	Jaunissement
Yoke (tv)	Bobine de déviation
Y-axis	Axe vertical
Y-signal	Signal de luminance

Z

Zap	Zapper
Z-axis	Axe de profondeur
Zenith	Sommet, zénith
Zero hour	Heure H
Zero reset	Remise à zéro
Zero reset knob	Bouton de remise à zéro (compteur)
Zip-pan (ciné, tv)	Arraché (mouvement decaméra), panoramique filé,panoramique rapide
Zonal	Local, régional
Zone	Région, zone
Zoom	Travelling optique
Zoom in	Travelling optique avant
Zoom lens	Focale variable, objectif à focale variable, zoom
Zoom out	Travelling optique arrière

ANNONCEURS

ANNONCEURS

(SUITE)

DICTIONNAIRE

Français-Anglais / Anglais-Français

CINEMA - AUDIOVISUEL

MULTIMEDIA - RESEAUX

DICTIONARY

French-English / English-French

CINEMA - VIDEO - SOUND

MULTIMEDIA - ELECTRONIC WEB

Editions DIXIT - Jean-Pierre FOUGEA
135 Boulevard Péreire 75017 Paris
Tél. : 01 46 22 52 52 - Fax : 01 42 67 48 81

Achevé d'imprimer en Mars 1997

Imprimerie EMD
Communication : Sylviane ACHARD / DIXIT

Dépôt légal à parution
ISBN : 2 - 906587 - 67 - 2
ISSN : 0988 - 1042

200 Francs TTC